JN142801

人生100年時代の経済

The Longevity Economy
Unlocking the World's Fastest-Growing, Most Misunderstood Market

急成長する高齢者市場を読み解く

ジョセフ・F・カフリン
依田光江｜訳

Joseph F. Coughlin

NTT出版

エミリーとメアリーとキャサリンに

THE LONGEVITY ECONOMY
UNLOCKING THE WORLD'S FASTEST-GROWING,
MOST MISUNDERSTOOD MARKET

This edition published by arrangement with PublicAffairs, an imprint of Perseus Books, LLC, a subsidiary of Hachette Book Group, Inc., New York, USA through Tuttle-Mori Agency, Inc., Tokyo.

日本の読者の皆さまへ

ジョセフ・F・カフリン
マサチューセッツ工科大学エイジラボ（高齢化研究所）所長

この『人生100年時代の経済』が日本で翻訳出版されるという知らせを聞き、私はたいへん嬉しく、同時に不安も覚えました。なぜなら、日本は私が長寿命化社会の未来について多くを教わってきた国だからです。日本は、長寿命化を「どうやって乗りきるか」ではなく、「よりよい社会のためにどう活かすか」という視点でとらえ、他国の手本になってきました。意欲と現実的な対処能力があれば、どんなに高齢化が進み、出生率が下がり、ベビーブーム世代が老いに突入したとしても、国として前進し、企業も成長可能であることを示してくれている国、それが日本なのです。

しかし私たち外国人は、そうした日本のごく一部の姿だけを見て、派手な成果に目を奪われている気がします。たとえば、高齢者のためのロボット技術において、日本は世界のトップを走っています。日本の技術者が、未来を見据えた実験的なものからいますぐ現場で役立つ実用的なものまで、さまざまなロボットを創造するのを私たちは羨望の目で見てきました。アザラシ型ロボットのパロは、世界中の介護施設や家庭で親しまれていますし、介護の現場で活躍する愛らしくて力持ちのロボット、ロベアもいます。身体的負担を軽減し、年をとっても楽に働きつづけられるようにするパワーアシスト機能付き外骨格スーツも開発されています。

こうした技術はたしかに強い印象を与えます。誰もが興味を惹かれますし、自分の国で使いたくなるでしょう。ですが私は、技術面ばかりを追いすぎると、長寿命化社会にうまく向き合う日本の本質を見落とすのではないかと危惧しています。日本の成功の秘訣は技術面だけでなく、高齢期の生き方について、新しい発想や方法を果敢に試そうとする柔軟な姿勢にあります。

こうした文化的土壌がなければ、どんなに画期的なマシンを開発したとしても、店や家庭の棚にしまいこまれたまま力を発揮できずに終わるでしょう。職場でもそうです。雇用側に、60歳をゆうに過ぎた社員にも働きつづけてほしいという意思がなければ、高齢者の作業負担を軽くするマシンを開発する意味がありません。日本がいま、高齢者の労働力参加の面で世界をリードしているのは、技術力よりもむしろ文化の勝利なのです。

ただし、これからの課題に取り組むにあたっては、適応力の高さだけでは充分とは言えません。日本経済がいまおかれている困難な局面を私たち外国人が見ると、従属人口指数（15歳未満と64歳以上の人口が生産年齢人口に対して占める比率）の高さばかりが目につきます。

理論上は、日本の従属人口指数は拡大のさなかにあるので、従属人口の生活水準を維持しながら経済を発展させていくのは容易ではないはずです。しかし現実には、日本はこれまで、高齢者の高い就業率と低い出生率（短期的には扶養人口が少なくなる）のおかげで、両方の課題をとてもうまくこなしています。さらに、女性の就労率の拡大も大きく貢献しています。

どの経済先進国でも、女性労働者の増加は生産性の向上に大きく寄与してきました。日本ではこの現象が他国より遅れて始まったのですが、これがかえって有利に作用し、現在、労働者の高齢化が経済に及ぼす影響を弱めてくれています。日本政府もこの幸運をよく理解しており、働く女性を増やそうとする施策を相次いで打ちだしています。

しかし、私がこの日本語版序文を執筆している2019年初頭の段階では、日本女性の就業率はすでにOECDとアメリカのそれを大幅に上回っています。高齢者の人口も増えつづけているので（現時点で日本人の5人に1人は70歳以上であり、この域に到達したのは日本が世界で初めて）、女性就業率の拡大から日本が恩恵を享受しつづけるには、女性がより収入の高いフルタイム職に就けるよう支援するなど、まだできることがあるにしても、それにもやはり限度があります。労働人口の高齢化によって経済に生じた亀裂を埋め合わせる働きを担っていた女性就業率の向上も、遅かれ早かれいつか頭打ちになるでしょう。日本経済に生じた亀裂はふさがらないままです。

こうした厳しい状況の緩和に、本書『人生100年時代の経済』の独自の視点が役立つことを願っています。日本は政府の長期計画のもと、かつては経済に寄与しないとされてきた高齢者の能力を活性化させ、取りこもうとしています。それが奏功し、実際に日本は高齢化しているにもかかわらず繁栄を続けています。繁栄の基盤をさらに強固にするには、社会が高齢化しているからこそ繁栄できると言えるところまで老年期の暮らしを根底から見直す必要があります。しかしそこには、大きな壁がそびえています。老年期の暮らしを見直すには、非常に根本的な文化的変容が求められるからです。

アメリカでは、高齢化を受けいれるためのごく小さな配慮でさえ、実行するのは簡単ではありません。日本では当たり前の高齢者への配慮、たとえば銀行窓口に老眼鏡を置いたり、バスの昇降口を低くしたり、自動車に高齢運転者のマークをつけるといったことを、アメリカで定着させるのはほぼ不可能です。なぜならアメリカ人の高齢者の大半は自分を「年寄り」だと思っていないからです。むしろ、好奇心いっぱいで、さまざまなことに率先して手を出そうとします。高齢者の生活を安全で快適にするための個人用緊急通報装置や、シニア向けのやわらかい食べ物、巨大なボタンの簡易携帯電話、各種の老人向け施設などをアメリカで普及させるのは不可能でしょう。その一方、楽しみや自己実現など高次の欲求に狙いを定めた商品やサービスは、はるかによく売れています。

一例を挙げると、本書の初版が出版されてから現在までのあいだに、アップルは個人用緊急通報装置の機能をアップルウォッチに搭載しました。おかげで、かつては見栄えも使い勝手もよくなかった技術を、いまは多くの人が楽々と活用しています。また、かつては高齢者専用施設への転居しか選択肢のなかった人たちが、最新技術を活用し、住み慣れた場所で自立した生活を送れるようになっています（一方、第4章で紹介するように、娯楽に満ちた終(つい)の住処(すみか)へと率先して越していく人もたくさんいます）。

私が強調したいのは、企業が高齢者向けビジネスで成功するには、高齢消費者が本当は何を望んでいるのか――生命や安全のために必要なものではなく、彼らをわくわくさせ、幸福にするもの――を理解しなければならないということです。これが実現できたとき、ある種の文化的変容が起こるでしょう。近代史上初めて、高齢者も若年層も資本主義という大きな枠組みのなかで同等に扱われるようになり、年をとってもさまざまな能力があるのだということが理解されるようになるでしょう。

日本ですでに始まっているこの過程を、つまり老齢期という概念そのものを書き換えるという試みを、本書では探求していきます。これは政府の施策ではなしえません。私たちの暮らしの大半は、よくも悪くも資本主義によって規定されます。どんな職に就いて、何を食べ、どこで眠って、何をして遊ぶか、私たちは自分で選んでいるつもりでも、企業が提示する選択肢のなかから選んでいるだけです。日本もアメリカも、高齢者向けのメニューは若者向けよりはるかに少ないですが、この現状は、企業が高齢の消費者や労働者の嗜好や資金、活力の受け皿を発見していくにつれ変わっていくはずです。

すでに日本経済の救世主的役割を担いつつある女性は、このプロセスにおいて、きわめて重要な役割を果たします。日本では――アメリカもそうですが――女性は男性に比べて長生きし、介護提供者としても大きな役割を負っています。消費者として見た場合、日本の女性は3世代か4世代、ときには5世代の買い物を日常的に担っています。

だからこそ企業は、高齢女性が人生に求めているものに丁寧に耳を傾ける必要があり、いまはまだ数少ない高齢の女性起業家を、これからの市場で特に貴重な役割を果たす存在ととらえるべきなのです。女性労働者の増加がもたらす恩恵の効果がしだいに弱まるにしても、日本は、今度は高齢女性の役割を活性化させることで、女性からの恩恵を再び得ることになるでしょう。

高齢者を役に立たない弱者と見なす時代遅れのイメージと、現代の医学や栄養事情の恩恵を享受するいまの高齢者との乖離はますます拡大しています。遺伝子工学やロボット工学、情報工学、神経科学の進歩を享受したこれからの高齢者は何をなし遂げていくのでしょうか。それを正確に予測することはできませんが、どんなに技術が進歩しても、それを消費者向けのプロダクトに変換するには、文化的基盤の後押しが必要です。そして、文化を醸成するうえで企業の存在は不可欠です。

人口の高齢化と国としての繁栄を共存させるには、企業の敏捷なフットワークと誤った思いこみを乗り越えていく覚悟が必要です。人生100年時代は近づいています。日本がその最先端をいく国となって、あとに続く国々に手本を示せるかどうかは、皆さん次第です。

私たちの未来は、〝弱者〟としての高齢者像に足を引っぱられ、よろよろと進むだけなのでしょうか。それとも、経済的リソースとしての役割も担う高齢者とともに発展していくのでしょうか。高齢者がよりよい人生を送れる社会に向けて、日本が世界をリードしてくれることを願ってやみません。そのために本書が役立つとすればこのうえない喜びです。

人生100年時代の経済——急成長する高齢者市場を読み解く

目次

第4章 世代分離か、世代統合か 155

II部

第5章 攻めの共感戦略と超越的デザイン 194

第6章 健康と安全と発想の転換の勝利 224

執筆協力者の紹介

研究出版の世界では、筆頭著者のあとに名前の続く執筆者たちが多くのハードワークを担っていることがよくある。同じことがこの本にも当てはまる。『人生100年時代の経済』は、友人でサイエンスライターのルーク・ヨキントの助けがなければ完成しなかった。ルークの優れた調査能力と地道な取材活動の恩恵は本書の細部に及ぶ。彼の巧みな語り口と編集センスにも大いに助けられた。インタビューのいくつかは彼の手によるものであり、長い執筆期間のあいだ、私の散乱したアイデアを、人に読んでもらえる文章になるまで整えてくれた（読者の皆さんにもそう思っていただけるとよいが）。本書の一部は、私たちがワシントン・ポストやスレート誌などで発表したアイデアを発展させたものだ。ルークの尽力と並外れた才能、そして、私をこの仕事に集中させてくれた手腕に深い感謝を捧げる。

人生100年時代の経済——急成長する高齢者市場を読み解く

はじめに——長寿命化のパラドックス

人は誰でも年をとる——命あるかぎり。同じことが国についても言える。国が存続し、成長しているのなら、環境に恵まれた作物が豊かに実るように、長寿者が確実に増えていく。20世紀後半の経済成長、教育の普及、技術の進歩の成果として、ほとんどの国が今日、かつて経験したことのない長寿を得ようとしている。

その影響は大きい。すべての高所得国に高齢化はきわめて重大な変化をもたらし、多くの中低所得国も無縁ではいられない。高齢化以外に私たちの未来に影響を及ぼすものは、地球規模の気候変動や地政学的な変動、技術革新などがあるが、そうした動きが今後どのような様相を呈するかはまだ明らかになっていないのに対し、世界的な高齢化はどのように展開していくかが、つまり、いつどこでどの程度の勢いで進行するのかについて、すべて正確に予測できる。企業が長期計画を立てるときに、高齢化は考慮すべきリストの上位に来るはずだ。突発的な事態に備えることも、もちろん大事だが、それは予測される事態への備えができてからの話だ。

ところが、ほとんどの企業や非営利団体、行政府は、この問題に対して準備不足だ。マサチューセッツ工科大学（MIT）に高齢化がもたらすビジネス上の課題や可能性を探ることを目的としたエイジラボ（高齢化研究所）を創設した私からすれば、この現状はまさに謎としか言いようがない。

私がこの本を書いたのは、読者の皆さんに高齢化の真実を知ってもらうためだ。これまでの世間の理解とは相容れないであろうその真実とは——「われわれの抱く高齢者のイメージはまちがっている」ということだ。

もちろん、関節炎が空想上の産物だとか、意志の力で永遠に生きられるなどと言いたいのではない。だが、現代の老いのとらえ方は、生物学に根ざした部分もあるものの、大半はたかだか過去1世紀半のあいだに人間が便宜的に編みだしたものにすぎない。私たち現代人が陥っている思いこみは現実との乖離がはなはだしく、危険なレベルに達しつつある。その思いこみのせいで、高齢者はできることもできない存在と見なされ、企業は人数も財力も要求も拡大する高齢消費者の真のニーズをとらえきれずにいる。

前提

世界が老いているのには3つの理由がある。最もわかりやすい理由は、単純に人が長生きするようになったことだ。アメリカも大半の高所得国も状況は似ている。1900年に生まれたアメリカ人の半数以上は50歳の誕生日を迎えられなかったが、2015年には平均寿命が79歳に上昇した。[1] 平均寿命の延びは、西欧や東アジアなどではもっと大きい。経済大国では、日本が平均寿命84歳で先んじ、あとにスペイン、スイス、イタリア、シンガポールが続く。ほかの西欧および南欧諸国、韓国、チリ、オーストラリア、ニュージーランド、カナダ、イスラエルなどもじわじわと追いあげている。[2]

さて、もしこれが大学院生向けの講義だとしたら、次のような質問が出るころだろう。「先生、乳幼児死亡率も関係あるんじゃないですか?」その指摘は正しい。1900年以後の平均寿命が大きく延びた最大の要因は、それまでに比べて子ども時代に人が死ななくなったことにある。特に、5歳までの子どもの命を奪う病気をほぼ撲滅できたことが大きい。ただし、平均寿命の延びのすべてが乳幼児の死亡率の低下によるのではない。子どもだけでなく、20~50代の死亡率も下がっている。

たとえば、1900年に30歳だったアメリカ人男性が1年以内に死亡する確率は、現代よりも6倍高かったし、女性は12・5倍も高かった。[3] 公衆衛生の水準が上がり、清潔な屋内トイレが整備され、世界大戦が途絶えたこと(今後もこうでありますように)、さらに新薬や抗生物質の登場、勤労環境の安全強化、とりわけ周産期医療の進歩によって、昔よりはるかに多くの人が65歳に到達できるようになった。

しかも、65歳に達した人はそこからさらに生きつづける。1900年に65歳だったアメリカ人の平均寿命は、女性78歳、男性76歳だったが、[4] 今日ではそれぞれ85・5歳、82・9歳に延びている。[5] つまり、この100年のあいだに進歩した科学と経済のおかげで、65歳の人たちの平均余命が7歳も延びたということだ。アメリカだけではない。65歳を迎えた日本人女性は平均89歳まで生きるし、いまの日本で90歳を超えた女性はまったく珍しくない。スペイン、フランス、イタリア、韓国の女性も日本のあとに続いている。[6]

だが、寿命が長くなったことは、世界の高齢化の要因の一部にすぎない。より大きな要因は、特に低所得国において顕著であるように、合計特殊出生率（1人の女性が一生に産む子どもの平均人数。以下、出生率）が20世紀後半に急落したことだ。2015年時点で見ると、アフリカ以外の国々では、人口が維持される出生率（人口置換水準といい、高所得国では約2・1とされる）[7]と同等かそれを下回っている。人口置換水準が2・0よりわずかに多いのは、生まれた子どもすべてが出産可能年齢に達するとは限らないからである。

この出生率というコインには2つの側面がある。1つは、高所得国には信じられないほどの落ちこみを示す国があるということ。特に目立つのが日本だ。かつての移民政策（「受けいれノー！」）に加え〔2018年12月、日本では外国人労働者の受けいれを拡大する改正出入国管理法が成立〕、2015年時点の日本の出生率は1・46ときわめて低い[8]。このため日本の人口は、出生率の低下と他国への出稼ぎで人口が減少する東欧を除けば[9]、世界中のどの国よりも速いスピードで減りつづけている。

ドイツやイタリア、シンガポール、韓国など、日本以外の多くの国でも、出生率は日本と同程度かさらに低く、南欧と西欧の多くはこの何十年かで人口置換水準を下回った[10]。だが、こうした国のなかには移民の増加によって人口縮小がある程度相殺されているところもある。ドイツとイタリアは2050年に人口が減りはじめると予測され、出生率1・9のアメリカも、移民の流入と、第一世代の移民たちが子だくさんだという2つの防波堤がなければ、似たような途（みち）をたどるだろう[11][12]。

アメリカはかなりユニークな存在だ。移民政策に今後も大きな変動がないとすれば、2050年までゆっくりとはいえ確実に人口が増えることが予測される。2050年まで世界の人口増加の大部分を担うのはインドやナイジェリアなど少数の国々だが、そのなかにあってアメリカだけが高所得国なのである。[13]

出生率というコインのもう1つの側面は低所得国だ。低所得国の出生率は人口置換水準を上回っているとはいえ、かつてより急降下している。インドがよい例で、1960年には女性1人が平均5・9人の子を産んでいたが、2014年には2・4人へと激減している。ブラジルやチリ、南アフリカ、タイ、インドネシア、トルコ、メキシコ、フィリピンなどでも同じことが起こっている。その先にあるのは、高齢者比率の高い、高齢者の増えつづける社会だ。国連の調査によると、世界の高齢者人口の3分の2は発展途上国に住む。現在の高齢者人口の増加に寄与しているのは主に発展途上国なのだ。[14]

寿命の延び、出生率の低下に続く、世界全体が高齢化している原因の3番目は、ベビーブーマーの存在である。第二次大戦に関与した多くの国では、戦後の出生数が驚異的な伸びを見せた。ベビーブームにはいくつかバリエーションがあり、たとえば日本では主に1940年代後半に集中している。ドイツでは10年ほど遅れ、すぐに出生率激減時代が続いた。この戦後生まれのベビーブーマーはいま、祖父母や曾祖父母になろうとしている。

寿命の延びと戦後のベビーブームのおかげで、世界にはいまたくさんの高齢者がいる。2015年時点の65歳以上人口は6億1700万人、これは世界第三の人口大国であるアメリカの総人口の約2倍である。2030年にこの人数は10億人を突破し、21世紀前半はほぼ増えつづけ、2050年には16億人に達すると見込まれている。そのあいだ、出生率が大幅に上昇するとは考えにくく、世界の若年人口は横ばいのままで、労働人口もたいして増えない。世界人口に占める65歳以上の割合は、現在の8・5パーセントから2050年には16・7パーセントに倍増するだろう。[15] この割合は2015年時点のフロリダ州の高齢者比率に近い。

65歳以上が人口に占める割合において、フロリダを引き合いに出すのなら、多くの高所得国はすでにフロリダを大きく引き離している。トップはここでも日本だ。日本人の4分の1は65歳以上であり、ドイツ、ギリシャ、イタリア、ポルトガル、スウェーデンなどのヨーロッパ諸国でもその比率は5分の1を超えている。アメリカは15パーセントと低めで、当面は大量の移民と比較的高い出生率のおかげで低めに推移するだろう。[16] とはいえ、2030年にはアメリカも20パーセントに達する。[17] 現時点で20パーセントを超えている国々は25パーセント以上に達しているはずだ。日本は65歳以上が人口の3分の1を占めるようになり[18]、世界一の高齢化を突き進む。誰も見たことのない社会の姿が現れるだろう。

ほかの国もこれに続き、極端な何かが起こらないかぎり、この傾向が転じることはおそらくないだろう。出生率がいったん下がりはじめれば急に上向くことはないし、平均寿命が延びはじめれば、甚大な災厄でもないかぎり寿命が縮まることはない。ベビーブーマーの数が減る時期と入れ替わりに彼らの子どもたちがAARP（全米退職者協会）のメンバーになる。要するに、ひとたび老いはじめた国はずっと老いつづけるのだ。

ビジネスとのかかわりを見てみよう。いま出現しつつある高齢者集団はとてつもなく大きい。まるで新大陸が海上に隆起したかのようで、大陸では10億人以上の消費者が自分好みのプロダクト*を求めている。

だがこの比喩だけでは、世界的な高齢化の影響を表現しきれていない。世界中が高齢化するということは、高齢者の人口が増えるだけでなく、世界を動かす仕組みが根底から変わることをも意味する。介護の負担、医療費、年金債務が増えつづける一方、新しい労働市場が生まれ、スマートフォンのように対象年齢を問わないプロダクトの需要が増し、家族のかたちや習慣を変える新しい力が登場するだろう。政治課題も政治的対立のポイントも変わってくる。裁判に携わる者のなかにも高齢者の占める割合が増え、法解釈にも影響するかもしれない。

ここで強調しておきたいのは、高齢の利用者が急増すると、プロダクトへの要求が変わることだ。高所得国の将来像に最も近いところにいる日本では、すでにいたるところで変化が起こっている。気晴らしにぴったりのカラオケもその1つ。大手カラオケチェーンのシダックスは、カラオケルームの多くを、主に50~70代の女性客がダンスや語学、生け花など50以上のコースから選んで学べるカルチャースクールの教室に変えつつある。[19] また、大手眼鏡チェーンのパリミキは、２００７年以降、どのタイプの眼鏡よりも老眼鏡の販売に力を入れはじめた。[20] だが、おそらく最もわかりやすい例は、２０１１年に衛生用品大手のユニチャームが、大人用紙おむつの売上が乳幼児用を上回ったと発表したことだろう。[21] ２０２６年にはアメリカでも同じ状況になると予測されている。[22]

日本の高齢化はまだピークのはるか手前にあるが、日本の消費パターンには奥深いところで変化の兆しが見られる。高齢化が始まったばかりの他の国々でも、高齢層は金の使い手として最も注目される消費者集団となりつつある。

高所得国の高齢者は年に平均3万９０００ドルを使うが、奨学金の返済や世界的金融不況の影響に苦し

＊本書ではこのあと「プロダクト」という用語が頻出する。筆者はこの用語に広い意味をもたせており、企業が生産する商品に加えて、サービスや複数のサービスと商品の組み合わせも含まれる。本書で述べる内容は、物理的な商品、金融商品、オンラインサービス、非営利事業、ボランティア活動などのあらゆるデザインとマーケティングに当てはまる。政府の「プロダクト」として政策を扱うケースもある。

む30～44歳の層は2万9500ドルしか使っていない[23]。豊かな国々のなかでも高齢者の人数が最も多いアメリカで、2015年に50歳以上が使った金額は5兆6000億ドル、50歳未満は4兆9000億ドルであり、50歳以上の消費に下流効果も加えると、その金額はほぼ8兆ドルに達する[24]。これは年間国内総生産（GDP）の半分に近い。

アメリカ、中国、EUを除くすべての国のGDPよりも大きいこの数字には、さらに膨れあがる未来の状況は加味されていない。数字の大きさもさることながら、注目すべきは、1つの消費者集団が並外れたパワーを握ったという事実である。高齢化する世界を理解し、それに備える企業には、控えめに見ても8兆ドルの宝の山が広がっている。

日本を見ればわかるように、高齢者が主導して消費パターンを変えはじめている。仮に高齢者の消費金額が今後35年間、現在と同じ規模でありつづけるとしても、高齢者の金の使い方の変化が、人生100年時代の経済に参入する企業に大きなチャンスをもたらすだろう。しかも、将来の消費パターンが現在の規模にとどまるはずがない。大多数の国で高齢者が急増しているのだから、将来の消費額からすれば、現状などかわいいものだ。

市場調査会社ユーロモニターは、世界が本格的に高齢化するかなり前の2020年時点ですら、60歳以上が世界で支出する額は15兆ドルに達するとみている[25]。またボストン・コンサルティング・グループによれば、2008年から2030年までのアメリカ人消費者の支出の伸びの50％を、55歳以上が担うという。その数値は日本では67パーセント、ドイツでは86パーセントと推計されている[26]。決して大げさではなく、世界屈指の大国の経済がまもなく、祖父母世代のニーズと嗜好を中心に回りはじめようとしているのだ。

現在の消費パターンの将来の姿を予測することには多少の意味はあるものの、実際に高齢になった消費者が何にどれだけ金を使うかは、はっきりとは予測できない。ここに大きな好機がある。アメリカでは50歳以上の消費者が世帯財産の83パーセントを管理している。2007年から2061年のあいだに、現在の高齢者から次の世代に引きわたされる金額は、53兆ドルにのぼる（一部は相続税や慈善活動や不動産清算費用などに回される）[27]。

つまりは、将来の被相続人が存命中に使ってしまわないかぎり、歴史上最大の富の移転がおこなわれるのだ。専門家によると、アメリカのベビーブーマーは、これまでのどの世代よりも、子孫に金を遺すことを重視していない[28]。命が尽きる前に持ち金が尽きてしまい、遺すどころか自分が困窮するケースも多い。

こうした事情があるにしても、全体的に途方もない額の金が次世代に流れこもうとしている。だが高齢者は遺すよりも使いたいと思っている。であれば、人生100年時代の経済においては、高齢消費者が金を払いたくなるよいプロダクトを生みだせば、予測よりはるかに多くの金が消費されることになるだろう。

断絶

ところが、人生100年時代の経済は、驚くほど人の注目を惹かない。これまでに挙げた統計も予測も、エコノミスト誌やビジネスウィーク誌の購読者なら何度も目にしているはずだ。私はこうした記事を25年間ものあいだ読みつづけ、書きつづけ、その成果は多くの媒体で紹介もされてきた。

2017年時点で、ベビーブーム世代の第一陣はとっくに退職年齢（リタイア）に突入しており、こうなることは可十年も前から指摘されていた。にもかかわらず、エコノミスト誌の調査部門によると、世界的な高齢化を自社のマーケティング戦略や販売計画に組み入れている企業は31パーセントにすぎない。ボストン・コンサルティング・グループも、高齢者をターゲットにしたなんらかのビジネス戦略を構築している企業は、15パーセントに満たないと報告している。[29]

49歳に事実上の境界線を置き、多くのマーケターはその先を見ようとせず[30]、結果として、マーケティング予算のうち50歳以上に振り分けられるのは、全体の10パーセントに満たない。2010年代後半を迎えても、複数世代向けのコマーシャルが多少増えたとはいえ[31]、若いミレニアル世代〔1980年代から2000年ごろに生まれた世代〕に投じられる宣伝費用は、他のすべての世代層を合わせたより6倍も多い[32]。

高齢者が企業とのあいだにつながりを感じられないのも無理はない。60カ国で3万人を対象に調査をおこなったニールセンによると、半数以上の消費者が「高齢層の消費者を対象とした広告がない」と回答している[33]。製薬業界か退職関連業界による、高齢者をターゲットにした数少ない販促キャンペーンにしても、高齢者の描かれ方がぶざまだったり、過度にステレオタイプ化されていたりするように映る[34]。70歳以上の400人を対象とした2014年のある調査では、自分たちをターゲットとする広告を「気に入っている」と答えたのは20パーセントに満たず、広告に登場する高齢者が「敬われるべき存在」として描かれていると感じた人も半数に満たなかった[35]。

高齢者とのかかわり方の失敗例は広告の世界にとどまらない。ニールセンがおこなった国際的な調査では、回答者の半数が商品ラベルの多くを読みづらいと感じ、43パーセントがパッケージの開封がむずかしいと答えた[36]。さまざまな調査をもとにした分析結果が公開されているが、どれだけの高齢者が若者向けの使いにくいデザインに黙って耐えているのかという実態を定量化するのはむずかしい。

あとの章で紹介する、エイジラボが開発した加齢による衰えを実体験できるスーツ（いわゆる老人スーツ）を着用してみれば、若いデザイナーでも年長者の身体がどれほど動かしづらいかを理解できるはずだ。この経験は大いに重要だ。というのも、高齢の消費者は、自分が何に困っているかを自ら口にすることはないからだ。彼らは多くの場合、何か不都合があっても年のせいだから仕方がないと受けいれてしまい、改良されたプロダクトに出会うまで我慢しつづける。だが、高齢の消費者をビジネスにうまく取りこめていないのは、こうした生理学的な配慮が足りないだけではない。高齢者の欲求や自己イメージが尊重されていないことも原因の1つである。

なんといっても最悪の誤りは、高齢者をイノベーションの対象から外して考えることだ。高齢の消費者はイノベーションの投資先に値しないという経営陣の判断で、私たちの生活をよりよいものにするプロダクトがどれだけ葬り去られたことだろう。あるいは、一部のステレオタイプな高齢者のニーズを拙速に満たしただけのプロダクトが、現実に即しているかという検証を怠ったために、どれほど失敗の憂き目に遭っただろう。

高齢の消費者を置き去りにしてきた数多の企業のなかにも、いくつか輝きを放つところがある。製薬業界や金融サービスなど、高齢層とかかわりが深く、人口の高齢化に備えることが収益に直結する業界だけでなく、予想外の業界もある。そうした企業は一見高齢化とたいして関係がなさそうに見える。

たとえばBMWやアウディ、フォルクスワーゲンの工場は現在、高いスキルをもった熟練の労働者に働きつづけてもらうための新しい仕組みづくりに取り組んでいる（第7章）。ユーザーの平均年齢が50歳近いハーレーダビッドソンは、[37] ふだん小さめのオートバイに乗っている人たちに、もっと颯爽と自社のオートバイに乗ってもらうための戦略をひっそりと、だが力強く打ちだしている。女性や高齢者が（股関節が硬い男性でも）楽に乗り降りできるようにシートの高さを下げ、ハンドルまわりを扱いやすく変えた工夫もその一例だ。２００８年、ハーレーは、車輪が３つのトライシクルを初展開し、年齢が高めのオートバイ愛好家のあいだで人気が高まっている。[38]

しかし、これらは例外にすぎない。高齢層への準備ができていない企業は多く、ほとんどは状況を甘く見ているか、〝幸福な無知〟に陥っている。メディアが「企業よ目を覚ませ、ミレニアル世代に惜しみなく注ぐ情熱を高齢消費者にも向けよ」と叱咤しているにもかかわらず。

現在の企業の後ろ向きな姿勢には、何か明確な理由があるとは言えそうにない。企業が、高齢者のニーズを本来尊重すべきとわかったうえで尊重せず、自社の大きな潜在利益をないがしろにするのであれば、それはシステム全体に及ぶきわめて重大な過ちだ。全社員が無能か頭の固い老人差別主義者でもないかぎり、これほど明白な過ちにみすみす嵌まるはずはない。

問題の根源はおそらく別のところにある。目の前に大きな利益がぶらさがっていながら多くの企業がそれに対応しようとしない現状には、何かもっと根深い理由があるようだ。

問題の根源

あなたはいまホテルのロビーに座り、パリッとしたスーツ姿のビジネスマンがやってくるのを見ている。

彼がドアを押すがびくともしない。いらだたしげに彼はさらに強く押す。ややあって、押すのではなく引いて開けるのだと気づいた後は、決まり悪げにドアを開けて通り抜ける。あなたはロビーに座ったまますりと笑い、新聞に目を戻す。それで終わりのはずだった。だが、次に来た隙なくスーツを着こなした別のビジネスマンもすぐにドアを開けられない。あなたは思う。ふうん、ビジネスマンというのはあんまり賢くないらしいな。あなたは1週間のあいだそのロビーに座り、同じ苦労する人を観察しつづける。ある時点であなたはドアの前でまごつく人をばかにしなくなる。そしてこう思うだろう。待てよ、こんなに多くの人が苦労するのは、ドアのほうがどこか変なんじゃないか？

高齢者のほうがどこか変なんじゃないか？　こう決めつけず、こちらの期待どおりには動かない高齢者という強大な消費者グループをなんとか理解しようと奮闘する企業もある。私はそうした企業を目のあたりにしてきた。想像力があって賢明な企業は、ドアが逆に開くと思って鼻をぶつけ、恥ずかしさで頬を赤らめる人たちのことをきちんと考慮している。

彼らは、高齢者の苦労は自社のせいではないとは考えない。むしろ問題は、社会的に築かれ歴史のなかで刷りこまれてきた、根本的に間違った高齢者のとらえ方にある。そう、引いて開けるドアに「押」のマークをつけるような。

こうした間違ったとらえ方において「老い」は悪だ。だが事実を客観的に読みとれば、とらえ方は変わってくる。高齢者は、社会が再生産の力をもち、社会の構成員を危険から遠ざけ、健康に保ち、教育の場を整えた結果、自然ななりゆきで増えた晴れがましい存在なのだ。それなのに、年をとることも社会の高齢化も迫りくる危機としてとらえる風潮が強すぎる。国や職場、世界全体において、高齢化を「時限爆弾」と評する論調を何回見聞きしたかわからない。

２００４年のある日、空港の書店で偶然手に取ったインターナショナル・エコノミー誌の特集記事のことを私はいまでも憶えている。そこには病院着姿で歩行器に寄りかかり、血の混じった点滴袋につながれた人物が描かれ、「老化――次の時限爆弾」の文字が添えられていた。[39]

その人物の頭は地球になっていて、陸にも海にも皺が寄ってたるみ、頭の上には火のついた導火線があった。老いた地球を爆弾として描いたこの表紙を見たとき、私の頭が爆発しそうだった。高齢者に対する世間の見方がこうであるのなら、年齢を重ねた人がよい職に就きたいと意欲を燃やしたり、投資を得て起業したいと思うだろうか。消費者としての高齢者のニーズを企業が真剣に受けとめるだろうか。

老いへの恐怖をとらえた文学作品は、老人の増加を、地球にぶつかってくる小惑星や核戦争のように、人類を破滅させかねない脅威として描いている。アメリカの社会保障制度（ソーシャルセキュリティ）（あるいは他国の年金制度）はまもなく立ちゆかなくなり、医療費は高騰して社会が担いきれず、現在の子どもたちが中年になるまでに税金は2～3倍に膨れあがり、ベビーブーマーは老後の蓄えが充分でなかったために、食べるものにも困る状態に陥る。

これまで示してきた数字を大げさだと思う読者もいるかもしれないが、老いによる大惨事を予言する人たちが掲げる数字に比べればなんということはない。たとえば、高齢者のケアのためにアメリカ政府が支出すべき資金は、何も手を打たずにいると、利息やその他を含めていずれ２００兆ドルを超えるという試算がある。[40]派手な数字は記憶に残りやすい。その試算には将来の経済成長が加味されていないとか、会計期間を区切らずに負債を推測しても意味がないとするエコノミストからの指摘が顧みられることもない。[41]

こうした目立った数字が浸透すると、これは運命だからどうしようもないという諦観が社会に広がる。アメリカや日本では、高齢者が長生きしなければ、社会が現在直面している問題の多くは解決すると、有識者が大まじめに語っている（日本の麻生太郎財務大臣が「さっさと死ねるようにしないと（ハリーアップ・アンド・ダイ）」と発言したという報道もある〔望まぬ延命治療を受けない文脈での発言だったが、海外ニュースではこの部分が誇張されて報道された〕）。こうした見方の根本にあるのは、高齢者の人生はコストをかけてまで存続させるに値しないという考え方だ。ほとんどの人はそこまで極端な表現はしないだろうが、加齢や高齢者層に対して負のイメージをもつ人が多いのは事実だ。中年期以降の人生において精神的な充足感は年々高まるというよい面には誰も注目しない。[42]

無意識に抱えた高齢者への根深い偏見は、どの年代にも見られる。[43] 意志の力で隠そうとしても判定テストにはっきり表れるのだ。* 私自身もテストを受けたが、老人より若者の顔のほうに好ましい感情を抱いていることがわかり、何年も前に克服したつもりでいた偏見が根深く残っているという事実を突きつけられた。

「老人」と聞くとほとんどの人は、特定のイメージを思い浮かべる。国によって多少の違いはあるものの、自活がむずかしく、多くを他人に助けてもらいながら生きているという均一的なイメージを抱きがちだ。私たちは、年をとった人には高齢者コミュニティや福祉施設、介助つきグループホームのような場所で静かに暮らしてもらい、買い物や食事も、できれば人目に触れないところでおこなってほしいと考えている。

＊「プロジェクト・インプリシット（Project Implicit）」というウェブサイトで、自分に無意識の偏見があるかどうかを簡単にテストできる。このサイトは、複数の大学の研究者によって運営され、さまざまな偏見についての判定テストを実施している（https://implicit.harvard.edu/implicit/takeatest.html）。テストの所要時間は10分程度だが、思いがけない結果に驚くかもしれない。

高齢者の役割は商品やサービスや知識を消費することだと考え、生産者としての高齢者にはまったく思いを馳せない。しかも、高齢者自身もそうした生き方を気に入っていると私たちは思いこんでいる。「退職（リタイア）」は長年働いたことへのご褒美だと教えられてきたので、他の年齢層と離れ、仕事をせずに暮らせるなんて夢の生活だと感じるのだ。老いに関するこうした受けとめ方のなかでは、高齢者とは、ある時点でいっせいに困窮し、強欲になった存在である。自立できずに困窮していて、他世代の金で派手に遊ぶ強欲な存在だ、と。〝強欲で困窮したシニアたち〟という見方があまりに広く浸透しているため、どれが現実でどれが虚構なのかを正しく見きわめようとする人はほとんどいない。

公平を期すために言っておくと、この見方のいくらかは事実に即している。年をとれば病気がちになり、自分のことを自分でできない場面が増え、医療や介護への依存が強くなるのはたしかだ。誰もが認知症になるわけではないが（認知症ではない、加齢による認知能力の低下が大げさに吹聴されている）、なるとすれば、その大半は高齢になってからである。かつては「死」もそうだった。アメリカ人のほとんどが50歳を迎えずに死亡していた1900年ごろ、死はいつ誰にでも襲いかかる脅威だった。一方、今日ではアメリカ人の81パーセントは65歳を過ぎても健在であり、[44] これは常に私たちを脅かしてきた死への偉大な勝利と言っていいのだが、この結果で、長いあいだ死の影につきまとわれるようになった。つまり現代は、はじめて死ぬことを予期して生きる時代になったのだ。

子ども時代や青年期など、他の人生の時期の長さはさほど変わらないのに、老年期の年数だけが増えているという事実は顧みられない。人口の構成要素として「老人」はひとくくりにされるが、その中身は多様であり、一律に描写することはできない。何歳を高齢者の始まりとするかによって、50歳以上がすべて含まれる場合もありうる。生理学的にも認知能力も、財産の多い少ないも、性格も、主義信条も、人種も、国籍も、宗教も、ジェンダーも、性同一性も、高齢者は皆それぞれに異なるのだ。たしかに、年をとるにつれて思うようにいかないことが増え、生物学的な限界によって行動はしだいに制限される。だが、老いの姿は1人ひとり違う。老いの始まる時期も進む速度もそれぞれに異なる。老いを、50歳か65歳かそれ以外か、とにかく何歳かで始まる1つの状態として定義することは理屈に合わない。「年をとったらこう生きるべき」と型にはめるのは無理なのだ。

老いに対するこれまでの考え方が、生物学、経済学、社会学の学問的事実と整合しないのなら、考え方のほうに虚構が混じっているのではないか。年をとってからの高齢者としての生き方の道筋を、私は老いの「物語（ナラティブ）」と表現している。

数世代前、特に19世紀後半から20世紀はじめに生きた人は、かけがえのない生命の年数が長くなっていることに気づいた。当時の人たちの手に余りはじめた、その年数の意味を理解しようとして生まれたのが、第1章で述べる、長寿を重荷として伝える物語（ナラティブ）だった。

平均寿命が長くなるにつれ、この見方が政策から高齢者の自己イメージまでさまざまなことに影響を与え、その範囲は企業がプロダクトを通じて高齢消費者とどう向き合うか――あるいは無視するか――にも及んでいる。高齢者向けプロダクトでイノベーションが起きにくいのは、人口高齢化への〝解決策〟として示されるプロダクトは、ほとんどが娯楽用品（高齢者は強欲だから）か、弱った身体を支える製品（困窮した高齢者の命を守らなければならない）だからだ。現代の高齢者が抱く願いは聞き届けられない。企業は他世代の消費者のニーズはすくい取ろうとしているのに、高齢消費者の願望には耳を傾けない。

これまでの老いの物語はすでに、起業の失敗や機会損失、高齢者向けプロダクトの販売不振などのかたちで、企業に計りしれない損失をもたらしている。さらに悪いのは、プロダクトとマーケティングによって社会通念が強化されることで、物語が現実になってしまうことだ。高齢者を、さまざまな目的と意欲をもつ巨大な人口集団ではなく、たんなる困窮した強欲者で手間のかかる頭痛の種とみなすプロダクトに日々接していれば、年をとることは何かの受け手になることであり与え手にはなれない、つまり常に問題にはなるが、解決策にはなれないというイメージが刷りこまれていく。

厄介なことに、粗末なプロダクトは、人が自分でできることを狭めてしまう。年をとってから、職場で戦力として働いたり文化に貢献したり、社会とのつながりを維持して、できるだけ長く自立した生活を送るために必要なツールとならない。こうしたツールは存在しないか、存在したとしても若い人向けにつくられている。あるいは、高齢者向けであっても、使いにくかったり利用者のことを正しく理解できていない。

だが、こうした高齢消費者と企業との不自然な関係はそろそろ終わろうとしている。私たちの社会に浸透する古い老いの物語はじきに終わりを迎える。機能不全を起こしている旧来の老いの物語がこのまま居座りつづければ、老齢人口の膨張した世界は、破滅論者が示すような最悪のシナリオをたどるだろう。高齢者が社会という船を沈める重石となり、時限爆弾を抱えた皺くちゃの地球が現実のものになるのだ。

だが、そんな日が訪れることはない。高齢化していく世界は、古い物語を終わらせる種(たね)もはらんでいるからだ。そのカギを握るのはあなたもよく知る、かれこれ30年以上世界を動かしてきた人たち、そう、ベビーブーマー（ベビーブーム世代）である。

親たちが気をつけろという連中

ベビーブーマー〔第二次大戦後の1946～1960年代半ばまでの出産ブーム時代に誕生した世代〕は〝人口動態の時限爆弾〟を招いた原因とよく言われるが、世界が悲惨な高齢化社会になるのを押しとどめる1歩手前で、老いの意味を著しく向上させる存在でもある。ベビーブーマーは人生全体を通して、彫刻刀で木を削るみたいに、世界を自分のニーズに即してつくり変えてきた。国の景観そのものが、ベビーブーマーの歩みとともに変化してきたと言っていい。彼らの登場によって、世界のエネルギー使用量は6倍に増え、化学肥料は20倍に、水は3倍、大規模ダムの建造数は6倍となり[45]、1975年以降、世界の舗装道路の総距離は3倍に延びた[46]。

アメリカでは、1950年代以降多くのベビーブーマーが生まれたことで、「グレート・ジェネレーション（第二次大戦を戦った世代）」と呼ばれる彼らの親たちは、大規模開発が始まった郊外に家を買い、やがてその家々は歩道の隙間から伸びる草のように、高速道路の網目を縫って増えはじめた。郊外に誕生したショッピングモールも、すぐに倍々ゲームで増えていった。年嵩（としかさ）のベビーブーマーが1960～70年代にかけて自宅を買ったおかげで、沈滞していた経済が動きだし、住宅の建設に弾みがついた。ショッピングモールもどんどん巨大化していった。1990年代、ベビーブーマーが住み替えの時期を迎えると、住宅のサイズも拡大し、ウォルマートのような大規模小売店が圧倒的な販売力を誇示し、そこへ買い物にいくベビーブーマーと家族を、ミニバンやSUVなどの新しい車種が運んだ。

当時の新しい生活様式には、1つ明らかなことがある。ベビーブーマーは、過去の世代の価値観にとらわれず、自ら望むものを手に入れてきたということだ。ベビーブーム世代の旗手として知られる大物ロック歌手のジミー・バフェット（私の好きな酒酔いの詩人でもある）は力強くこう歌った。「親たちがあの連中には気をつけろという、それがぼくらさ」

ところが、ベビーブーマーがいま直面している未来は、彼らが自分のニーズに即して世界をつくり変えられるようにはなっていない。今日のプロダクトは、旧来の老いの物語に沿っており、個性あふれる現代の高齢者の日常生活とはかけ離れている。そのため、今日の高齢者は彼らのためのプロダクトをつくる企業とよい関係を築けていない。それを実践できているのは、製薬業界と金融サービス業界ぐらいだ。高齢者は、欲しいプロダクトがなかったり、あったとしても冷遇されるような状況に我慢を強いられている。

ベビーブーマーの身になって考えてみよう。若いうちは、テクノロジーの進歩が追いついてさえいれば、企業もプロダクトも彼らの望みを叶えようとした。年をとってからはどうも勝手が違うと気づいたとき、彼らがその境遇に甘んじるとは私にはとても思えない。彼らは、自分の欲求とニーズに合うプロダクトを求め、それを満足させられない企業を罰するだろう。

あとの章で紹介するように、こうしたプロダクトはベビーブーマーの老いゆく身体を支え、何十年もかけて培（つちか）ってきた彼らのメンタルモデルを尊重するものでなければならない。また、最先端のテクノロジーを駆使し、利用者を見下すような雰囲気を出さずに、彼らが簡単に利用できるものでなければならない。特に重要なのは、ベビーブーマーは、若いころのように、自分たちをわくわくさせてくれるプロダクトを求めるという事実だ。それがお似合いですと言わんばかりにベージュやグレーの地味な色づかいや、熱意の感じられないサービスを押しつけられても彼らは受けいれない。

要するに、ベビーブーマーは、人生100年時代の経済において篩(ふるい)のような機能を果たす。自分たちの真の欲求を解決してくれる企業と、高齢者への向き合い方がお粗末な企業を冷静に選別する彼らの役割は、きわめて大きい。古くさいビジョンではなく、高齢者の望む生き方に沿った、生き生きとした人生終盤の新しいビジョンが、企業の手でつくられ、皆の手に渡るのだ。ある部分ではゆっくりと、ある部分では目を見張る速さで、旧来の老いの物語がより幸せな老いの物語に書き換えられていく。

老いの物語を書き換えるチャンスはいままさに各企業の手にある。企業にとってはかつてないほどのチャンスであると同時に、大きな苦労も伴うだろう。主な目的は、年を重ねてきた勇敢な世代を、企業が理解し成功するための手助けをすることだ。皆さんは幸せに暮らしたいというベビーブーマーの期待に応え、これから始まる創造的破壊の流れのなかで置き去りにされないでほしい。

本書の内容は次のとおりだ。

まずI部では、これまでの老いの物語が形成された経緯をたどり、今後の道しるべとなる人たちの取り組みを紹介する。

第1章では、老いに関する誤った神話が19世紀の医療現場でどのように生まれたのか、そして、社会の仕組みがその神話を老いの物語にどう刻みつけていったかを論じる。第2章では、プロダクトの失敗例を紹介し、旧来の老いの物語がいかにデザイナーやエンジニアたちの想像力を妨げているかを明らかにしよう。第3章は変化を先導する人たちがテーマだ。彼らは、消費者と生産者の境目をなくし、明日の高齢者が本当に求めるプロダクトを示せる人たちである。発想豊かなこうしたイノベーターは年配女性に多い。第4章では小休止を入れ、フロリダの高齢者コミュニティを旅してみよう。ここには、世界有数の規模を誇る、退職者（主に高齢者）向け居住区がある。外界と明確に区切られたこの居住区は「ザ・ビレッジ」と呼ばれ、老いの物語を広めてきた拠点のような場所だ。後半では、雰囲気の異なるボストンのコミュニティ「ビーコンヒル・ビレッジ」を訪れ、この2つのコミュニティを比較してみよう。

II部では、I部で得た知見を実際のプロダクトに活かす方法を紹介する。

第5章で紹介するのは、本来、高齢者を楽しませ、暮らしを楽にするはずのプロダクトがそうなっていない現状と、開発側が嵌まりやすい落とし穴だ。この流れのなかで、「超越的デザイン」という概念に触れる。どの年代層にとっても利用しやすく、そのプロダクトを必要としていなかった人まで飛びつくような、魅力あふれるデザインのことだ。第6章では高齢者の健康管理と生活介助のニーズへの応え方を取りあげる。第7章ではたんにニーズに応えることを最終目標とするのではなく、それを高齢者の望みやゴールの達成に向けた足がかりとすべき理由について述べる。最後の第8章のテーマは、限りある人生に直面している人たちにとって、そしてベビーブーマー世代にとって、最大の関心事の1つである「遺産」だ。のちの歴史は、ベビーブーマーをどんなふうに記憶するのだろうか。環境保護運動を始めた世代としてか、あるいは環境破壊を進めた世代、冷戦の幕をおろした世代、社会制度への信頼を壊した世代として？答えはおそらくその「全部」だ。さらにベビーブーマーはもう1つの財産を残しているはずだ。その発想力と経済的ニーズの強さによって、将来の高齢者に、経済や国の枠を超えて未来を変える力をもたせている。

高齢者は皆同じではない。ほとんどの国が出生数の低下を伴う人口高齢化に直面するなかで、急な長寿命化に伴うメリットの大部分は、すでに述べたように、主に裕福な社会の高等教育と高収入を得ている層が享受する。アメリカでは、高い教育を受けた人ほど長生きする傾向にあり[47]、アフリカ系アメリカ人とアメリカ先住民の平均寿命は、近年延びつつあるとはいえ、白人やラテン系アメリカ人、アジア系アメリカ人に比べるとまだ短い。一方、白人女性の平均寿命は意外にも2014年に下がっており[48]、2014〜15年にかけて、アメリカ人全体もこの流れに続いた。白人男性、白人女性、アフリカ系男性の中年層の死亡率が高まったことが理由だった。

国全体で平均寿命が低下するのはアメリカ特有の現象で、いまのところ数十年単位で上昇する流れのなかでの一時的な低下にすぎないが、そこには不穏な影も見てとれる。高い教育を受けた裕福なアメリカ人が長寿命化の恩恵の大半を得て、教育を受けていない貧しい層だけが不利益を被っているという図式だ[49]。心身ともに自立し、健康的に生活できる期間を指す「健康寿命」の指標からも、高い教育を受けた裕福な層は長生きしやすく、人生の終盤に差しかかってもより幸福な生活をおくる傾向にあることがわかっている[50]。

近年増えているアメリカ人の死亡原因のほとんどは、少なくともある程度は避けられたはずのものだ。たとえば、心臓疾患、脳卒中、2型糖尿病、自殺、アルコール中毒、薬物中毒などである。とりわけ低所得・低教育の層で予防措置がとられていないという事実には恐怖すら感じる。要するに、私たちがいま見ている未来像では、幸せな長寿は裕福な人たちにしかもたらされない。貧乏な人ほど早く病気になったり、死んだりするのだ。富が長生きを後押しする傾向は歴史的にもはっきり示されている。低所得層にとって、事態はむしろ悪化している。

だが、この状況を反転させるためにできることはたくさんあるし、そうしなければならない。それには高齢者はこうあるべきという思いこみを捨てることが重要だ。中年期の劣化版が高齢者の生活であってはいけない。企業は、希望のもてるビジョンを描くことで、高齢者とその世話をする人たちを助け、高齢化社会をもっと生き生きしたものにし、もちろん利益も得ることができる。

また、高齢者の社会貢献を尊ぶ文化的環境の構築によって、高齢者も働く場所を見つけやすくなる。プロダクトとして企業が送りだす優れたテクノロジーはやがて日用品となり、裕福な人もそうでない人もすべての人の生活をよくすることができる。何より大事なのは、企業が、若者やミドル層に明るい将来像を描いてみせることだ。ただし、将来に希望がもてない中年以下の世代が自己破壊的な行動に走ることで国民が支払わなければならない法外な金を思えば、のんびりしている時間はない。

人生100年時代の新たな高齢者の物語は、きょうから始まる。急拡大する高齢者市場に投資するためのビジョンを求める企業にとって、きょうが始まりだ。そのためには高齢の消費者を尊重し、その要望に耳を傾け、彼らが周囲と良好なかかわりのなかで暮らせるツールづくりが第一歩となる。それを率いるのが、新しい高齢者の物語を果敢に編みあげる剛胆なリーダーたちだ。

新たな物語はここから始まる。

I

第1章 老いの歴史

〝高齢者〟のイメージは昔からあまり変わっていないようだ。誰も生物学的老いや自然の摂理から逃れられないという思いがあるからかもしれない。あるいは、年寄りは長い年月を生きてきたのだから、少なくともその年月には敬意を払わなければならないという思いがあるからかもしれない。

だが実際には、まったく違う高齢者のイメージが存在した時代からさほど時間は経っていない。人生の終盤に人は貧しく欲深い年寄りになるという現代の高齢者の物語(ナラティブ)が編みだされたのは、比較的最近なのだ。かつてはさまざまな文化、さまざまな時代の多くで、年をとることは1人ひとりの人生の一部であって、年齢ごとに集団を区切って同じルールを当てはめるようなものではないと考えられていた。ところがこの見方は、19世紀の後半、ヨーロッパや北米に、年金制度や老人ホームなど老人専用の仕組みが登場しはじめると変わっていく。老人専用の仕組みは年寄りをひとくくりに「高齢者」というカテゴリに押しこみ、「高齢者」は解決の必要な問題を抱えていると世間に言い聞かせたのだ。

仕組みづくりを後押ししたのは、未熟だが伸びざかりにあった医学だ。古代ギリシャで信じられていた四体液説〔4つの基本体液である黒胆汁、黄胆汁、粘液、血液のバランスで健康状態が決まるという説〕から現代医学に到達するまでには、先人たちの長い苦闘の歴史がある。ワクチンや抗生物質、滅菌手術室、公衆衛生政策のおかげで人類はかつての不治の病を克服しつつあったが、老いによる生理学的変化は医学の力でもどうしようもなかった。医師たちはこのとき初めて親の世代の身体の不調は他の世代とは異なることに気づき、彼らの身体は基本的に若者とは違うのだと認識する。[1]

医学的見地からの生命力

19世紀の半ば、実証研究は現在と比べればまだ低水準だったものの、世間は科学への信頼を高めつつあった。生物学という学問が生まれたのは比較的最近の1802年であるが、[2]その生物学の世界では、現在の私たちが当たり前とすることの大半がまだ発見されていなかった。しかし科学的証拠がなくても影響力をもち、世間に広く信じられていた考え方があった。社会ダーウィン主義〔ダーウィンの自然淘汰説を社会現象に当てはめ、集団の競争が社会の進歩をもたらすと説く立場〕や骨相学〔頭蓋測定学とも呼ばれた学問で、現在では大脳生理学の発展によって否定されている〕がもてはやされ、老いに関する医学理論もいくつか登場した。現在では科学的に完全に誤りとされているが、当時はもちろん、いまでも一定の影響力を保っている。

1800年代の半ばから後半にかけて、欧米の医学界は、老いとは体内の「生命力」が枯れていく状態であると結論づけた。つまり当時でいう生命力とは比喩ではなかったのだ。科学者も医者も生命力という物質が肉体と体液のなかに実際に存在すると信じた。誰もが生命力をもつが、それは有限であり、年をとるごとに減耗していくと考えたのだ。生命力が少なくなってきた状態が老いの始まりであり、タンクが空になったときがすなわち「死」であると。

この考え方は、19世紀後半のビクトリア朝時代の医師たちが抱いていた世界観といくつかの点で符合する。1つには、19世紀はじめの医学の教科書では言及されていなかった、病気に罹(かか)っても若者のほうが老人より治りやすいという事実を説明できることだ。医師は、生命力の減耗が「病気に罹りやすい衰弱状態」を生むのであり[3]、だから若いころには無縁だった病に老人は罹りやすいのだと説いた。この理論はまた、1830年代の第二次覚醒〔アメリカのプロテスタントの歴史上、2番目に大きな宗教的躍進〕の影響を受けたアメリカの宗教的信念にも合致していた。生まれつきの生命力の量は運任せだとしても、うまく使うか浪費するかはその人の責任となる。

生命力を最も無駄づかいし、本来よりも早く身体を弱らせたり死に至らしめたりするとされる活動は何であったか? 当然、美食や惰眠など楽しいこと全部だ。具体的にどれが槍玉に挙げられるかは、どの専門家に相談したかで変わる。「ある者はワインを飲めと言い、ある者は禁酒しろと言う。ある者は野菜や赤肉の効用について説いた」と、歴史学者キャロル・ヘイバーは書いている[4]。誰に尋ねても、節度をもつことが常に重要視された。「生命力が枯渇して死に至るのなら、身体によい食べ物を食べ、身体によい衣服を着け、ある種の活動を実行する（あるいは控える）ことで、生命力の維持に努めなければならない、とされた」

性行為、とりわけ生殖を目的としない楽しみのためのそれは、なんとしてでも避けるべきであり、特に男性の場合、結婚すると生命力が明らかに弱まるとされた。「1850年ごろの医師は聖職者に代わり、反・自慰行為の先頭に立った」と歴史家のキャロリン・トーマス・デ・ラ・ペーニャは言う。「人の魂うんぬんよりも、身体内の蓄積物のほうが差し迫った問題だった」[5]。自称専門家たちは、そうした激しい運動による生命力の流失を数値化しようとした。「男性の排出物には、心臓から排出されたばかりの同量の血液に比べて40倍もの生命力が溶けこんでいる」と述べた者もいる。*

1850〜60年代ごろにかけて、フランスとドイツの病理学者が老人の死体には病変箇所や繊維性組織、カルシウム沈着が多く見られることを発見すると、老いに伴う不調の一部は生理学的に説明できるようになったため、生命力理論の勢いは弱まっていった。ところがアメリカとイギリスでは、ヨーロッパ大陸での発見内容を聞いてはいたものの、むしろ既存の理論に執着し、死体に観察される変異は生命力が消失したことが原因と見なした。「更年期」または「更年期症候群」と呼ばれる、患者の生命力が明らかに減少しはじめる時期を拠りどころとしていた。

女性の場合、更年期は45〜55歳のあいだに始まり、閉経と関連があると考えられている。一方、男性の更年期は50〜75歳ごろに起こり、皺や白髪や全身の衰えによってそれとわかる。ある医師が「活力の著しい低下」と表現したように[6]、ときには、衰えが著しく進み、生命力が危険な水準まで一気に下がってしま

*この発言には独自の根拠があった。彼は、生殖器に電気を流してショックを与えれば、生命力を満タンにできるという触れこみで「電気ベルト」なる装置を売っていた。一方、本流の医学界は、流失した生命力の回復は不可能という立場をとっており、電気ベルトのような対処法、たとえば生理学者ブラウン・セカールの有名な霊薬（エリクサー）（モルモットと犬の精巣をすりつぶして抽出したエキス）のようなものは支援しなかった。

うことがある。当時、更年期の起こりうる年齢層で、その徴候が出た人への助言は「あらゆることをうち捨て、残った生命力の維持に努めるべし」というものだった。ある医師が1853年に書き残しているように、「不摂生と過激な運動」などはもってのほかだった。それでも残念ながら、生きている人間なら誰だって、加齢とともに1つや2つの不調は出てくる。1899年には別の医師が、そうした不調の例として「頭痛、めまい、脱力、のぼせ、感情の揺れ、自己中心、短気、不平不満、さらには知性の混乱（特に記憶障害や注意障害）」を列挙している。[7]

「更年期症候群のなかでもずば抜けて深刻な徴候は、心神喪失だった」とキャロル・ヘイバーは言う。[8] 当時、更年期の「心神喪失」の範囲には、現代では認知症に含まれる症状のほか、それよりはるかに軽い、正常な老化の一環として起こる認知力の低下も含まれていた。心神喪失の発症は70～80代になってからが多かったが、ときには50代で発症することもあり、こうしたばらつきが生じるのは、個々人に残された生命力の量が違うからだと当時の医師は指摘した。

時をさかのぼり19世紀はじめごろには、医師たちが疾病としてのいわゆる認知症と、老化の自然ななりゆきとしての認知力低下を区別しようと試みたこともあった。だが、19世紀の終わりごろには、大半の専門家が、ほとんどの老人は皆同じような心神喪失を経験し、ただその程度が異なるだけだとする見解で一致している。[9] しかも、すべての老人に心神喪失の深刻な症状が出るわけではないのに、専門家は医師たちを煽（あお）り、どんな些細な徴候も見逃さないようにした。ヘイバーが言うように、「健康で活動的に見えるお年寄りでも、脳には回復不可能な変質が進んでいる可能性がある」[10]とされ、精神的にしっかりした者も、年をとっているというだけで、身体のみならず精神の健全さまで疑いをもって見られるようになった。老いを叡智の泉としてとらえていた何世紀にもわたる見方はすっかり影をひそめ、老人は、精神の軽やかさも生きる喜び（ジョワドヴィーヴル）も自制心も失った存在と見なされるようになった。

1872年に露見した鉄道会社クレディモビリエ・オブ・アメリカと政治家の大規模な汚職スキャンダルの原因を、当事者が高齢であるためと述べた記録もある。[11] 人間の精神に関する旧来の見識を根底から覆してきたジークムント・フロイトですら、1904年に、「老人は新しいことを学習できない」のだから、[12]「50歳の手前かそれを過ぎたあたりで、精神療法が拠りどころとする精神作用の可塑性は失われる」と主張している。このときのフロイトがすでに48歳だったことを思うと、[13] この主張はなかなか興味深い。

高齢者がそれまでどおり精神的に健全であるかどうかを証言できるのは家庭医だけなので、遺言状の作成など法的な行動については家庭医に大きな発言権が与えられていた。高齢者の心神喪失状態の診断で基準となるのは、態度や行動に目立った変化があるかどうかだった。高齢者は、頑固だとか人の言うことを聞かないなどといつも責められるのに、習慣や考え方をちょっとでも変えると、今度は心神喪失を疑われるという板挟み状態に追いやられた。責任能力があると判断してもらう唯一の方法は、〝老人らしく〟振る舞うことだった。スコットランドの精神科医トマス・S・クラウストンは1884年、「老人には、有機体として休息への切望がある」と書いている。[14]

更年期の始まりは、生命力が残り少なくなったということを意味していた。それに関して医師にできることはなく、当人にできることもなかった。もし何かしようものなら、症状を悪化させたり、さらには心神喪失の責任を負わされたりするおそれがあった。20世紀はじめの医学関係者によると、見た目が老いた人は、たとえその人が病気でなく頭がしっかりしていても、生命力を無駄づかいしないように引退して休養すべき存在とされた。特に重要なポイントは、「もう働けない」ということだった。「この論理のなかで、元気なお年寄りという概念は消去された」と老年学者ブライアン・グリーンは書いている。[15] 老いとはつまり、経済において生産者から消費者に変わることであり、〝暗黙の健康者〟から〝暗黙の病人〟に格下げされることを意味していた。こうした見方に、慈善事業や企業活動、行政府が追随するのに時間はかからなかった。

医療は変わるが仕組みは残る

20世紀に入りしばらくすると、医学の世界はようやく前世紀の生命力理論から脱しはじめる。だがすでに生命力理論は社会や文化、経済の仕組みに深く組みこまれており、年をとったあとは仕事から引退し、休養をとり、死に備えるしかないという前提で社会が動いていた。もともとは医学界で支持されていた生命力理論に特に強い影響を受けたのは、貧しい人たちを救済しようとする慈善事業の分野であり、生命力が尽きればどれほど悲惨な生活が待っているかを熱心に説いていた。かつては個人とその家族だけで経験するものだった老いが、社会全体で取り組むべき問題に変わったのだ。このイメージがあまりに深く刷りこまれたため、今日でも老人を別の見方でとらえることはむずかしい。

このとき初めて、集団としての「高齢者」が問題化した。19世紀半ばから終わりにかけて登場した、死亡率や出生率、失業率など人口統計上の指標が、人口の高齢化を数字として明確に突きつけたことで、突如として「人口の高齢化が統計上顕在化し、政治課題として浮上した」とグリーンは言う。[16]

〝高齢者〟という抽象的なくくりの一員になってしまうと、そのなかの人をどう扱うかは他人が決めるようになる。[17]ポスト構造主義の哲学者ミシェル・フーコーは、「経済問題および政治問題としての〝集団〟の出現は、権力をどこにどう使うかという考えに革新をもたらした」と語る。[18]当初は、困窮した高齢者を対象とする機関はなかったが、1909〜15年ごろ転機が訪れる。この数年間で人口高齢化に対応する公的な委員会が設立されたほか、高齢者の経済状況の調査や、州レベルでの年金システムの策定、連邦レベルでの年金法案提出などが相次いで実施された。[19]医学界でも、1909年に新たに「老年医学」という分野がつくられ、その最初の教科書が1914年に刊行されている。ごく短期間のうちに、高齢化現象は皆が知恵を出しあい、解決について模索すべき問題に位置づけられるようになった。

当然、「どうやって解決するか」という疑問が生じる。貧しく病弱な高齢者に対し、その責任を高齢者本人に負わせてどうしても足りないところだけしぶしぶ援助するのか？　あるいは、老齢での不遇は責めるべきでなく、温情をもって助けるべきなのか？

最終的には後者の立場が勝ち、アメリカでも世界でも、高齢者は税収入から支援を受けてよい存在と見なされることになるのだが、[20]20世紀初頭にこうした結論に達することは不可能だった。困窮する高齢者に何がしかの世話をする機関があるとすれば、〝人の情けにすがって生きるしかない〟貧しい人たちのためのいわゆる〝救貧院〟だった。一世紀以上にわたり救貧院は、幸せな老人になれなかった高齢者の身に何が起こるのかを示すシンボルとなる。

1800年代半ばから後半にかけて、アメリカには工業で栄える街がいくつも生まれ、それに歩調を合わせるように救貧院が登場した。それより前、1700年ごろの農村では、家族以外からの経済的支援が必要だった老人には、「院外救済」として近隣の人たちや教会から、金、食べ物、薪(まき)が与えられた。この呼び方の原型は1601年のエリザベス救貧法である。「院外救済」は「院内救済」の対比であり、院内救済とは救貧院のなかに閉じこめて粗末な食べ物と引き換えに彼らを働かせることだった。

建国後まもない若きアメリカでは、エリザベス朝の院内救済のようなものはなかった。身体が弱り家族もいない者たちは、公的機関ではなく近隣の誰かの家で暮らすのが一般的であり、その費用は地元の貧困税から補助された。[21] その後、アメリカの都市が発展するにつれて救貧院が一般的な存在となるが、そこは必ずしも居心地のいい場所ではなかった。部屋は寒く、住人は偏屈者ばかり、過酷な労働に追いたてる厳しい監督官が支配する、ディケンズの小説さながらの場所だった。自活できない高齢者は犯罪に巻きこまれやすく、酒に逃げる者も多かった。

この居心地の悪さは意図的につくられたものであり、のちに「制度としての慈善」と呼ばれるようになった仕組みの一環だった。[22] 過酷な院内救済には、公的救済に頼る気持ちを失わせようという意図があり、そのため、1人あたりの費用が院外救済より多かったにもかかわらず、[23] 院内救済の施設が都市部に多く設けられた。

だが19世紀に入ると、特定の人を集めた「ホーム」が出現し、救貧院も変わりはじめる。まず、視覚や聴覚、発話に障碍のある人のためのホームができ、やがて、非行少年のためのホームができた。孤児院も多く見られるようになり、働かない人たちを働かせるための労役所も増えた。だがこうした施設のどこからも年寄りは弾かれ、やがて、救貧院に収容される人たちに高齢者が増えていった。

前述したように、当時の医学では、老い=生命力の衰えとする理論が幅を利かせていた。病院や精神科の施設で働く医師たちは、老いの根本原因である生命力の激減を治療できないため、高齢の患者に対してなすすべがなかった。それを受けて、かつては年齢を問わず貧しい人の最後のとりでだった救貧院は、治療のすべがあるかどうかはともかく、認知症やその他の病気を患う貧しい高齢者が集められる場所になった。ニューヨーク市救貧院は、その使命が大きく変わったことを理由に、1903年に名称を「高齢者と虚弱者のためのホーム(エイジド・アンド・インファーム)」に変更している。他の多くの施設もこの流れに追随した。[24]

救貧院の呼び名は変わっても、恐怖の場所という烙印は消えなかった。高齢者の大半は救貧院ではない場所で暮らしているのに、その建物の横を通りかかった誰もが救貧院には年寄りがあふれていたと言い、新しい恐怖が紡(つむ)がれた。生命力が減衰して自活できなくなる時期は誰にでもいつかは訪れる。それなのに年寄りがあふれる救貧院を見せつけて、人が自活できなくなれば何が起こるのかを刷りこむのだ。ねえ、そこの仕事帰りの人、ねえ、そこのおかあさん、あなたもこうなるかもしれないよ。

間の悪いことに、そこに「失業者」が割りこんできた。1887年に誕生した「失業者」という概念は、[25]マクロ経済学の短落的な政策がやる気も能力もある人たちの職を奪っていることを社会に知らしめた。不運が重れば破滅もありうるという考え方は目新しくはなかったが、これまでは労働市場の裏にあって見えなかった巨大な集団の存在が明らかになったことで、労働に対する人の考え方が変わった。最も勤勉で身体も丈夫な働き手ですら、自分に落ち度のないまま一文無しに陥りかねなかった。金のないまま年をとるとどうなるかを皆が知ってしまっていた。

大衆文化に救貧院の恐ろしさが描かれるようになったことも大きい。無声映画の草分けで、さまざまな撮影技術を確立した映画監督として知られる(白人優越主義者としても悪名高い)D・W・グリフィスは

1911年『*What Shall We Do With Our Old?*（この国の年寄りをどうすればいい？）』という作品で、大工仕事を生業にしていた男が年老いて若い者にとって代わられ、妻ともども窮乏する様子を描いた。

さらに強い印象を与えたのはウィル・カールトンが1872年に発表した詩『*Over the Hill to the Poor-House*（丘を越えて救貧院へ）』だろう。政治・社会問題を扱っていたハーパーズ・ウィクリー誌に登場したあと、同じタイトルで流行歌や無声映画にもなった。今日に至ってもなお私たちは、ウィル・カールトンの詩にあったフレーズ「丘を越え」た向こうにあるものに怯え[26]、自分の人生の行き先が現代の救貧院——税金で建てた老人ホーム——になりはしないかと案じている。

解決策の1つであるはずの年金制度は宙に浮いたままだった。1800年代の終わりごろから1900年代はじめにかけて、悠々自適の財産をもたなかった人にとって、公的年金にしろ個人年金にしろ、年金は、人生の最後に貧乏に苦しんだり施設に送られたりする状況を免れる希望の光だった。年金制度を求める声は南北戦争〔1861～65〕より前はほとんどなかったが、戦後に急拡大する。1932年には、48の州のうち17州が老齢年金法を成立させていた（カリフォルニア、マサチューセッツ、ニューヨークの3州のみで給付金額の87パーセントを占めていたが[27]）。

もともとは他者の労働に寄生して生きる者を減らすために、救貧院をつらい場所として宣伝してきたのだが、そのために、公的年金にもっと財政支援を投下せよという社会の声が大きくなる。公的支援の規模が急拡大したことで、社会が貧しい老人を非難の対象としてではなく、人口高齢化という問題の1つと見なし、金銭的に支えていこうという流れを生みだした。

現代の高齢者の物語を完成させるための最後のピースとなったのが、こうした年金制度と、他の支援策を統括する社会保障制度だ。そこに退職制度の普及が加わり、人は誰でも65歳を待ち望むものだという刷りこみがなされていった。

効率最優先

現在では退職後の暮らしが深く人生のなかに組みこまれ、中年時代や子ども時代のように1つのライフステージになっている。2015年の調査では、働いている人の67パーセントが「退職後も収入を得るために働く」つもりだと答えているが、「退職」と「働く」は、ことばの意味を考えると矛盾しているように映る(28)。実際には、「退職」は1つではなく2つの意味をもつ。1つは、65歳ごろで働くのをやめる、あるいは縮小すること。2つ目は、それ以後はレジャー三昧にしろなんにしろ、自分中心で生きるということ。1つ目が当たり前になったことで、2つ目の流れスムーズにつながった。

労働をやめる年齢がなぜ65歳なのかについては広く信じられている通説がある。19世紀後半、ドイツ帝国宰相オットー・フォン・ビスマルクが、左派勢力からの圧力もあり、世界で初めて国レベルでの老齢社会保険制度を策定したときに宰相自身が当時65歳だったので、対象年齢を65歳からに規定したというものだ。以後、他の国々もそれに追随したとされる(29)。

この通説はまったくのでたらめではないがまったくの真実でもない。たしかにアメリカが1935年に社会保障制度を成立させる際、ドイツなど諸外国の状況を参考にしたが、ドイツは実際には1889年に——当時ビスマルクは74歳——70歳を退職年齢として定めており(30)、65歳に変更されたのはビスマルクの死後18年経った1916年のことだ。[31]

それよりはるか前の1890年のアメリカではすでに、60代に発動する老齢保険制度を展開している。南北戦争の退役軍人と戦争で夫を亡くした婦人を給付対象とした連邦軍（北軍）年金である。これは1900年にアメリカで最も普及している政府支援の制度であり、連邦予算のおよそ30パーセントを使って65歳以上の国民のおよそ4分の1に年金を支払っていた。外国からの移住者と南軍の退役軍人は対象外だったが、空前の規模の包括的な制度だった。[32]

こうした制度が生まれる前は、退職は高齢になった労働者が待ち望むものではなかった。収入が大幅に減り、社会的ステータスも失われるため、できるだけ退職を先延ばししたいと思う人が多かったからだ。

連邦軍年金は、こうした気運が変わる最初のきっかけだった。高齢者のなかには働くことを自発的にやめる者も出はじめる。1904年以前は、連邦軍（北軍）の退役軍人が南北戦争年金を受給するには、健康診断を受けて疾病や障碍があることを認めてもらわなければならなかった。だが、年をとると本質的に身体が弱ってくることを知る医師たちにすれば、たんなる高齢なのか「正当な」疾病なのかの線引きはむずかしい。20世紀に入ると、年金の管轄機構は医師に対し、年齢だけで年金受給資格の有無を判断してよいと通達する。1904年、第26代セオドア・ルーズベルト大統領は、その通達を大統領命令によって公式に決定した。身体状況を問わず、連邦軍のすべての退役軍人は62歳で〝半分病気〟、65歳で〝3分の2病気〟、70歳で〝完全に病気〟と扱われることになった。[33]

議論百出だったこの大統領命令は、政府支援に値する人物かどうかを年齢だけで判断する事態に納得できない人たちから、露骨な集票政策だと悪しざまに言われた。マーク・トウェインは自伝にこう書いている。「老いた兵士の皆さんに申しあげたい。戦ってもいない者たちが政府の人気取り政策で年金リストに加えられたのに、なぜ抗議に立ちあがらないのかと。あなたがたの勇敢な人生にとって一生の恥になるまいか」。人気取りの集票政策は終わらないだろう、とトウェインは嘆いた。「武器商人か兵士に飼われたことのある猫とその子孫が一匹残らず年金リストに加えられる日まで」[34]

トウェインは、ルーズベルトの大統領命令がきっかけとなり、物事が悪い方向に転がることを怖れた。南部の票が欲しい政治家たちが、すぐに南軍の兵士を南北戦争の年金受給者の地位に据えるのではないか、と。だがそうはならず、代わりに予想外のことが起こる。年金をもらえない南軍兵士は退職しないのに、年金のある北軍兵士は退職していくのだ[35]。

今日の視点で見れば驚くにあたらないが、当時はほとんどの人にとって、退職（退役）とは必要に迫られてするものだったので、これは意外な展開だった。北軍年金のおかげで一定の収入が保証されたことで、働きつづけたはずの人が退職しはじめたのである。退職を、人が積極的に求めるようになったのだ。とりわけ、老体にこたえる肉体労働者にその傾向が顕著だった*。

南北戦争終結後の数十年間は、退職率が伸びつづけ、その一方で、かつては当たり前だった働けるかぎり働くという価値観がむしろ珍しくなった。1880年当時は64歳を超えていても男性の75パーセントは働いていたが、その割合はしだいに下がっていく（1990年の国勢調査では18パーセントという空前の低さ

*1800年代後半、退職者の業種は大半が事務仕事ではなく肉体労働だった。負傷した傷のみならず、関節炎などの健康上の問題を抱える身にとって、肉体労働は苦痛だからだ。北軍退役兵士の31パーセントが、軍務中に銃創などの傷を負ったという。

を記録したが、それ以降は、退職年齢を過ぎても働こうとする人が増えたため、微増に転じている[36]。

南北戦争以降、たんに退職する人が増えただけでなく、退職しても成人したわが子の世話になろうとしない人が増えていった。1880年当時では、すでに退職している65歳超の男性で、子どもと一緒に住まず、独り暮らしか妻との2人暮らしの人は23・5パーセントであったが、1900年には、この数字は約28パーセントに上昇する（さらに20世紀の終わりごろには80パーセントを超えることになる）。退職は、一家の問題ではなく、個人または夫婦の問題になったのだ。

収入の目処があるのなら、つらい労働よりも退職を選ぶという流れの一方で、民間企業も従業員が退職を望むかどうかにかかわらず、退職を促すようになった。1885年にはアメリカの産業革命が最高潮に達し、民間会社の主な形態として株式会社が台頭してきた。株主が手綱を握り、会社側は短期利益を追い求め、その実現には高い生産効率が重要視された。

同じころ経済学者たちや医学界は8時間労働の推進を訴え、1885～1915年にかけて、それまで一般的だった10時間労働が徐々に8時間になっていった[37]。1日の労働時間が短くなると、従業員は限られた時間のなかで生産性を高めなければならない。儲けを増やすために最新の高価な機械を購入していた工場主は、その投資分を早急に回収しなければならなかった。結果として、労働現場は常に急きたてられるようになった。監督たちは、高齢者の鈍い動作では作業ペースが遅れると怖れ、初期の科学的管理法（科学的管理法の父と称されるフレデリック・テイラーの名をとって「テイラーイズム」とも呼ばれる）もこの仮説を後押しした。

科学的管理法の草分けであり、テイラーと同時代のハリントン・エマーソンは1909年、最も効率のいい企業は「労働力から非効率的な人間を除外する」と書いている[38]。労働効率の専門家のなかには、高齢の労働者にあるとされる一貫性と継続性を評価する者もいたが、多くは、効率を高めるための最もシンプルな方法は、高齢の労働者に辞めてもらうことだとの見解で一致した。エマーソンが言うように、「(年寄りは) 見えないところで生きてもらえばいい」と考えたのだ。

退職という区切りは、従業員の硬直化を防ぎたい者にとってもありがたい制度である。概念としての「失業」の語が使われはじめた時期であり、若く、丈夫で、効率のいい労働者に職がないことや、あちこちで起きたマルクス主義者の革命的行動が世間を怯えさせたことが、高齢者から若い労働者に職を譲らせたい合理的思考の監督者にとって追い風となった。効率至上主義者や監督者のあいだで、労働者の年齢が人気のテーマとなった。

当時の労働効率の専門家は気づいていなかったが、労働をゼロサムゲームとする考え方――労働の量には限りがあり、大勢の労働者がそれを取り合うという考え――は、エコノミスト誌が「経済学における最も有名な誤りの1つ」と指摘しているように[39]、「労働塊(かい)の誤謬」と呼ばれる誤った労働力のとらえ方である。このとらえ方には、なすべき作業の量は固定的でなく、発生しうる職の個数もまた変化するという現実が考慮されていない。出勤日を少なくしたり、強制的に早期退職させたりするようなあからさまな〝解決策〟は、かえって経済全体の効率を低下させるのだ[40]。

また、私たちは人口の高齢化が若年労働者の雇用に影響せず[41]、高齢の労働者が若者の職を盗んでいないことを知っている。失業率が急上昇した世界的金融不況時［2007〜09］ですら盗めはしなかった[42]。「その説は葬られた」と、ボストンカレッジの退職研究センターの研究員も述べている。

とはいえ、20世紀初期には、高齢の労働者のせいで生産性の高い若者が排除されていると広く信じられていた。その一方、義務教育の普及により、求職中の高齢者が、高卒資格をもつ若年の求職者と競り合うのはむずかしくなった。[43]

レイオフされた高齢の労働者が、そのまま働くことをあきらめたか、新しい仕事を探そうとして失敗したのかはともかく、結果として「退職」することになる。このことばには、20世紀初頭は、職から離れるという単純な意味しかなく、日光浴やクルーズ旅行やゴルフ三昧(ざんまい)といったレジャーは含まれていなかった。

自活できない高齢の元労働者の悲哀には、彼らを解雇した企業も気づかなかったわけではない。少なくとも、常に気づかなかったわけではない。アメリカン・エキスプレス社がアメリカ初の企業年金を設けたのは1875年のことだ。その後、35年ほどのあいだに、鉄道会社や公益事業、銀行、金属業界、大手製造企業があとに続いた。1910年ごろには、毎年のように多くの企業が年金計画を追加している。[44]

こうした年金は、経営側から授けられたものもあれば、組合が苦労して勝ちとったものもあり、さらには将来の年金を約束する代わりにいまの賃金を低く抑えようとする経営陣の思惑によるものもあった。特に着目すべきは、企業の年金計画が「効率」という目的を達成するための道具となったことだ。年金制度がなければ65歳の労働者を解雇しなかったであろうマネジャーが、年金があるおかげで、彼らに辞めてもらう選択肢を良心の呵責なく選べるようになったのだ。

1932年時点で、大企業か行政府に雇用されていた者を中心に、労働者の15パーセントに年金の受給が確約されていた。裕福であろうと健康であろうと、老後の安心のかたちとして受けとることのできる年金の理念は広まっていったが、大半の労働者にはまだ行きわたっていなかった。[45] そして突然、多くの労働者に年金が必要となる出来事が起きる。1929年の大恐慌だ。老若を問わず失業率が膨れあがり、高齢者の半分以上は生活できるだけの収入を得られなかった。[46]
これら2つの理由から、退職者に資金提供するという点では小さかった民間企業の役割が、空前の規模で拡大しようとしていた。社会保障の存在によって高齢期は変わり、退職は高齢者の生活を決定づける重要な要素となったのだ。

社会保障制度の時代

第一次大戦と第二次大戦のあいだに、アメリカでは現在も続く老いの物語がほぼ完成した。当時の若い人たちは、〝老人〟を、一律に不健康で貧乏な集団と見なした。働けない老人は若い世代のもたらすリソースに頼るしかなく、家族で支えきれない場合には、企業、政府へと支援元を拡大して面倒をみてもらうしかない存在と見なされた。このイメージは多くの人にすんなりと受けいれられた。一方、1920～30年代に解雇の憂き目に遭った大勢の高齢者が、まだ充分に働くことができるのに再雇用の願いが叶わずにいる事実は顧みられなかった。

年寄りを非効率な存在と見下す若年労働者にとって高齢者の退職は当たり前でも、当の高齢者にとっては納得しがたい状況だった。大きな転換点となったのは、1935年に制定された社会保障法だ。対象者の範囲も給付額も拡大した20世紀半ばには、退職はいやがる労働者に強制するものではなく、むしろ労働者が待ち望む、あるいは待ち望んでいるはずと周囲が期待するものになった。退職という人生の節目が標準化（のちに美談化）され、高齢者は生産者としてではなく消費者として規定される高齢者像に合わせるすべを学ぶことになった。そうすることで初めて、貧しく、欲深く、能のない老人という現代の老いの物語は完結したのだ。

社会保障は自然発生的なものとしてではなく、効率向上に取りつかれていた国の土壌と、機械化された社会から抜けだして新しい人生を歩みたいという高齢者の気運のなかで育っていった。「歴史家は〝効率性の福音〟と呼んだ」と、社会政策に関する研究家のロバート・H・ネルソンが書いている。「当時の進歩主義運動も熱狂的効率主義が根底にあり、〝効率性運動〟は人類の不健全さを正す万能薬として、信仰を思わせるほどの情熱が注がれた」[47]

皆が効率ばかりを追い求め、そこに、高齢者は効率性とはほど遠いというイメージが加わったことで、企業だけでなく学究の場や行政府においても、高齢者を重要な地位から退かせることが社会全体の利益につながるとの共通理解が形成された。たとえば、クラーク・マクレイノルズ司法長官は１９１４年、70歳を超えた連邦裁判所判事は「適確に職務を果たせる時期を過ぎてもなお長くその地位にとどまっている」と述べている。長官はさらに、70歳を超えた判事の相方として若い判事を選任し、「その若いほうの判事により強い権限を与えるべきだ」とまで主張した。[48] 彼は自分の発言に、年をとってからしっぺ返しを喰らうことになる。

研究や開発の分野で年齢がどうとらえられていたかは、トマス・J・ミジリーの意見に集約されるだろう。１９２０年代から第二次大戦ごろにかけて定評のある応用化学者だったミジリーは、アメリカ化学協会会長として１９４４年末に演説をおこなった際、化学や他の分野で高齢者が若い研究者の雇用を犠牲にして居座っていることは、あらゆる革新と効率に悪影響を及ぼすと断じた。[49]「若者は伝統にとらわれず創造性に富むが、老人には経験しかない。40歳を超えて重要な役職に就く者は皆、若者に道を譲っていないという点で罪深い」

こうした感情は労働市場において、とりわけ大恐慌で極端に職が減った状況下で広まっていった。1920年代と30年代のアメリカ企業の30~40パーセント以上が、採用にあたって年齢制限を設け、[50]採用担当者のあいだでは「採用年齢40歳まで」が決まり文句となった。[51]カリフォルニアの桂冠詩人〔公的機関から任命される優れた詩人の称号〕として知られるジョン・スティーブン・マッグロアティは、1934年にこう書いている。「事務職者も技能職者も、ほかの職に就いている者も、45歳を過ぎれば必要とされなくなる。いちばん有能な時期に雇用者から捨てられるのだ[52]」

若年者のほうが知的生産性が高いとミジリーに思わせたのが周囲の文化だったとすれば、それを強化したのは彼自身の経験だった。1921年、ミジリーは33歳のころにエンジンのノッキングを防いでパワーを高める有鉛ガソリンを発明し、工業化学の世界で一躍有名になった。1928年、40歳になった彼は、クロロフルオロカーボンを発見し「フレオン」と名づけた〔日本では一般にフロンと呼ばれる〕。当時使われていた有毒で爆発性の高い物質は、エアゾールの噴霧ガスにも使われるこの難燃性の冷媒ガスに代わっていった。

第二次大戦の終わりごろには、ミジリーはアメリカの英雄と称えられた。有鉛ガソリンは連合国と枢軸国の両方で軍用機の燃料として使われていたが、連合国側は有鉛ガソリンをより出力の強いウルトラハイオクタンガソリンとして使う方法を発見した。その1つであるオクタン価100の燃料を搭載した連合国の航空機は、性能の劣るオクタン価87のドイツ空軍機より5分の1の長さの滑走路で離陸できて、高速に急上昇でき、飛行高度と航続距離にも優れ、より多くの爆弾を積めた。「オクタン価100の燃料がなければ、英国大空襲を防衛し、ドイツ軍機に勝利することはできなかった」と、イギリスの石油大臣ジェフリー・ロイドは戦後に述懐している。さらに連合国は、マラリア蚊を追い払うDDT爆弾や、戦車の消化剤としても、ミジリーの発明したガスやその同族化合物を活用した。

だが、大戦の終わるころにはミジリーの人生に影が差していた。1940年、彼が51歳のときに、本人曰く「エンパイアステートビルの高さに積みあげられたカードの山から1枚のカードを引き当てるほど低い確率」で、熟年になってからの発症例はきわめてまれな脊髄性小児麻痺（ポリオ）に罹（かか）ったのだ。[53]

1944年末、すでに自らの死の運命を強く自覚していたミジリーは、演説の最後を次のような自作の詩で締めくくっている。

忍びよる老いに、なんの楽しみもない
わが神経は腐り、息は荒く
目はかすみ、髪は白くなるばかり
夜をさまよい歩けば、昔の大望は跡形もなく
数多の年長者より早く消えることになろうと
去りゆく私に悔いなどあるものか
墓にはただこう彫ってほしい
〝短い時間を大いに生きた男ここに眠れり[54]〟

同時代の多くの人のように、ミジリーも老人に鋭敏な思考力があるとは思っていなかったので、50代で死ぬなら、無気力でぼんやりした時間を生きないですむと、むしろ安らぎを見いだしていた。多くの人にとって職を得ることが叶わぬ夢だった大恐慌時代、人生の晩年はそのようにとらえられていたのだ。だからこそ、大恐慌時代に登場した第32代大統領フランクリン・デラノ・ルーズベルトは、社会保障法の成立に懸命に取り組んだのだろう。同法は法案策定が始まった当初から、従来の福祉制度よりも包括的で長い運用に耐える頑健さを目指していた。

「1935社会保障法」には11の章があり、貧しい母子家庭、視覚障碍者、失業者などを対象にして従来の福祉制度を改良・強化したものだった。特に老齢年金に関する項目は突出しており、他の集団よりもはるかに広範な施策が盛りこまれていた。F・ルーズベルト大統領自身も、老齢年金以外はどれも「名前をつけ替えただけの代わり映えのしない給付だった」と語っている[55]。

高齢者への経済的支援を、〝施し〟や救貧院という不名誉な位置づけから解き放ちたいと大統領が決意したのは、政府が支援すべき問題として人口高齢化が初めて認識された20世紀初頭以降、さまざまなことが積み重なったからだった。実際に高齢者問題は、その後も拡大しつづける。「1935社会保障法」への署名に際し、大統領はこの法が「建設途中のままで決して完成されない建物の土台だ」と述べている[56]。彼は将来を見据え、この制度にかかる費用が政府内で掻きまわされないように——将来の予算削減や財源の奪い合いのターゲットにされないように——策を講じた。

そのためのF・ルーズベルトの手法はシンプルで美しかった。彼と側近たちは受給者に所有権の感覚を植えつけ、社会保障の小切手を受けとることを〝情けにすがる〟のではなく〝当然の権利〟と感じさせるようにした。一連の施策によって、社会保障が「拠出制」であると国民に知らしめたのだ。労働者が社会保障制度に支払った金は、将来彼らが年をとって職を離れるときに受けとる金と同等である、と。*

制度のための資金を受益者だけで供出し、一般の財源からは出さずにいるかぎり、その資金を他の目的にまわすべきだと示唆するような政治家を政治生命の危機に追いやることができる。「給与から拠出金を差し引くようにしたのは、拠出者が将来年金や失業給付金を受けとる際に、法的にも政治的にも、良心に照らしても、正当な権利であることを明らかにするためだ」と大統領は1941年に述べている。「拠出金の存在があるからこそ、底意地の悪い政治家でも私のつくった社会保障制度を壊すことはできない。拠出金を設けた意図は、経済学的なものではなく、政治力学によるものだったのだ」[57]

大統領が拠出制にこだわった理由は理解できたが、なぜこの制度は本当に困窮している人だけでなく、高齢で退職したすべての人を対象としたのだろうか。社会保障法には、老齢年金という項目だけでなく、一般財源からの資金を、一定の年齢を超えた退職者全員にではなく、貧しい高齢者だけに毎月与える扶助策も個別に盛りこまれている。老齢年金もその方式にして、全退職者ではなく貧困高齢者だけを制度の対象としてはどうか。そのほうが労働者や雇用者の負担額が少なくてすんだのではないか?

この問いに対しては2つの答えがある。1つは、退職者すべてに給付することが、この制度から〝代わり映えのしない施し〟のイメージを払拭し、受給者に正当な権利であるという感覚を植えつけるうえで役立ったこと。この感覚が、何十年にもわたってこの制度を守り、人生の後半に社会保障が不可欠な存在となるという考えを後押しした。

F・ルーズベルト大統領が、すべての高齢者を給付対象としたもう1つの理由は、彼がミジリーと同様に[**]、高齢者はたいして働けず経済にとってありがたくない存在だと信じていたことにある。これは19世紀の生命力理論に回帰するような考え方であり、どうやら、社会保障制度に取り組んだ彼の動機がすべて人道主義によるものだったとは言えないようだ。

研究者グループのなかには、F・ルーズベルト大統領は本当は老いた労働者のことはたいして考慮しておらず、福祉の提供という名目の裏で、アメリカ経済の重要な地位から高齢者を追いだしたい意図があったのではないかと疑う向きもある。1950年まで、社会保障の受給者は月額15ドルしか勤労収入が許されなかったのはそのためだと。15ドルという額は、当人が完全に退職していて、若年労働者に席を明けわたしたことを測る尺度だった。

UCLAの法律学教授で、「1935社会保障法」の老齢年金に関する草案をまとめる作業を率いたバーバラ・アームストロングは1965年、回顧録のなかで次のように述べている。「(フランクリン・デラノ・)ルーズベルト大統領の関心は若い人たちにあった。だから、15ドルという中途半端な数字を制度に盛りこんだのだ。〝退職者が稼ぐのは小銭でいい、彼らには給付金があるのだから。それに退職とはそもそも、金のために働くのをやめるという意味だ〟という論法で」

＊この制度が1939年に積立金方式から賦課方式に移行したあとも、支払った金と受けとる金はほぼ同等であった。年齢による人口構成比のおかげで、受給者が社会保障制度から受けとる金額は、働いていた時期に支払った額よりも概して多かったとはいえ、最近まで、同制度の長い歴史のなかで、一般準備金からの資金をほとんど受けとってこなかった。

＊＊F・ルーズベルト大統領は、戦時中の重要人物だったミジリーのことを知っていたし、ミジリーがポリオと診断されたことを第二次大戦中に国家科学研究開発局を率いた科学技術者バネバー・ブッシュ博士から聞いて、見舞いの手紙を出している(58)。

もちろん、高齢の労働者を押しだせと社会保障法に書いてあるわけではない。支援者たちが望んだのは、そのころニューディール政策にまつわる法律を違憲としていた最高裁判所を安全に通過できるようにすることだった。裁判所の承認を必要とする社会保障法にとって、政府が同法を通じて経済を操ろうとしていることを文言から悟られてはならない。そこで、給与から拠出金を徴収することと引き換えに、国民の福祉がどれだけ向上するかを強調することにした。

だが、F・ルーズベルト大統領が1935年に社会保障法案に署名して成立させたあとの2年間、最高裁判所はニューディール政策関連の法律を次々に違憲とする判決を下した。1日で3件却下した例もあったほどだ。つまりは、どれだけ文言に気を配っても、社会保障法が阻止されることを防げなかったのだ。

1937年、大統領は次の手として、最高裁判所判事の陣容を変えるように要求した。彼の提出した通称〝裁判所詰めこみ計画(コートパッキング・プラン)〟と呼ばれる法案は、歴史的にも珍しいほどのはなはだしい職権濫用の例としてよく引き合いに出される。とはいえ、いまのアメリカ人が社会保障の恩恵を受けていられるのは、当時のこうした画策のおかげでもある。

F・ルーズベルト大統領のとった手法はシンプルだった。最高裁判所判事9人のうち5人が彼のニューディール法案に反対していたので、親ルーズベルト派の法律家を追加して最大15人まで増加できるようにしようと試みたのだ。アメリカ史を学んだ学生なら次に何が起こったかは知っているだろう。かつてはF・ルーズベルトに敵対していた陪席判事オーウェン・ロバーツが、社会保障法に賛成票を投じたのだ。当時、連邦議会は社会保障法を支持していたが、裁判所を操ろうとする大統領の意図には批判的だった。社会保障法が合憲であると宣言することで、ロバーツ判事は、大統領が〝裁判所詰めこみ計画〟を強行する意義をなくしたのである（詰めこみ計画は、直後に議会で否決されている）。

以後、ロバーツ判事の投票は、「時宜を得た一針（スティッチ）は九針の手間を省く」の諺にかけて「時宜を得た転向（スイッチ）は九人（の裁判官）を救う」と謳われるようになった。

こうした一連の駆け引きよりもさらに興味深いのは、大統領が彼の過激な行動をどうやって正当化したかだ。彼が裁判官を詰めこもうとした理由は、かなり聞き覚えのあるものだ。高齢者は仕事をうまく遂行できない——たとえ最高裁判所の判事であっても。つまり彼は、〝裁判所詰めこみ計画〟は、全員が70歳を超えていた最高裁判所に新風を吹きこむためのものだった、と言ったのだ。だがなぜ、さまざまな基準があるなかで年齢が決定要因だったのか？

効率至上主義がそこに関係しているのは明らかだ。大統領は1937年3月、ラジオ番組「炉辺談話」でこう述べている。「司法制度に若い血を継続的かつ安定的に吹きこもうとするのは、まず、裁判の運営を迅速化するため、そしてその結果として、コストを削減するためです。この計画はわが国の憲法を司法の動脈硬化から護ってくれるでしょう[59]」

大統領には、現実離れした理想的正義につき動かされていた面もあったのではないか。〝裁判所詰めこみ計画〟の具体的な文言は、司法長官マクレイノルズが1914年におこなった主張にかなり似ている。マクレイノルズ長官は、年嵩（としかさ）の連邦判事を、新しい顔ぶれと入れ替えたがった。当時のマクレイノルズ長官は50代だったが、F・ルーズベルト時代の1937年には70歳をゆうに超え、最高裁判所に残って権力を握っており、F・ルーズベルトと敵対していることも知られていた[60]。70歳にもなると最高裁判所判事としての能力が衰えるとする大統領の発言は、かつてのマクレイノルズのことばをそのまま当人に返したものだった。

後知恵だが、大統領はきわめて大胆な賭けに出ていたのだ。高齢者は労働力として役に立たないという通念にもつながる、高齢者に人道的配慮を示す社会保障法は、大統領がこれまでの実績と三権分立の原則を危険にさらしてでも成立させたいほど重要なものだった。そしてロバーツ判事が寝返った時点で、大統領は賭けに勝つ。どの政党の政治家にも掻きまわされない、拠出制の老齢年金保険を成立させたのだ。

しかしこの制度が成立した当初は小規模だった。発足時点でカバーしていたのは、アメリカの労働人口の60パーセント足らずで、配偶者や扶養家族は対象外だった。ただしこれはすぐに改定された。法案が署名された日から数十年にわたり、カバーする職種や給付額など、制度は拡大しつづけた。最終的に、働いている高齢者にも支払われることになり、これは「退職者」だけを対象にする当初の制度の目的を完全に方向転換するものだった。

この転換は、自営業者を皮切りにゆるやかに展開された。社会保障の老齢年金保険は当初から強制加入であり、対象に含まれる職種の人は保険料を払わなければならない。だが、1950年に自営業者も対象とするようになると、分配の不公平さが明らかになった。自営業者は、自分が働こうと思えば何歳までも働けるので、保険料を払いつづけても、いつまでも年金をもらえないのである。

皆と同じ負担を担いながら、小さな見返りしか得られない人たちにとって、これは正しいことには思えなかった。例えれば、いつも道路をかっ飛ばしているスピード狂と、安全運転のドライバーに同じ自動車保険料を課すようなものだ。職種によって保険料の率を変えるのではなく(この方法は政治的にも実務的にも実現困難だ)、連邦議会は異なる政策をとった。1950年の法改定によって、退職の状況にかかわらず、

75歳を超える者すべてに完全給付をおこなうようにしたのだ。ようやく、自営業者であっても社会保障という果実を齧(かじ)れる日が来た。[61]

それまで、社会保障の受給者は働いていてはならず、所得制限の基準に合格しなければならなかったのだが、自営業者の追加は、所得制限の必須要件を弱める動きの走りとなった。以後数十年間、政治家たちは所得制限をなんとか無効にしようと奮闘する。1954年の法改定では、所得制限を課す上限年齢が72歳に、1977年の改定では70歳に引きさげられた。所得制限の仕組み自体も、1960年、不合格者の切り捨てからスライド制に変わり、社会保障受給者に認められる所得額は、数十年にわたり増えつづけた。同時に、社会保障が適用される種類は広がり、やがてほとんどの職種に適用されるようになった。

最終的に所得制限はおこなわれなくなるだろう。この成熟した(そして私の見るところ最良の形態の)社会保障は、アメリカ全体の国民年金として機能していくだろう。ところで私は、社会保障がどういう姿になったかよりも、なぜ形態が変わったのかに興味を惹かれる。「社会保障を受ける高齢者に認められる所得額の上限はなくすべきだ」。ビル・クリントン大統領は1999年の一般教書演説でこう述べた。2000年、大統領のこの願いは現実のものになる。

法案の成立は、1971年以来、所得制限に反対しつづけていたビル・アーチャー下院議員(テキサス州選出の同議員は所得制限を〝稼ぐことへの罰(アーニングペナルティ)〟と呼んでいた)が後押しした。老齢年金の公平な分配を実現する方法としてかつて評価されていた所得制限は、アーチャー議員が1971年に反対運動を始めるしばらく前から、働いて収入を得ることを罰するものというイメージが定着しはじめる。

稼いでいても年金をもらえるかどうかの区分はきわめて重要だ。つまり、退職の意味が根本的に変わったのだ。社会保障はそもそも「退職者」のための制度であったし、その最も熱心な擁護者は全米退職者協会[*]だった。しかし、1950～60年代になると、一度退職してから再び雇用される状況もありうるとの認識が広まった。「退職」がもはや、働いていない状態と同義ではなくなり、別の何か、つまりは「人生の一段階」を指すことばになったのである。

退職(リタイア)という開拓地

20世紀のなかごろには、老いについての世間のイメージは現在のものとかなり近くなっていた。社会保障費として毎月、世代から世代へ金銭を引き渡すという行為は、「老人」は経済的生産活動に不向きという長年にわたって植えつけられてきたイメージそのものである。ただし、物語の最後のピース、すなわち、「高齢者は、生産者として社会に貢献するよりも、消費者として社会の支援を受ける立場を好む」という考えは、まだ一般に広まっていなかった。この最後のピースの土台となるのは、退職とは本質的に楽しいことをする人生の最終ステージであるという見方だ。これは高齢者にサービスを売る民間企業にしかない発想だった。

20世紀半ばのアメリカでは企業年金の影響力が増大したために、高齢者の経済的な安定性も高まった。第二次大戦中には給料の上限制があったので、企業は、不足がちな労働者を真っ向から奪い合うのではなく、年金を気前よく振る舞うことで人材を獲得し、他社より優位に立とうとした。[62] 戦争が終わり、社会保障の対象者が拡大し、給付総額が増えはじめても、企業年金への期待は残っていた。高い負担率にたじろいでいた企業は、1950年代に社会保障が拡大したころ、政府の支出額が増えれば、自分たちが年金というかたちで労働組合に拠出すべき金額が減ることに気づいた。こうして企業のトップ層は、政府による給付額を増やすように強く要求しはじめた。

当時の退職者は以前より多額の年金を受けとるようになっていたが、その金を使ってどうしたいのか、どんなふうに生きていきたいのかについて深く考えていなかった。これは社会が直面していたもっと大きな問題——消費主義の意義はどこにあるのか——に含まれる問題である。社会学者デイビッド・リースマンは、1952年、ある専門雑誌に寄稿した「余暇のとらえ方の移り変わりに関する考察」という論考のなかで次のように述べている。

前世紀の探検者たちは生産活動という開拓地に向かい、漁場や鉱山や工場を発展させていったが、今世紀の探検者たちは消費活動という開拓地に移り住もうとしているかのようだ。その振る舞いはぎごちなく、新しい環境で心地よく過ごすすべをまだ習得していない。生産活動の開拓地時代が無法のために雑然としていたように、消費活動の開拓地は目的をもたない人々で雑然としている。[63]

消費活動へのとまどいは、特に生産活動の現場から退いたばかりの人たちのあいだで顕著だった。一方、退職の歴史に詳しいウィリアム・グレーブナーは、1980年、次のように書いている。[**]「リースマンが、

＊ 現在は、略語のAARPが正式名称となっている。私はこのAARPの理事会メンバーである。

消費活動の新しい場として〝退職〟を念頭に置いていたのなら、退職者はすぐに〝心地よく過ごすすべ〟を習得したと結論づけていたはずだ。リースマンが指摘したように、余暇の問題は時間そのものではなく、20世紀の男性が示した余暇へのとまどいにある」。たとえば、国際婦人服労働組合の下部委員会でマネジャーを務めるジュリアス・ホックマンが1949年の論文にこう書いている。

「老人」自身がとまどっている。人生の時間が増えたことはありがたく思うが、経済社会を牛耳る強大な力に捨てられてもしかたのない役立たずだという烙印を押される理由がわからない。「退職者」とレッテルを貼られることも気に入らない。そして訝しむ。何から引退し、何を目指せばいいのか？人生の満足を与えてくれる何か？空虚なのに意味ありげに聞こえる〝幸福〟？そして怯え、意気消沈する。なぜすべてから引退しなければいけないのだろう。[64]

退職生活という開拓地には、住民はいても、生き方の指南書もなければ管理してくれる機構もない。退職者の個性を活かせる生産活動はなく、時間の使い方を教えてくれる人もいない。だが、退職者の生活に自然に湧いてくる目的がないとしても、考えだすことはできるのではないか。〝考えだせるはず〟と言ったのは、中世の技術の歴史に詳しいリン・ホワイト・ジュニアだ。1951年、コーニング社主催の退職をテーマとする会議で議長を務めた彼は、「これからは余暇の重要性を強調しなければならない」と語っている。[65]

これはまさに、民間企業がおこなっていたことだった。いち早く退職関連の金融商品を売りだしていた生命保険会社は、バラ色の退職後の暮らしを描いてみせた。1950年のある新聞広告にこうある。「きょう生まれた赤ちゃんは、そのおじいさんより平均18年長生きします。その18年を、人生の輝かしい時期にしましょう。チャンスを逃さないで」[66]

雇用側（とりわけ保険会社）と個人は、保険会社が売ろうとしていたものを次々と買い求めた。しかし退職を前向きにとらえる新しいビジョンを打ちだそうとしても、そこにはことばでは言い表せない何かが欠けていた。グレーブナーは言う。「1956年に刊行された『退職計画ニュース』誌の創刊号は、〝退職〟という語から高齢者が感じとる不満を解説している。このことばには人生から引退し、生き生きとした世界に別れを告げて引きこもるという響きがある。そうではなくて、〝充足期間（フルフィルメントイヤーズ）〟と呼んではどうか」

実際、なぜ「充足期間」と呼ばないのだろう。「充足期間を生きる」という表現はちぐはぐで、しっくりこないのかもしれない。だが、そこには、人生には無限に大きな可能性があるというビジョンが込められ、人生の最終期を、紫色がかった夕暮れではなく、夕焼けが赤々と輝き、熱をもった鮮やかな光線を放つさまとして描こうとしている。

老後（ゴールデンイヤーズ）。

このことばをきくと、アリゾナ州サンシティの平屋住宅の建ち並ぶ区画の風景が思い浮かぶかもしれない。ここは開発したデル・ウェブ社に少額の頭金を払えば移り住める、世界初の大規模な退職者コミュニ

＊＊本章では、グレーブナーが1980年に著した『*A History of Retirement*（退職の歴史）』が重要な参考文献となった。同書はおそらく、F・ルーズベルト大統領が社会保障を整備するきっかけとなった修正主義的理論の最も優れた解説書でもある。

ティだ。住宅の販売が始まったのは1960年1月1日、リゾートさながらのこの場所は、「退職」の新しいイメージを体現していた。退職とは、上司から通告される嫌な出来事ではなく、死ぬ前のぼんやりした時間でもなく、長いあいだ懸命に働いてきた自分にふさわしい報酬なのだと。このイメージはじつに魅力的だった。開業当日、デル・ウェブ社は1万人の見込み客を予測していたが、10万人もの人がつめかけ、渋滞の列は砂漠まで続いたという。[67]

老後（ゴールデンイヤーズ）という発想のおかげで、幸せな退職（ハッピーリタイアメント）とは、消費者が対価を払って手に入れるものだという気運が生まれた。その資金には、有権者の要求をもとに整備されてきた社会保障とメディケア（高齢者向け医療保険制度）から回ってくる金を充てるのだ。数十年が経つうちに、職業人生に区切りがついたあとまで、余暇を楽しまずに仕事に追われたいと考える人は少なくなっていった。

いま思えば、デル・ウェブ社をはじめ、最初に年金積立商品を売り歩いた営業員のように、退職にまつわる現代の神話を形成してきた初期の立役者たちは、まさに天才だった。彼らは、年齢による衰えは本来、人によって訪れる時期も表れ方も違うのに、社会の描く老いのイメージは画一的で、ほぼ同じ年齢の人に同じように起こると決めつけられていることを知っていた。

65歳を超えても健康で金のある人は、その時点で休息に入る必要はなく、何かをする必要があり、その特別なことのために金を払うことを厭わなかった——たんなる娯楽ではなく、心（しん）から納得できる生き方のためになら。デル・ウェブ社や似た発想をもつ企業は、前向きで新しい退職（リタイア）の理念を受けいれて敬意を示し、私たちにプロダクトを売ってきた。以来、私たちはそれを買いつづけている。

余暇は老後の暮らしから切り離せない要素なので、従来の老いの物語にも、余暇の過ごし方が書き加えられている。20世紀のはじめごろ、高齢者は働かないはずだと思われていた。することがあるとすれば買い物ぐらいだと。その後、社会保障法案の可決を受けて、生産活動に貢献できる存在としては期待されなくなった。

サンシティの示す老後(ゴールデンイヤーズ)は、こうした理念の上になりたっている。この新しい、退職の夢の世界では、高齢者は他世代の誰とも同じ郵便番号の地域に属さない。美しい場所で遊びに興じ、他世代の金を使い、死について考えないようにして生きている。

役目を終えた物語(ナラティブ)

先に紹介した応用科学者トマス・J・ミジリーの死は安らかではなかった。彼は、脊髄性小児麻痺(ポリオ)を発病する確率を、途方もない高さのカードの山から1枚のカードを引き当てる確率になぞらえたが、ひょっとしたらそのカードの山には、本人の気づかないうちに、悪い目の出る確率が増やされていたのかもしれない。

有鉛ガソリンの成分、テトラエチル鉛を発明したミジリーは、しばしばその無色の液体で自分の両手を洗い、蒸発させるときに出る甘い煙を吸いこみ、その安全性を誇示しようとした。こうした鉛の曝露(ばくろ)が積み重なり、彼の免疫疾患につながった可能性が指摘されている。[68]

1944年の講演時には下半身麻痺の症状が出ていて、ベッドから起きあがるときやスイミングプールへの出入り、車椅子の乗り降りなどの際には自分で考案したベルトと滑車のついた装置を使っていた。その講演から数週間後、ベルトが首に絡まって息絶えているところを妻に発見される。[69] 55歳だった。

現代では、ミジリーの名は主に、環境に及ぼした悪影響で知られている。有鉛ガソリンは、その使用が大幅に削減される1980年代になるまでのあいだに、アメリカだけで何百万人という子どもを有毒鉛に曝露させ、多くの工場労働者の死を引き起こした。[70] クロロフルオロカーボン（フロン）もきわめて強力な温室効果ガスの形成に関与し、[71] 20世紀後半のオゾン層破壊の重大な要因となったとされる。こうしたことが明らかになったため、ミジリーは、「地球の歴史において、1つの生命体としてこれほど大気に影響を与えたものはほかにない」と論評されるようになった。[72]

しかし彼の発明は、歴史上特に非難されるべき体制を終結させるのにも役立った。彼の研究によって、たとえ後に深刻な被害が明らかになったとしても、歴史のある時点ではまさに必要だったものが提供されたのだ。この意味では、彼の研究には、従来の老いの物語と共通するところがある。

20世紀の大半を通じ、本質的に不健康で経済的生産能力を一様に欠いた「老人」のイメージは、社会にとって害どころか、むしろ好都合だった。高齢者からすれば、社会保障やメディケア、高齢者向けの連邦政府からの公的支援と法的保護を初めて統合・整備した高齢者法など、アメリカ史上特筆すべき政策を勝ちとることができた。こうした政策がなければ、大勢の高齢者が生きるか死ぬかの貧困に陥っていたであろう。1800年代半ばの生命力理論のような古い老人観が存在しなかったら、こうした政策は立案されていなかったかもしれない。

しかし状況は変わった。いまや、古い老いの物語は負債になってしまった。それは私たちを現在の地点まで連れてきてくれたのはたしかだが、多くの人が気づくことすらできないなかで、イノベーションを押しとどめている。有鉛ガソリンと同じで、かつては有益だったものも必要に応じて差し替えなければならない。老いの物語は、もともと歴史の遺物とマーケティング戦略が折り重なってできた社会通念として変動しつづけてきたが、人口高齢化と共存するためのアイデアを阻む負の要素が、かつてないほど大きくなっている。自分が年をとってから幸せに生きたいのなら、それを阻む足かせは取り払っておかなければならない。

第2章 老いにまつわる神話

私自身、老いの物語（ナラティブ）を何がなんでも捨て去らなければと、ずっと考えていたわけではない。エイジラボの創設理念も、高齢者の乏しい選択肢を改善したいというシンプルなものだった。

1995年、民間企業で運輸関係の仕事をしていたころ、私は高齢化が始まったアメリカ国民の将来の移動手段を考察するという、運輸省とホワイトハウスの政策研究プロジェクトに参加した。当初の見通しは明るくなく、むしろ暗雲立ちこめていたと言っていい。計算すればするほど、ベビーブーマーの老いへの備えができていないことが明白になっていった。比較的人口の多い町に見られるパラトランジット・システム［相乗りタクシーや小型の乗り合いバスなどの補助的交通手段］だけでは、老いたベビーブーマーが爆発的に増え、しかも彼らの多くが車を運転できなくなる差し迫った事態への対応はまったく不充分だった。そうしたシステムすらない人口の少ない田園地帯や郊外では、なおさらお先真っ暗だった。

洪水が迫りくるのを知りながら手をこまねいていたという事実に、私はさらに打ちのめされた。ベビーブーマーの高齢化は、20世紀の歴史に残る大きな出来事のなかで最も予測しやすいはずだった。第二次大戦の終結以降、アメリカ人がそれまで何年間か異性を見たことがなかったみたいな勢いで——戦争中はだいたいこんな雰囲気になる——子づくりを始めたとき、人口動態の専門家は、これから生まれる大規模な世代がやがていっせいに老いるときが来ると警告した。いまそのときがきたわけだが、準備策のお粗末さはあまりにひどい。

移動手段の種類の少なさ以上に私を悩ませた問題がある。住んでいる町に運よくパラトランジットが用意されていたとしても、そのシステムを利用する際にはサービス対象の選別がおこなわれる。私は個人的にこれを「トリアージ〔患者の重症度に基づいて治療の優先度を選別すること〕のモビリティ版」と呼んでいる。医者にかかるとき、食材を買うとき、そのシステムはあなたを目的地へ運んでくれるだろう。だが、友人と出先で一緒にアイスクリームを食べたいときには、友人に車で迎えに来てもらうほうがいい。なぜなら、パラトランジットはそうした用向きの人を送り届けてはくれないからだ（今日ですら、そのような〝贅沢な〟移動をしたければ、〝生活に不可欠な〟移動とは違い、かなり前もって予約しておかなければいけない）。この問題は私を悩ませた。生命、自由、幸福の追求は、誰からも奪われない権利だが、高齢者向けサービスは生命の支援だけに限定されている。自由と幸福は後まわしなのだ。

とはいえ、ホワイトハウスへの報告書では、目の前の課題、すなわち高齢者のための移動手段が少なすぎる問題に集中しなければならなかった。私の提案した解決策には、地上交通に航空管制的な機能を導入し、高齢者がそのときたまたまいちばん近くを走っているタクシーやライトバンや小型バスを呼びだせるようにするものもあった（唯一足りないのはこれを実現するためのテクノロジーで、実用に足るレベルに達するにはまだしばらくかかりそうだった）。私の提案は、移動手段を改善する一助になったかもしれないが、それでも、車を運転しない高齢者が友人と一緒にアイスクリームを食べたくなったときにどうすればいいのかという問題は、残されたままだった。過去の世代より長く生きられても、こうしたささやかな楽しみすら味わえない暮らしは、幸せだろうか。

報告書を提出してまもなく、私の電話が鳴った。かつて軍のパイロットで、マサチューセッツ工科大学（MIT）の交通・物流研究センターを率いるヨシ・シェフィ教授からだった。運輸省が資金を提供している研究機関、ニューイングランド大学交通研究センターで人を探しているが、学生に交通学を教えることに興味はないか、という誘いだった。給料がかなり減ることになるが、私はためらわずにイエスと言った（いや、少しはためらった）。とにかく私は、社会が直面している人口動態の危機に、きっと解決策はあると感じていた。そしてそれを見つけるには、MITという場所が鍵だと考えたのだ。

レーダーや、安全かみそり、電子メール、インターネットアーカイブを思い浮かべてほしい。表計算ソフト、GPS、濃縮スープ。トランジスタラジオ、ワールドワイドウェブ（WWW）も。こうした発明にはすべて、部分的あるいは全面的にMITがかかわっている。テクニカラー〔カラー映画の着色技術の総称〕の「テク」もMITの〝T〟（テクノロジー）から取っている。MITなら、テクノロジーの力で高齢者像をつくり直せるかもしれない。高齢者の状況を過去よりよいものにできる。プロダクトを通じて高齢者を助け、能力を補う。彼らを強く、速く、幸せにするのだ。

こうして私は民間企業を去ったわけだが、理由の大半はMITの提供する明日のテクノロジーに惹かれたからだ。85歳になった私が好きなときに外でアイスクリームを食べていたとしたら、それを可能にするのはテクノロジーを措いてほかにない。高齢者の選択肢の乏しさを解決し、その解決策を広く展開していけるはずだ。この目標を胸に私はＭＩＴに加わり、2年後にＭＩＴエイジラボを創設した。

似かよった解決策をどんなに集めたところで根本的な解決にはならないと気づいた瞬間のことをいまでも憶えている。２００4年だった。企業が高齢者向けのテクノロジーを強化しはじめていて、エイジラボも独自のテクノロジーを開発していた。私の友人である建築家のギー・トロッティとデザイナーのミッキー・アッカーマンと一緒に、私はロードアイランド・デザインスクールで、忘れっぽい持ち主に大事なことを思いださせるペンなど、さまざまなアイデアの実用化に着手していた。

薬の飲み忘れ防止器の1つとして、ファービーやたまごっちのようなバーチャルペットもつくった。「服薬(ピル)ペット」と呼んでいたこれは、スタートレックに登場する長い毛で覆われた生命体トリブルに似た外観に、グレースケールの小型スクリーンがついている。特に大事なのは2匹がペアになっているところだ。一匹を祖父母のところに、もう一匹を孫のところに置いておく。薬を飲むたびに祖母はピルペットに〝餌をやる〟。もし餌やりを忘れると、祖母のピルペットと孫のピルペットの両方が弱り、病気になり、やがて死ぬ。

このアイデアは、生き物をかわいがる感情と服薬管理を結びつけたことで生まれたものだが、当時を振り返ると、自分たちの考えの浅はかさに呆れてしまう。ピルペットはある面ではたしかに理に適った装置だが、別の面ではねじくれていた！ さらに言えば当時の私は、高齢者は本質的に厄介で手間のかかる存在だという物語を無意識のうちにピルペットに投影していたことに気づいていなかった。高齢者を人間ではなくどこかが壊れて修理が必要な存在と見なしているからこそ、家族という大切な存在をたんなる医療器具のように粗末に扱えたのだ。

私の考え方が変わったのは、イタリア・ピサ県のボルテッラの地で聖アンナ高校が開催した会議の場だった。講演者として招かれた私はこれ幸いと家族も連れて、ヨーロッパでも指折りに美しいこの町を訪れた。

講演の日、友人のジュゼッペ・アネルディが緑色のアルファロメオでホテルまで迎えにきてくれたが、はじめから遅刻しそうだった。彼は以前、フェラーリのデザイナーだったせいか、運転も派手だった。何度もスイッチバックしながらピサの丘をのぼり、ボルテッラの狭い道をものともしなかった。雪花石膏（アラバスター）の産地でも知られる歴史的なこの美しい街の道路は、複数世紀にわたって生き物のように絡み合って延びていた。映画『ミニミニ大作戦』のマイケル・ケインばりに、ありえないほど窮屈な曲がり角でタイヤを派手に軋（きし）ませたときには、後部座席に座っていたいちばん上の子が青ざめ、そして想像どおりのことが起こった。

狭い路地を二輪走行で抜け、斜面を突き抜け、バレルロール〔進行方向を変えずに横に一回転すること〕——かどうかわからないがそんな感じの何か——を決め、ようやく会場に到着した。そこは中世に建てられた教会だった。音の響く洞窟のような場所で、夏の蒸し暑い日だというのに換気がなされていなかった。抜けきっていない車酔いが顔に出ないようにと願いながら、大急ぎで演壇にあがると、周囲の美しさが目に飛びこんできた。それを除けば、教会の本物の説教壇で講演をしていた時間のなかで憶えているのは、コンピュータのキーボードに顔の汗が滴り落ちていたことだけだ。

そのときの私が、デザインには美意識よりも身体的な快適さのほうがはるかに大切だと言ったとしても、誰にも責められないだろう。聖堂にも空調用ダクトを、と口走ってもおかしくなかった。ボルテッラの道路をもっとまっすぐに！　砂利道は舗装しましょうよ！

だが、こうした考え方の間違いに気づいたのもこの場所だった。綿密な計画のもとで道路がきっちりと格子状に配された街はもはやボルテッラではない。ダクトを通せば教会のなかを静かに流れる空気を壊してしまう。〝何がなんでも快適さ優先〟の考え方は、ときに大きすぎる犠牲を強いる。しかし残念なことに、ボルテッラの会議に集まったエンジニアが高齢者向けにテクノロジーを応用しようとするときのやり方はまさにこれだった。

会議の主要テーマは、家庭用のロボティクス、「ドモティクス」だった。この分野は、人間の基本的な欲求である身体の安全から人との密接な交流や精神衛生、生産への貢献といった高次の願望まで、家庭生活のあらゆる面を向上させる可能性をもつ。MITの未来の家プロジェクトなど[1]、ハイテクな「スマートホーム」の原型だった。高齢者に限定せず、家庭のあらゆる年齢の構成員が、たとえば情報を受けとったり発信したり、新しい言語を学んだり、新しい料理をつくったり、壁を動かして空間を有効活用したりできるようにすることを目指していた。

今日では、企業がスマートホームもどきを乱造しているが、私たちの現状はまだ、未来の住宅のさまざまな要素がネット接続でどんなふうに連携するのか、テクノロジーが日々の生活にどんなふうにかかわるのかをようやく理解しはじめたにすぎない。家族で車酔いに苦しんだボルテッラの道路のように、まだでこぼこで荒削りな状態だ。

2004年のボルテッラの会議ではほぼ全員が高齢者向けのスマートホームについて意見を交わしていたのだが、当時はまだ胸躍るニュースは特になく、居住者が好きに組み合わせて使える道具というより、生命維持支援システムの色合いが濃かった。薬の飲み忘れ防止器、遠隔医療装置、麻痺のリハビリ装置、多機能体重計、階段昇降機などである。もちろん、それらもある意味ではすばらしい。テクノロジーの設計において障碍のある人のニーズが置き去りにされることはよくあったが、当時のスマートホームは彼らのための解決策を見つけることに役立っていた。

だが、これは同時に困ったことでもあった。なぜなら、若く聡明なエンジニアやデザイナーの頭のなかでは、高齢者は生理学的、そして認知能力的に問題を抱えた存在と見なされていたからだ。高齢者の移動手段の分野もそうだったが、高齢者向けテクノロジーの分野でも、高齢者の基本的な欲求に応える品なら無数にある。でも、アイスクリームを食べたいと思ったら？　後まわしにされる。人の命を延ばすことが何よりも大事で、人生を豊かにする楽しみは軽視されてきたからだ。

テクノロジー分野に限らず、障碍のある利用者向けの商品開発やマーケティングでは、深い注意が払われている（これについてはあとの章で詳しく取りあげる）。ところが、高齢者向けテクノロジーの場合、問題は「利用者の身体的な不自由さ」を想定することではなく、「不自由なところをどうにか補っていく」こと自体が目的となってしまっているところにある。これは、身体に障碍をもつ人が外出して好きなことができるよう、テクノロジーの力でサポートするのとは真逆である。決定的に違うのは、この立場だと、テクノロジーを使って高齢者のために何ができるかを考える際に創造性が広がらないことだ。イタリアの町ボルテッラの会議では、「楽しみ（Fワード）」についてまったく言及されなかった。もう1つのFワードについても同様だ。若い人たちは高齢者を幼児化してイメージする傾向があり、そのイメージに性行動はそぐわない。

自分が年をとってみないとわからないことは多い。たとえば、若いエンジニアが、ベッドのマットレスの下に置いたセンサーが夜中の心拍数や呼吸数や身体移動のデータを収集する新商品を開発し[2]、誇らしげに披露したとしよう。それを聞かされた高齢者はどう思うだろうか。自分の性生活にそうした装置がじゃまだと思わないだろうか。

美意識についてはどうだろう。ボルテッラのような町の天まで届く大理石の柱に囲まれた美しい教会で、灰色かベージュの、角は丸めてあり、ボタンは大きく、アンバランスに表示窓も大きい、大量生産の安物みたいなプラスチック品――連続テレビドラマ「ゴールデン・ガール」〔1985年〜92年放送のコメディ〕の再放送中のCMに登場していた巨大なリモコンがそんな感じだった――ばかりを次々に見せられてどんな気持ちになるだろうか。そうした装置は、利用者の耳元で毎日囁くのだ。あんたは壊れかかっている。あんたは無能力者だ、と。

会議がイタリアでおこなわれたことは、高齢者に関するテーマを論じる場所として適していた。当時もいまも、イタリアは主要国のなかで日本に次ぐ長寿国だからだ[3]。日本と同様、高齢者に家族のかかわる度合いが大きい国でもある。このやり方で生き残っていけるのなら、イタリアの多世代同居世帯は、文化的価値としても介護の仕組みとしても貴重な資産となるだろう。

しかし1つの問題が生じている。高齢者向けテクノロジーの設計や開発をおこなう、私がイタリアで会った若者の多くが、将来の自分自身のためではなく、現在の両親や祖父母のために取り組んでいることだ。このような場合、孫の視点がテクノロジーに反映される。つまり、身体の衰えばかりに目を向け、彼らの安全や暇つぶしのことしか考えず、彼らが仕事やボランティア活動やロマンスや性行為に心動かされることはないと決めつけている。高齢者向けテクノロジーの分野が直面している難問の1つは、将来の高齢者像が、現在の一般的な高齢者像と大きく異なる可能性があることだ。

私がボルテッラで気づいた高齢者像への先入観はイタリアだけでなくあらゆる場所で見られ、しかもいまも残っている。この分野の専門的な定期刊行物、ジェロンテクノロジー誌（ジェロンテクノロジーは老年学〔ジェロントロジー〕とテクノロジーを合わせた語）の記事にテキスト分析を実行した結果を見れば、私の言っていることがおわかりいただけると思う。コンピュータ・プログラムを使って、2001年の創刊号から2015年末までの全記事のタイトルに使われた語を数え、冠詞類と、「調査する」や「質問する」など行動の経過を表す語を除いたあと、最頻出の100語をアブラハム・マズローの欲求段階説の段階に当てはめてみた。

マズローの欲求段階説は、人の欲求を順位づけて考察するのに便利であり、通常はピラミッド型で表現される。いちばん下が医食住などの生存にかかわる欲求であり、この生存にかかわる欲求（生理的欲求）が満たされてはじめて、1つ高次の欲求である個人の安全について考えることができる（安全の欲求）。第三段階は愛と所属の欲求（社会的欲求）、第四段階は尊重の欲求、最も高次とされる第五段階が自己実現の欲求である。自己実現の欲求とは、「自分がなりえるすべてのものになりたいと願う欲求」だ。[4]

ジェロンテクノロジー誌の記事のタイトルを分析した結果、上位100個の頻出語のうち15個が、医食住の第一段階に関係するものだった（「認知症」は107回も出現している）。第二段階の安全に関係する語は100個のうち7個、第三段階の社会生活や愛に関係する語が4個、第四段階の自己愛や野心に関係する語はたった1つだった（その語は「アクティブ」で、うっかりするといちばん基本的な欲求のくくりに入れそうだった）。そして最も高次である第五段階の自己実現の欲求に関係する語は1つもなかった。*

簡単に言うと、老人向けテクノロジーは、健康や安全といった基本的欲求にばかり情熱が注がれていて、人とのつながりや自分の生き方、職業上の野心、さらには物事を深く考えたり、楽しみを追求したりなど、高次の欲求はなおざりにされている。こうしたアンバランスが起こるのは、冷静に状況を観察して「なぜこれが問題なのか？」を問うことなしに、いきなりテクノロジーを投入するからだ。高齢者の抱える問題は一見わかりやすいので、人口高齢化が問題化した20世紀初頭以来、なんらかのかたちで高齢者の問題を解決しないプロダクトをつくることのほうがむずかしかった。この影響は、ハイテク商品とローテク商品の両方に見られる。

エイジラボがＭＩＴの院生に、「高齢者のためのプロダクト」と聞いて何を真っ先に思い浮かべるかを調査したところ、自動運転車とか「コンピュータ・テクノロジーとの橋渡しをするプロダクト」といった未来志向の回答も若干あったものの、ほとんどは健康と安全のカテゴリに属するものだった。典型的な回答は、「歩行器」「認知症治療薬」「車椅子利用時に介助を呼ぶアプリ」「多機能ステッキ」「大人用紙おむつ」などである。

老人とは対処の必要な厄介ごとの種だと信じきっている人にとっては、この種の回答はとりたてておかしくは見えない。しかし想像してほしい。もし学生に白紙を渡し、ティーンエイジャーのような自分と異なる世代のためのプロダクトを思い浮かべるように指示して、出てきた答えがにきびクリームと、ふざけ

＊読者のために書き添えると、残りの73語は、マズローの欲求段階説のどのカテゴリにも入らなかった。

てけがをしたときに使う松葉杖だけだったとしたら? 想像力の乏しさに呆れはてるはずだ! それなのに高齢者の要望やニーズについて考えるときには、想像力に蓋をしても不思議に思われない。

高齢者を取りまく状況は、知的生産の場にも影響を及ぼしている。このテーマの書籍に終末論的なタイトルが並ぶのもその一例で、最初はおそらく、1990年のケン・ディヒトバルトの『エイジ・ウェーブ』(創知社)だろう。さらに、『*Grey Dawn*(高齢化の夜明け)』『人口ピラミッドがひっくり返るとき』(草思社)『*Seismic Shifts*(大転換)』『破産する未来』(日本経済新聞社)などが続く。ニュースメディアでも、大変動が起こるというイメージを繰り返し報道している。高齢者を津波になぞらえ、シルバー・ツナミ、白髪ツナミ、シニア・ツナミ、人口動態ツナミなどの表現も見られた。

抽象的な現象を比喩で表すこうした現状を責めているわけではないが、この傾向には納得できないところもある。人口動態の推移を表現するイメージには、巨大で、人の力が及ばず、しばしば破滅的な力を振るう自然の驚異がよく使われる。人口動態の変化を天変地異になぞらえるのは、社会が真剣に取り組むべき問題だととらえているからだ。だから当然、このテーマの書籍の大半には具体的な政策が掲げられている。『破産する未来』は断固とした緊縮財政支持派だったし、もっと小さな法的ステップを積み重ねていくことを提案した本もあった(ただし例外として、違う切り口から民間企業に向けた知見を披露したケン&マディー・ディヒトバルトの先駆的業績もある)。こうした文献での推奨案は概して、トップダウンの意思決定のもと、実利重視で積みあげていくタイプの問題解決戦略に適している。しかし人口動態の変化は、市長や大統領をせっついて解決できる種類の問題ではない。

本当の課題は、「高齢者」を反射的に問題と見なすことにある。この世界は、隙あらば人類を殺そうとするものであふれている。近年、大昔に比べて何十年か長くなった人生を楽しんでいられるのは、弱肉強食に勝利した人類の叡智があればこそだ。しかし、長寿が喜びではなく重荷だと知らされて以来、高齢者を取りまくイノベーションは、プロダクトにしろ研究にしろ政策にしろ、可能性に満ちた人生のステージを思いきり楽しむというスタンスではなく、できるだけ荷を軽くしたいという本能に突き動かされている。

こうした取り組みがこれほど長く広範囲におこなわれてきた理由は、容易に想像がつく。医療などの基本的な欲求よりも楽しみや自己実現などの高次の欲求を優先すると、ふまじめに映るからだ。生命を軽視しているように受けとられるおそれもある（つまるところ、死んでしまったらアイスクリームも食べられないわけだから）。しかし現実には、高次の欲求を無視すれば、高齢者の人生に毒をもたらしかねない。人生の終盤をつまらないものにし、健康と安全のイノベーションの有効性が充分に発揮されないおそれがある。

マズローのピラミッドの基本的欲求を満たす古典的なテクノロジーの1つ、補聴器について考えてみよう。電子機器としての補聴器は、当初から一定の機能は満たしていたし、年々改善されてもいる。だが、補聴器を必要とするアメリカ人のうち、実際に買い求めて装着しているのは20パーセントにすぎず[5]、この数字には、いったん購入したのに装着をやめた人は含まれていない（補聴器を所有する人の5～24パーセントがここに相当すると見られている[6]）。

高齢者が補聴器の購入を先延ばしする理由はいくつかあり、いま装着している人も、平均で10年ほどは決断を延ばしていたそうだ。その最大の理由は彼らがそれを身に着けたくないからだ。*使えないという結果だけから見れば、補聴器の80パーセントが機能不全を起こした嘆かわしい状況にある。補聴器の機能は、外耳道に入る信号を増幅するだけではない。本当の目的は、聴覚の弱った人が自分らしい人生を生きられるように助けることだ。そうした人たちが補聴器の装着（あるいは装着しているところを人に見られること）が自分らしい人生の妨げになると判断するならば、装着しない選択をしたとしてもなんら不思議はない。そのような場合、見た目や雰囲気を重視する高次の欲求のほうが、聴こえをよくする基本レベルの生理的欲求よりも優先される。

補聴器を眼鏡と比べると、共通点は多い。補聴器は小さくくぐもった音を明瞭化し、眼鏡は小さく見えづらいものを明瞭化する。若い人は補聴器よりも眼鏡をかけている人のほうが多いが、いずれも年をとるにつれ必要性が増していく。ただし眼鏡には補聴器にない特性がある。生理学的な問題を解決するだけでなく、ファッション目的でも利用される点だ。この違いが、マーケティングやデザイン、ブランディング、そして全体的な印象のすべてに影響を及ぼしている。ラルフ・ローレンやプラダのブランドものの補聴器を見たことがあるだろうか？　逆に、もし明日からすべての眼鏡が補聴器のような肌色のプラスチック製に変わるとしたら――私ならコンタクトレンズ会社の株を買うだろう。

一方、補聴器とヘッドホンとブルートゥースのヘッドセットが融合したウェアラブルテクノロジー、〝ヒアラブル〟の成長には興味深いものがある。2014年、スターキー・ヒアリング・テクノロジーズ社の補聴器スターキーへイローは、追加のイヤホンなしに、利用者が音楽や電話の音声を直接、補聴器に送れるようにした。これを支える低消費電力のブルートゥース接続は現在、アップル社のワイヤレスイヤホン「エアポッド」にも搭載されている。[8]

ドップラー・ラボ社〔2017年11月に廃業〕の開発したヒアワン・リスニングシステムは、黒をベースにした高級感のあるスマートイヤホンだ。全体の音量を上げることはもちろん、スマートフォンのアプリを通じて、大音響の音楽イベントで音質を損なわずに音量だけを下げたり、環境音を調整したりできる。どの年齢層の人でもこうした拡張聴覚装置を、ブルートゥースのヘッドセットと同じ感覚で場面に応じて活用するようになれば、補聴器はそれまでの「年寄り用」という不名誉なイメージを払拭できるのではないか。

シリやコルタナのようなパーソナルＡＩアシスタントと対話したり、混雑したバーでまわりの騒がしい音を除去したり、オフィスやコーヒーショップで打ちあわせている同僚の声だけがくっきりと聞こえるようにしたりなど、補聴器にできることが増え、やがては多機能ヒアラブルのカテゴリに堂々と仲間入りするかもしれない。

とはいえ現時点では、補聴器の売れゆきは芳しくないが、健闘しているとも言える。高齢者を対象にした他の多くのプロダクトが何十年も前から生産されつづけてきたことを思えば、補聴器はまだ歴史が浅いのだから。

シニアフードの大失敗

高齢者やその周囲から、企業は高齢者を自社の消費者として喜ばしく思っていないらしいという不満を耳にすることがある。デザインや宣伝を見ても若年層を想定していることが多く、高齢者をはじめから顧

＊ほかの大きな理由としては金銭的負担があるが、補聴器の費用が国民健康保険サービスで支払われるイギリスにおいてさえ、装着している人はアメリカより14パーセント多いだけだ(7)。

客として見ていなかったりする。高齢者向けプロダクトのデザインや開発の研究会で、この種の企業はだんだん出席しなくなり、やがてドロップアウトしていく。

とはいえ、出席していればいいという話ではなく、落第点しか取れないおそれはある。そうした企業の多くは〝高齢者市場(シニアマーケット)〟(この言い方が近ごろよく使われる)のパワーを理解し、富の分け前を得ようと努力しているものの、従来の老いの物語に基づいて、つまり、老いとは哀れな状態だから、基本的な欲求だけを満たしさえすればそれで充分という認識に基づいてプロダクトをつくっている。

高齢消費者の理解を間違った1955年の典型的な例を紹介しよう。入れ歯の利用者が、安くて食べやすいガーバー社のベビーフードを自分のために購入することに、ケチャップや缶詰の大手メーカー、ハインツのマーケターが気づいた。そこでハインツは、やわらかい食べ物を高齢者向けに売りだすことにした。当時のタイム誌に次のような記事が出ている。

> 乳幼児向けのニーズに答えるベビーフードは昨年、2億ドルの販売額を達成した。一方、高齢者のために特別に用意された食品はない(特殊な商品が若干、市場に出ているにとどまる)。先週、ピッツバーグのH・J・ハインツ社が、60歳超の消費者を対象とした新しい缶詰食品のラインナップを発表した。高齢者の多いシンシナティで来月から試験販売を開始する。ハインツ社のこの〝シニアフード〟は8 1/2オンス〔約240g〕の缶詰で、小売価格は1個あたり25~30セントに収まる予定だ。第一弾の投入品目はビーフ、ラム、チキンの3タイプのシチューだ。[9]

ハインツがシニアフードの開発を始めたのは1940年代後半だった。当時、このような取り組みをする企業はほかにもあり、第二次大戦後、乳製品大手のボーデンが噴霧乾燥粉乳式の栄養補助食品ゲーリラックを売りだしている。[10][11] だが、ハインツが1955年に本格参入したときには、すでにゲーリラックは撤退していた。もしかしたら、ボーデンが宣伝で打ちだした「心地よく穏やかな口あたり」が潜在顧客の気を惹かなかったのかもしれない。[12] あるいは、貧しくて本物の食品を買えないというイメージを高齢者に抱かれたのかもしれない（ある広告では、「牛乳と混ぜなくていいからゲーリラックはとってもお得」と説明し、さらにいちばん目立つタイトルで「お財布ピンチのときにも」とやってしまっていた[13]）。

だが1955年ごろの食品業界は、高齢者が増えていく状況をチャンスと見なしていて、ハインツもそこで売上を伸ばせると考えた。当時のタイム誌の記事にこうある。「1960年には、アメリカだけで2300万人が60歳を超える。乳幼児がベビーフードを食べるのは2年程度だが、高齢者は15年かそれ以上、この新しい商品の消費者でありつづける」

人口動態的に成功が約束されているように見えながら、結果は大失敗だった。ハインツはおよそ10年をかけてシニアフードを開発し、[14] 全国展開のキャンペーンを張った。にもかかわらず、棚に置かれたシニアフードの容器には誰も手を伸ばさなかった。人目を気にする感情があったのだろう。ベビーフードのガーバーなら、高齢者が買っていても、人の目には孫のために買っていると映る可能性があった。しかし、シニアフードの場合には同じ言い訳は通用しない。レジ係の若者にシニアフードを渡すということは、恥ずかしい罰ゲームみたいなものだ。シチュー缶にこう囃（はや）されているみたいな――「ろくに噛めない、貧乏な老人がここにいるよ」

もう1つの要因は、シチューという料理の見た目そのものがぱっとしないことだ。ハインツはさまざまな工夫をした。薄切りのレモンを彩りとして添えてみたり、〝風車シチュー〟と銘打ち、グリルしたスライストマトを並べたインパクトのあるレシピを紹介したりした。[15] だがハインツはまもなくこの商品ラインを打ち切った。

ハインツのこの失敗体験は、シニアフードに触発されたベビーフードのガーバーが1974年に成人市場に参入する足かせにはならなかった。「ガーバー・シングルズ」という名前で売りだされた商品は、消費者を〝シニア〟や〝グレー〟と呼ぶことを慎重に避けた。多くのマーケティング本の教えどおり、あたかも大学生や若壮年の独身者向けふうに装ったのだが、結果は同じだった。この大コケは、ブランドづくりの失敗例としていまもよく引き合いに出されている。[16]

ハインツをはじめとしたシニアフードの失敗例から、マーケターたちは、対象年齢をぼやかしたり、むしろ明確に若年層向けと打ちだしたりするほうが、高齢消費者には受けいれられやすいことを学んだようだ。正直に言うが、これは往々にして真実である。広告に高齢者の顔が載っていないことに不満を抱く人には申し訳ないけれど。

1950～60年代にかけて自動車業界を牽引した2人のアメリカ人は、いつも自分をこう戒めていた。「若者の車を老人に売ることはできるが、老人の車を若者に売ることはできない」――なぜなら、老人の車は若者はもちろんのこと、その父親も祖父も買わないからだ。高齢者には深く染みついた負のイメージがあるので、高齢者を明確にターゲットにしたプロダクトは、振り向かせたい消費者そのものを貶(おとし)め、遠ざけてしまうのだ。

しかし、受けとめ方の問題は失敗の一面にすぎない。より大きな問題は、他の要素を犠牲にして高齢者の基本的欲求を満たしたところで、つまらない商品しかできないことだ。

先に挙げた自動車業界の2人のトップのうちの1人、リン・タウンゼンドは、この教訓を身をもって理解していた。彼が率いる前の数年間、クライスラーは〝老人の車〟を製造販売することに熱心だったが、その売れゆきに勢いはなかった。クライスラーの主力車種の1つ「デソート」の1958年のテレビ広告では、68歳のコメディアン、グルーチョ・マルクスを起用し、車の性能ではなく、使いやすさを視聴者に強調した。「(フロントガラスの面積が広いので)高い信号も首を動かさずに見える」。パワーステアリングが「なんでもしてくれて」、プッシュボタン式のギアは史上最高に「簡単で、信頼性バツグン」、エンジンは「やわらかく、静かで燃費もいい」[17]

しかし、クライスラーが静かで扱いやすくて燃費のいい車をつくっているあいだ、競合社はアクセルやハンドリングなどの性能面から攻めようとしていた。その結果、当時のニューヨーク・タイムズにはクライスラーは「品質と利益の両方が低下した」と書かれ、一時、アメリカ第三の自動車メーカーの地位をジョージ・ロムニーのアメリカン・モーターズ社に奪われそうになったほどだ[18]。

1961年、クライスラーのトップに立ったタウンゼンドは、扱いやすさから性能の追求へと舵をきった。フォードから引き抜いた主任デザイナーの力を得て、タウンゼンド時代に発表した最初のラインナップが1963モデルだ。それまでの年式のモデルと比べて、より高い品質と、一貫性と実用性に優れたデザインが特徴だ(タウンゼンドの実績でよく知られているのは、1950年代の終わりごろから搭載していた漫画のような外観のテールフィンを取り去ったことだ[19])。一方、カーレースのデイトナ500に勝利するため、クライスラーの技術者は、半球形（ヘミスフェリカル）ヘッドのピストンをもつ強力エンジンを再導入した。このヘミ・エンジンは高い評価を得て、同社の新車種の多くに採用されるようになる。

こうしてクライスラーは見事に変身した。かつては、ロココ調の見た目ばかりが華やかで性能面ではぱっとしない、ばかでかくて遅くて操作だけは簡単な車の代名詞だったクライスラーが、馬力のある現代的なアメリカ車へと変貌を遂げたのだ。１９６０年代前半になると〝老人の車〟を脱したクライスラー車の販売が始まり、[20] １９６５年には、アメリカ自動車市場に占めるクライスラーのシェアは、ライバル社のシェアが横ばいか減少するなか、１９６１年に比べて40パーセント近く増加した。[21] クライスラーの成功にはほかの要因もあった。タウンゼンドが会社とディーラーとの関係を変えたのもその1つである。アメリカの自動車市場全体が好況にあった１９６０年代前半、タウンゼンドの新車はディーラーの店頭から飛ぶように売れていった。クライスラーの純益は、１１００万ドルから2億３３００万ドルに激増した。[22]

好況なのは食品業界も同じだったが、ハインツのシニアフードに好転の兆しはなかった。マーケティング部門は遅ればせながら、シニアフードはクライスラーの〝老人の車〟の食品版だと気づいたが、不調の原因はそれだけではなかった。状況を悪化させたのは、巨大で低性能な１９５０年代後半のクライスラーのように、ハインツのプロダクトは、ペースト状の食感が何より重視された失敗作だったことだ（〝風車シチュー〟のようなお勧めレシピもたいして役に立たなかった）。高齢者を歯が悪くて収入も乏しい存在としてステレオタイプ化することで、ハインツは消費者にとって最も大事な要素である味の重要性を見失ってしまったのだ。

ハインツのシニアフードはプロダクトとして失敗しただけでなく、ハインツをケチャップという古巣に回帰させるきっかけになった。シニアフードは、その短い寿命のなかで、老いに対する世間の印象を悪化させてしまった。店頭でシニアフードを見た人の大半は買おうとしないが、それでもシニアフードの容器を通じてある印象が広まっていった――年をとると、うまく噛めなくなって、味なんかどうでもよくなるんだな。

　このような高齢者のイメージを植えつけたのがハインツだけだったら、ダメージは限定的だったかもしれない。しかし1950～60年代にかけて、業界では老いについての支配的な物語が定着しはじめていた。高齢者は巨大な集団を形成し、貧しく欲深く、何も生産せずに消費ばかりしているというイメージである。この物語に沿ったプロダクトを売ろうとすればするほど、文化のなかに物語が強固に根づいていった。合理的に物事を考える人は、ハインツという有名な大企業が高齢者をそんなふうに見るのなら、きっとそれが普通なのだ、と思ったことだろう。

　高齢者の負のイメージを定着させるマーケティングの例として最も強烈だったのは、20年間以上にわたって放送されつづけたテレビCMシリーズかもしれない。アメリカに住んでいれば、たいていの人がこのフレーズを憶えているだろう。「転んじゃって、起きあがれないの!」ライフコール社（現在のライフアラート社）が制作したこのコマーシャルの全シリーズが私の手元にある。宣伝されているプロダクト――ペンダント型の通報ボタン――は掛け値なしに有用なものだし、個人用緊急応答システム（PERS）と呼ばれるこの種の装置全般も信頼できる。アメリカに登場したのは1974年のことで、歴史もある。だが、補聴器と同様、この装置にはある決定的な問題があった。誰も着けたがらないのだ。

　1992年当時、65歳以上のアメリカ人のうち、PERSに加入していたのはわずか1パーセントほどだった。２００４年、その割合は膨れあがって……はおらず、２パーセント強にすぎない。高齢者だけでなく、独り暮らしの人と障碍のある人を加算したとしても、ＰＥＲＳ利用者の割合は17パーセントにとどまった。補聴器とそっくりの状況だ。個人向けのテクノロジーが親しまれている日本ではどうかというと、ＰＥＲＳに類するテクノロジーを利用している65歳以上の人の割合はわずか1パーセントだった[23]。敬遠されるのはコストの問題もあるだろうが、その影響は小さかったはずだ。国民健康保険サービスが支払いを肩代わりしてくれるイギリスは最も加入率の高い国だが、それでもやっと16パーセントである。

　コストが問題ではないとしたら、それは高齢消費者が、たんに生きながらえたいのではなく、自分らしく生きたいと思っていることの表れではないか。死が迫っていることを連想させる疫病神を首にぶらさげたまま、街なかに出かけたり友だちとおしゃべりを楽しんだりするのはむずかしい。

　企業はどうすればＰＥＲＳへの関心を高め、高齢者に購入してもらえるのだろうか。すぐに思いつくのは通報装置をカムフラージュすることだ。近年、参入してきた企業の多くは、通報装置をネックレスやブレスレットなどのアクセサリーに埋めこむ工夫をしている。白くて無機質で医療用っぽい代物を身に着けているところを人に見られたくない利用者が、その装置を一見そうとはわからないものとして隠したくなるのは当然だろう。しかし、ここには大きな見落としがある。あなたのアクセサリーに救急車を呼びだす装置が埋めこまれていることを世界中の誰ひとり知らないのに、あなただけが知っているということだ。

　２００９年にピュー・リサーチ・センターがおこなった、75歳超の人を対象とした調査で、自分を「高齢者だと思う」と回答した人の割合はわずか35パーセントであった[24]。ここで問題なのは、１００パーセントの人が、通報ペンダントは高齢者のためのものだと思っていることだ。自分を「高齢者」だと思っていない人は、高齢者向けのプロダクトを見せられても買いはしない。本人の意思に反して子どもが買ってくるかもしれないが、それを受け取った親世代のほうは、なかなか身に着ける気にはならないだろう。せっかくの機能が活かされないのはそのためだ。2010年のあるドイツの調査によると、PERSを購入した人の4分の1近くがその通報装置を一度も身に着けたことがなく、24時間身に着けているのはわずか14パーセントしかいなかった。さらに深刻なのは、利用者が転んだまま床で5分間以上が経過したときでも、ボタンを押して助けを呼んだ人が83パーセントにとどまったことだ[25]。

人口動態的にはもっと売れていいはずだが、私は、カムフラージュしてもしなくてもPERSの未来が明るいものだとはあまり思えない。PERSを申しこまない人たちは、その理由の最上位に、こうした警報システムの大半の機能は携帯電話で肩代わりできるからと答えている。ボタン1つ押すだけのペンダントは、緊急時にポケットの電話を取りだすよりたしかに簡単だ。

しかしこれは、人がPERSをふだんから身に着け、必要があれば積極的に利用することが明らかな場合の話だ。PERSのほうがとっさに使いやすいとしても、携帯電話のほうが優れているのは、大勢の人がどこへ行くにも常に携帯し、活用している点だ。携帯電話にはPERSにはない機能もある。PERSが限られた範囲内での助けにとどまるのに対し、携帯電話の先には指先1つでアクセスできる広大なソーシャルネットワークが広がっている。2014年時点で、65歳以上のアメリカ居住者のうち65パーセントが携帯電話を所有している[26]。

しかし、携帯電話そのもののデザインが、高齢者のニーズについての古くさい考えにとらわれている可能性はある。失敗例の1つに、ドイツの小さな企業、フィターゲ社の電話「カタリナ・ダス・グコース」

がある。2007年に登場したこの電話は、女帝カテリーナにちなんで名づけられ、ドイツのフォーカス誌が〝巨大〟と形容するほどサイズが大きかった（ゴム加工を施したボタンから何からすべてが大きく、技術者が高齢者と聞いて真っ先にイメージするのはこういうものだろうと思わせる形状だった）[27]。そのため、携帯電話というより1990年代の固定電話のコードレス子機のように見えた。電話は簡単にかけられるのだが、それを持ち歩いたり、使っているところを人に見られたりするのをいやがる人が多かった。

このカタリナについて、アマゾンには次のような典型的なレビューが掲載されている。筋力が衰えた77歳の母親のためにその電話を購入した女性からのものだ[*]。「カタリナは頑丈でボタンも押しやすく、これといった欠点はありません。ですが、大きくて重いんです。母の小ぶりのハンドバッグや上着のポケットには納まりません。しかも母は、〝身体の弱った人向け〟みたいだと言って使うのをいやがるようになりました。結局、電話は使われないまま放置されることになりそうです」

2010年、フィターゲ社は廃業に追いやられた[28]。カタリナに似た立ち位置のアメリカのグレイトコール社の電話、ジターバグはある程度成功しているが、高齢者にやさしい電話機の市場にここへきて新たな脅威が登場した。スマートフォンだ。

スマートフォンはどんなふうに高齢者に広がっていくだろうか。まず、高齢者はテクノロジーを前に怖じ気づくという考えを捨ててほしい。かつてはそういう時代があったにしても、テクノロジーとの相性は本質的に年齢に依存するのではなく、その世代が何に遭遇して生きてきたかというタイミングで決まる。

パーソナル・コンピュータが初めて職場に導入されたとき、ベビーブーマーはその使い方を憶えなければならなかった。PCに触ることなく退職していった10～20年前の先輩たちと比べれば大きな違いだ。巨大で寡黙なベビーブーマー世代が「テクノロジー恐怖症」と呼ばれる羽目になったのは、コンピュータが職場で当たり前になる直前、あるいはそのさなかに退職を迎えた巡り合わせの不運によるところが大きい。

しかしいまや、職場でコンピュータを使った経験をもち、自宅にはスマートフォンやタブレットを所有するベビーブーマーが、高齢者になりつつある。テクノロジーとのかかわりは、彼らより先の世代とはまったく違うのだ。この新しい事実を理解している企業の前には巨大な利益の可能性が広がる。反対に、高齢者は矯正不能な技術オンチと決めつけたままの企業には苦痛に満ちた世界が待っているだろう。

2000年当時、インターネットを使っているアメリカ人高齢者は14パーセントしかいなかった。[29] この数字は4倍に伸び、いまも増えつづけている。[30] 2016年時点で、50～64歳の58パーセントがスマートフォンを所有し、65歳以上でも30パーセントと、[31] 5年前と比べてその割合は倍以上に増えている。[32]

スマートフォン以外でも、2016年時点でタブレットの所有率が50～64歳で37パーセント、65歳以上で32パーセント、家庭用ゲーム機がそれぞれ30パーセントと8パーセント、デスクトップ／ラップトップコンピュータで70パーセントと55パーセントとなっている。彼らはインターネット機器を他の世代より楽しんで使っていて、スマートフォンの高齢の所有者の82パーセントがスマホを「自由を感じさせる機器」と描写する。同じ回答をした10代後半と20代前半の若者たちが64パーセントだったことを考えると、この数字はかなり高い。[33] 理由はおそらく単純だ。街への外出や通勤・通学など、他者とつながりをもてる機会は年齢とともに減ってくるので、テクノロジーのもたらすつながりがいっそう貴重になるのだ。

*元のレビューはドイツ語。

高齢者向けの未来のプロダクトで大きな成功を収めるのは、高度なテクノロジーを駆使したもののほか、日常生活の細々したことをテクノロジーの力で支えるようなものであるはずだ。しばらくは普通の電話も必要とされるだろうし、シンプルなスマートフォンを製造している企業もまだあるが（〝シンプル〟と〝多機能〟は矛盾しているように思えるが）、やがて高齢世代全体がテクノロジーを使いこなすようになり、単純な押ボタン式電話を使うのは、認知力や触知感覚などに問題があって通常のスマートフォンを操作できない人に限定されていく。近い将来、たとえば手の震えに悩んでいる人でも、高度な音声命令インターフェイスを通じて本格的なスマートフォンを自由に操作するようになるだろう。

「シニアでも使える」とは、こうしたプロダクトの決まり文句だが、将来的にはシニアも含めて全員が当たり前にスマートフォンを使うようになり、いわゆる「シニアフォン」の利用者は認知力に問題のある人が中心になっていく。これも非常に重要な市場であることに変わりはない。ただし、認知症のなかで最も多い病態であるアルツハイマー病は老いの正常な現象だと世界の59パーセントの人が誤解しているが[34]、実際には認知症にかからない人のほうがはるかに多い。85歳以上の人に限定しても、その3分の2は認知症ではないのだ[35]。軽度の認知症患者を対象にするプロダクトはあるが、大部分の高齢者市場は別の方向を目指している。

ところが、「シニアフォン」の企業は、ハインツがシニアフードを販売したときとまったく同じやり方で販売しようとしている。能力の劣る人向けの低級品だと大っぴらに触れ歩いているのだ。シニアフォンのような携帯電話を見ていていちばんイライラさせられるのは、こうした装置が人とのつながりを促す機能を軽視していることだ。特にひどいのはボタンが3つしかない電話で、通話できるのは自宅、救急車、メーカーの相談員だけだ。

旧来の老いのイメージの影響を受けてこなかったテクノロジーはおそらくない。もともと、いつ誰とでも話せるようにするために開発されたはずの携帯電話は、いまや、高齢者の生存にかかわる数名にしかつながらない封鎖線と化した。せつないことに、新しい電話があなたの命の安全を確保するようになればなるほど、子どもは電話をかけてこなくなる。友人との集まりに出かけることもなくなるかもしれない。マズローの欲求段階説で言えば、この種のテクノロジーは私たちの基本的欲求には丁寧に応えるが、ほかのすべては置き去りにされる。

私たちのこの先何十年かの暮らしをよりよくする要素のなかでいちばん重要なのは、テクノロジーだ。「ボタンが3つだけのおばあちゃん用電話」に存在意義があった時期もあったかもしれないが、その時代は過ぎ去ろうとしている。テクノロジーを扱うデザイナーは、若い人も老いた人もわくわくさせるテクノロジーを開発し、豊富な機能を便利に使いこなせるようにしなければならない。あとの章で述べるように、高齢者をはじめ、誰もが使いやすいデザインにはまだたくさんの課題がある。高齢者が新しいテクノロジーをどう思うかという、過去数十年に蓄積されたメンタルモデルもそうだし、バリアフリーも再考しなければならない。さらに、誰もが使いやすくするために機能面を犠牲にしてよいという考え方は、論外だ。これからのテクノロジーのデザインにおいては、全世代がすべての機能を使えるようにしなければならない。

十年一日のごとく

テクノロジー業界が消費者の人生のあらゆる段階に対応する準備ができているかどうかと言えば、準備できていない。高齢者が何を望むのかを考える段階にも来ていない。高齢者をめぐる物語のうち、最も悩ましいジレンマは、退職制度のおかげで高齢者は経済的な生産活動から除外されることだ。彼らは金を稼ぐ道をふさがれ、日用品や金融商品や飛行機の座席などあらゆるプロダクトのデザインにかかわることもできない。これほど多くの高齢者向けプロダクトが彼らの暮らしの機微をすくい取れていないのは、若年層が生産ラインを握っているからだ。なかでも、特に若年層による支配が顕著な業界がある。しかも残念なことに、その業界は将来の暮らしを日々創造しつづけている。そう、消費者向けのテクノロジー業界である。

テクノロジー企業は全業種のなかできわだって若い。企業の給与・待遇の調査会社であるペイスケール社が、2014～15年にかけて世界大手テクノロジー企業に勤める社員の年齢の中央値を調べて分析したところ、[36] 調査対象18社のうち、中央値が36歳以上の企業は3社しかなかった。参考までに、アメリカ全体では、労働者の年齢の中央値は42・3歳である。[37] また、社員の年齢が比較的高いテクノロジー企業は、HPやオラクルやIBMなどのように、社歴そのものが古い。

世界を変えるイノベーションを送りだしている若い企業では、特に社員の年齢が若い。グーグルもアマゾンも年齢の中央値は30歳だし、フェイスブックは29歳だ。フェイスブックの創業者マーク・ザッカーバーグは2007年にこう語っている。「若者のほうが頭がいい」。当時22歳の彼は考えた。「なぜ、チェスの名人には30歳になっていない人が多いのか。その理由はぼくにはわからないが、1つだけ言えるのは、若い人のほうが生き方がシンプルだということ。車をもたないとか、新しい家族をつくる気がないとか」

シリコンバレーには老いを忌避すべきものと見なす空気が蔓延しているため、地元の美容整形外科は大繁盛している。ザ・ニュー・リパブリック誌の2014年春号に、労働問題の記者で当時の編集主任であるノーム・シャイバーがシリコンバレーで働く26歳の男性について書いた記事が載っていた。その男性は植毛手術をおこなってくれる病院を探していたのだが、医師はこう言ったという。「手術はしないと伝えた。だって彼の髪がどんなふうに後退していくかのパターンすら、まだわからなかったから」[38]

シリコンバレーの年齢への偏見は、働く人たちだけでなく、ベンチャー投資会社による投資先の選別にも及ぶ。スタートアップ企業への支援で有名なYコンビネータの創業者、ポール・グレアムは2012年に「マーク・ザッカーバーグのようなルックスの人には実力以上の資金を出したかもしれない」と語っている。[39] 2010年、創業初期のエンジェル資金を114社が受けたなかで、資金の半分は創業者が35～44歳の会社に投入され、35歳未満の創業者は45歳以上の人より2倍多い出資金を獲得した。全スタートアップ企業の半分の創業者は45歳以上なので、つまり年嵩（としかさ）の創業者は年若い起業家たちよりはるかに少ない金額でパイを争っていることになる。[40]

これはアメリカ国内の話だ。韓国のようにテクノロジー業界が急成長している国では、年齢差別はさらにひどい。2010年、韓国は、年齢階層を維持する目的で半ば公然と企業でおこなわれていた雇用時の年齢差別をついに禁止したが、[41] 現実には各企業の採用担当は高齢の求職者を採用するつもりはなく、現場慣行が簡単には変わらないことが浮き彫りになっている。[42]

結局、テクノロジー業界も含めた世界経済の状況は、高齢者が求める物品やサービスを生産するに至っていない。ましてや、高齢者自身が自らのニーズに気づいていないような真に画期的なイノベーションが起こる可能性は著しく低い。そして、民間企業がこの点で失敗してきたのだとすれば、その片棒をかついでいるのは政府である。

企業が、公益のための研究に投資できない、あるいは投資するつもりがないのなら、政府が介入すべきだ。古い例だが、アポロ宇宙計画はもともと民間企業が事業計画を立てたり、資金調達したりできるような事案ではなく、国家の使命だった。営利目的の宇宙事業がここまで来ることができたのは、NASAと他国の宇宙機構の助けがあればこそだった。

社会の抱える問題にどう取り組めばいいのかわからないときには、ある種の解決策を示すうえで政府が重要な役割を果たす。たとえば1920～50年代にかけて、アメリカは鉄道移動と自動車のどちらを優先するかという選択を迫られた。その選択の結果、いま私たちのほとんどが車で通勤しているが、残念なことに、高齢者の話になると、政府も民間企業も鉄道時代の思考に嵌まったままだ（現代の老いの物語も19世紀半ばに始まった）。ひとたび一定の解決策を見つけると、政府は同じようなスタイルにこだわりつづける傾向がある。

1995年、私がホワイトハウスの科学技術政策局による高齢者の移動手段を考察するプロジェクトに従事していたころ、保健福祉省と運輸省のメンバーと意見を交換する機会があった。2つの省庁のメンバーは入室すると長い会議用机の対辺の端に座り、まるで敵意を隠して平和交渉に臨む2つの反対派勢力のようだった。この二省庁のあいだには深い溝があり、いまもそれは続いている。あえて単純化すれば、国民の健康を最重要使命とする保健福祉省は、患者を医者のもとへ車椅子搭載可能なワゴン車で送り届けるという視点で高齢者の移動手段をとらえる。これに対し運輸省は、既存の公共交通機関をできるだけ多くの人に活用してもらいたいと考える。この会合は惨憺たるもので、論点はまったくかみ合わず、実行可能な合意点はなんら見いだせなかった。メンバーの1人は文字どおり口を開けて居眠りしていた。

とにかく、ほかに経験したことのないほど、退屈かつ居心地の悪い場だった。政府がいかに高齢者問題に行きづまっているかを示す典型的な一例とも言えた。老いに関する従来の物語と足並みをそろえて成長してきたアメリカ政府は、概して高齢者を一様に困窮した病人として扱いつづけている。高齢者の移動手段についての会議を開こうとしても、医師を議長に据えなければ会議の許可がおりなかったほどだ。「高齢者＝病人」という図式を、政府は当たり前のように長年受けいれている。

社会保障法の成立した1935年以降で、高齢者に関する最も重要な法的措置がとられたのは1965年である。政府のみが資金を拠出する、65歳以上の国民を対象とした医療保険制度「メディケア」と、貧困救済と反虐待のための種々の方策を統合し、さらに、少なくとも書類上では高齢者の「生きがいの追求」も重視して整備した「高齢者法」[43]が議会を通過した年だ。高齢者法のさまざまな条項に割り当てられた支給額は総計で750万ドル、メディケアは10億ドルだった[44]。法に込められた意図は明白だ。政府は、保健と貧困救済の観点から高齢者を支え、他の観点については後まわしだ。

私は決して、メディケアと社会保障という重大な業績を過小評価するつもりはない。言うまでもなくこれはすばらしい恩恵であり、私自身これらのない社会で長生きしたいとは思わない。ところが、メディケアのある社会になってだいぶ年数が経つのに、政治家はいともたやすく高齢者に無頓着になる（一例を挙げると、オーストラリアの元首相トニー・アボットは、2年間の在任中、高齢化に関する重要ポストに誰も任命しなかった）[45]。

高齢者向けの政策がいまだに保健と貧困救済ばかりに重きを置いて他の政策課題を軽んじる現状は、高齢者は貧しい病人であるという見方をますます補強する。政策とは政府の理念を現実のフィルターを通して抽出したものであるため、多くの人にとってかかわりの深い高齢者の政策から、貧しい病人のイメージが拡散されていく。だから、老年学の権威、キャロル・エステスが書いているように、こうした政策の実績が評価される一方で、「高齢者に汚名を着せ、隔離しようとしている」という懸念が生まれるのだ[46]。

企業も政策担当者もそれぞれの考え方に固執し、そこから抜けだせずにいるとしたら、脱却のきっかけになるのは何だろうか？　自由に生き幸福を追求することが年をとっても可能か<ruby>、</ruby>ど<ruby>、</ruby>う<ruby>、</ruby>か<ruby>、</ruby>、ではなく、当<ruby>、</ruby>た<ruby>、</ruby>り前になるにはどうすればいいのだろうか？

これからの道

ゼロ年代後半、私が所長をつとめるマサチューセッツ工科大学のエイジラボは、医療や生活支援のツールを生産するそれまでの研究から大きく方向転換した。

そのきっかけは２００７年に起こった。エイジラボのフランス出身の院生、セドリック・ハッチングが、店内に並ぶ食品の栄養価を買い物カートに入れる前に調べられるバーコードスキャナーを開発した。私はそのアイデアを心底すばらしいと思った。2型糖尿病患者の急増が世界の長期的幸福を脅かす問題として懸念されていた時期だったこともある。私たちの思考が、食後の血糖値上昇が穏やかな食品を誰もが簡単に見分けられるようにすることで役に立てるという方向に向いてしまったのもそのためだ。

そのアイデアをすばらしいと思ったのは私だけではなかった。エイジラボのスポンサーであったプロクター・アンド・ギャンブル（P&G）もそうだった。そこで、院生の開発したバーコードスキャナー（正式名称は「スマート・パーソナル・アドバイザー」だが、私たちは短く「スマートカート」と呼んでいた）のテストのため、P&G本社のあるオハイオ州シンシナティに向かった。ほどなくして、郊外に建つ、レンガとアルミニウムでできた地味な外観の倉庫に到着した。ロビーに着くと1人の警備員が私たちの入館証明書を面倒くさそうに一瞥（いちべつ）し、2つ並んだドアの1つを指した。

中に入ると外観のイメージよりはるかに大きな空間が広がり、ずらりと商品の並んだぴかぴかの食品店があった。ただし、完全に無人で、ここがP&Gの試験場だった（あとでわかったのだが、もう1つのドアは、無人のドラッグストアにつながっていた）。

消費者になったつもりでテストを開始したとたん、私たちは自分たちの間違いに気づくことになった。何度も何度も、スマートカートが傷むほどテストを繰り返した。スマートカートそのものは悪くない。だが、なぜ消費者が食品店で知りたがるいちばん大事な情報、つまり値段を教えてくれないのか。

答えは簡単だ。私たちが高齢者を消費者ではなく、患者として見ていたからだ（当時はまだ気づいていなかったが、スマートフォンの普及によって、いずれにせよスマートカートは葬られる運命だった）。当時院生だったセドリックはいま、家電企業ウィジングズの共同創業者兼CEOとして、画期的で人の気持ちに寄り添った、ウェアラブルな自己定量化テクノロジー〔センサー機器などを通じて自身の状態を計測し、活用していく方法〕を世に送りだしている。

この経験をもとに、エイジラボは方針を変えた。ツールの製作はセドリックのようなプロに任せ、私たちは高齢者が新しいテクノロジーやその他のプロダクトを買おうとするときに、彼らの頭のなかで何が起きるのかを予測・研究することに専念したのだ。

スマートカートの経験から10年ほど経つが、私たちが1つ大切な教訓を得たとすれば、生死の瀬戸際にいる人をなんとしても救いたいとき以外は、高齢者を治療すべき不健康な存在として扱うようなプロダクトは拒絶されるということだ。高齢者は自分をそのように見てはいないし、そのようなプロダクトはよくて「合わない」と遠ざけられ、悪ければ「敵」と見なされる。高齢者も他の年齢層の人たちと同じように、自身のことをマズローの欲求段階説のあらゆる欲求と要求をもった人間だと考えている。

もしかしたらあなたはまだ、企業（と政府と非営利団体）が高齢者のこうした上位の欲求を満たすことに意味があると思えないかもしれない。高齢化に対する社会の控えめな取り組みも、生存にかかわる欲求だけを見て、遊びや趣味などの望みは捨て置いている。高齢者の愛情や性行動や自尊心や出世欲など、高次の欲求も考慮するような時代は到来しないように見える。自分が年をとるまで、高齢者が自由で幸福を追求する生活の枠外に置かれていることに気づかない。

だが、この状況は変えていかなければならない。あなたの直観に反するかもしれないが、高次の欲求を満たそうとすることで、基本レベルの欲求も解決されやすくなる。そのための第一歩は、高齢の消費者が本当に望んでいるものを理解することだ。

残念ながら、若いテクノロジー企業はもちろん、企業全般にこうした重要な理解が欠けている。彼らは何が高齢の消費者を行動させるかを知らないし、将来のことになるとなおさらわからない。こうした企業の多くはわれらがエイジラボに答えを求めてやってくるが、私にも明日の高齢者を何が動かすのかはわからない。なぜなら、大半の高齢者自身がわかっていないからだ。

しかし、なかには理解している人もいる。それはこの年齢の最先端を生きる消費者グループだ。この人たちは人生の後半にどんな問題が浮上するかも、むしろどんな点が快適になっていくのかも熟知している。だがこのグループは、嘆かわしいことに、高齢者向けビジネスを変えうる業界の重要な地位にまだ就けていない。

そのグループとは、中年かそれ以上の女性たちだ。女性消費者は概して、未来の高齢者像を、自分の経験、知恵、経済的な要望に照らして判断する傾向がある。彼女たちのなかには、いまよりずっと幸せな人生終盤のビジョンに私たちを導いてくれる知見と起業家精神(アントレプレナーシップ)を備えた人たちがいる。ある人は独立して、ある人は大きな組織のなかで、イノベーターとして行動している。次章では、彼女たちがどのように生き、その知見はどこからもたらされ、なぜ未来が彼女たちの手にあるのか、そしてなぜそれがすばらしいことなのかを説明していきたい。

第3章 女性のつくる未来

水曜日の夜7時、ロスアンジェルスのカクテルラウンジ、ロックウェル・テーブル・アンド・ステージで60歳のキャシーは落ち着かない様子で携帯電話をチェックしていた。彼女が心配そうにしているのは、オンラインデートの相手を待っているからだ。気合いを入れてドレスアップしてきた。最高のショーがまもなく始まる。『ジュラシック・パーク』や『ザ・フライ』で知られるスター俳優、ジェフ・ゴールドブラムが8時にステージにあがり、彼の5人組バンドの一員としてピアノを弾くのだ。

だがそのときの彼女は気もそぞろだった。このすてきな場所で、このすてきな夜に、すっぽかされでもしたら、情けなさすぎてしばらく立ち直れない。

そもそもキャシーはカリフォルニアに住みたくて引っ越してきたのではない。娘が幼いころには夫とともにニュージャージーに住んでいた。娘がサンフランシスコの大学に行くことになり、夫婦も西海岸に移ったのだった。パサデナの近くに約550平方メートルの家を買ったが、まもなく夫婦は30年間の結婚生活に終止符を打つ。こうして、キャシーのオンラインデートが始まった。

「寂しい気持ちに気づいていた。何かが足りない気がしたの」とキャシーは言った。「人とのつながりを求めていたのね。恋人とか男友だちとか」

同年代のパートナーを探している50歳以上の女性は男性よりはるかに多いと知っていたから、オンラインデートを不動産市場のように割りきって使うことにした。「誰だって、家を売るときには複数の不動産会社に広告を出すでしょう。それと同じで、全部のデートサイトを訪問してみたの。イーハーモニーに登録したし、マッチ・ドットコムにも。全部に申しこんだの」

何回かデートをしてみてわかったのは、相手の男性は彼女とは異なるものを求めているということだった。「男性の皆さんはだいたい同じね。こちらは性的不能だってかまわないのに、男の人はとにかくまずセックスしたがる」。そうしたアプローチもロマンスの一形態だし、なんの不安もなく受けいれている同性の友人も何人かいるが、彼女が求めているものではなかった。求めていたのは、一緒に語り合い、テレビを見たり、旅行に出かけたりできる人だった。しかし、そうした人を見つけるには、ロマンス的なものを介すしか道がなさそうに見えた。「誰かと恋愛をしたかったわけではない。ただ寂しかった」

同じころキャシーは、若く才能豊かな、大半はゲイの男性が日替わりで歌う地元のナイトクラブを知った。隠れ家のような小さな店で次々に放たれる原石の才能に圧倒され、週に2回以上、足を運ぶようになった。歌手たちのオーラと技量に気づいたのは彼女だけではなかった。その年、クラブで人気のあった常連歌手の何人かが、オーディション番組「アメリカン・アイドル」の第8シーズンに出場することになった。そのなかの1人、アダム・ランバートは決勝ラウンドに進んだ。ナイトクラブの常連客は大騒ぎで、キャシーはシーズン最終回の決勝の様子を皆で観るパーティーを主催した。ランバートは優勝こそしなかったものの、準優勝となり、第8シーズン出身者の最大のスターになった。

大盛りあがりのテレビ視聴パーティーのときに、ゲストの何人かが彼女の家に転がりこもうかなとジョークをとばしたら、キャシーがぜひそうしてと即答したので、皆は驚いた。まもなく、女性分隊長（デンマザー）兼気のいいおかみ的な立ち位置で、そのナイトクラブのプロデューサーを含む6人もの若い男性を住まわせることになった。「本物の家族みたいだった。記念日や誰かの誕生日を一緒に祝ったものよ。車の運転が危ういほど誰かが飲みすぎたと思ったら、酒気検知器（ブレサライザー）を使ったわ。そのせいで、ちょっとしたいざこざはまあ、あったけど、本当に私たちはうまくいっていたの」

キャシーが小さい家に住み替え、ナイトクラブがもっと大きな店舗へ移転したあとも、彼らの交流は続いた。ショービジネス界とのこうしたつながりがあったから、キャシーはジェフ・ゴールドブラムのピアノ演奏を知ったのだ。毎週、彼の演奏を聴くために出かけた。「癖があって、おもしろくて、でもステージを完璧に支配しているの」。そのころ彼女は、会員を50歳以上に限定した新興のデートサイト「スティッチ・ネット」を試しているところだった。ジェフ・ゴールドブラムのピアノ演奏は、スティッチで出会った人とうちとけるのにうってつけの舞台だと思った。

オンラインでデートの約束を取りつけると、店の友人たちがステージ前のいちばんいい席を押さえてくれた。特別な計らいに彼女はいたく感動したが、ちょっとした難点があった。オンラインデートの相手が現れないことは珍しくないが、もしきょうのデートをすっぽかされたら、友人たちにもジェフ・ゴールドブラムにももろにばれてしまう。これ以上の屈辱はない。

当日の夜、実際にその最悪のことが起こりそうな気配だった。キャシーは、段取りを確認するため、早めに店に来た。まだ誰もいない席に1人で座り、誰も来なかったらどうしようと気を揉んでいた。

だがとうとう、デート相手が到着しはじめた——その数7人、全員女性だった。

究極の消費者

前章で述べたように、高齢者向けのプロダクトは、老年期についてのいいかげんで時代遅れの物語(ナラティブ)に染まっていることが多い。だが時代は変わりつつあり、高齢者の体験する世界も変わりはじめている。50～60歳を過ぎたあとの生き方が、20世紀と同じままでは幸せにはなれないと気づきはじめた新しい集団がいる。彼らは自分の力で前進し、新しい生き方と、彼ら自身の物語を支える新しい方法を見つけようとしている。ときには最先端のプロダクトの力を借り、それが物足りなければ自分たちでつくりながら。

この先駆的な消費者集団にはいくつか目立つ特徴がある。巨大な個人資産を動かせること、もともとテクノロジーを扱い慣れていること、そして、メンバーの多くはベビーブーマーなので、若いころから経済的および物質的な世界の形成にかかわってきたこと。

さらに、強調しておくべきなのは彼らは男性ではないということだ。「老いとは何か」のとらえ方と現在の物語との隔たりは、女性のほうが男性よりもずっと大きい。だから、昔からある高齢者向けプロダクトトを見ると、相対的に女性消費者がいっそう軽んじられているように映る。ところが、そのプロダクトの販売企業には気の毒なことに、高齢者市場では購買行動の決定権の大半を女性が担っている。

世界的に見て、女性はどの年齢層でも消費者の購買行動の64パーセントに影響を及ぼしている。日用品にとどまらず、自動車や住宅のような高額品についても女性の意見が決定を大きく左右するのだ[1]。アメリカだけでも、毎年5兆ドルから15兆ドルの買い物を女性が決定しているという[2]。

高齢者層になると女性消費者の力はさらに強まる。もはや問題は、夫が存命であれば、どの購買決定を女性が担うかではなく、どの決定を夫に任せるかに移行しはじめている。老いに関する、どうにもならないつらい現実は、年をとるほど同年代の男性が減っていくことだ。アメリカの65～69歳では、女性100人に対して男性は96人しかいない。85歳以上ではその数は60人にまで減る[3]（この男女比がさらに深刻な国もある。たとえばロシアでは、アルコール依存などたくさんの問題があるせいで、64歳超の女性100人に対し、男性の数はわずか44人だ[4]）。

高齢消費者の市場に与える女性の影響力が加速度的に増している背景にあるのは、人数の多さと昔から家庭内を取り仕切る役割を多く担っていたことに加え、介護提供者に女性が圧倒的に多いという事実である。なんらかの介護を受けている高齢者のほとんどは、介護提供者が家族と友人に限定される[5]（断っておくが、私がここでいう〝介護〟とは、トイレ介助や更衣介助や薬局で薬をもらってくるなど、誰もがすぐに思いつく典型的な老人介護だけを指すのではない。電球を取り替えたり、図書館まで車で送ったり、新しい電話の選定や書類仕事やコンピュータの更新作業を手伝ったり、さらにはただ一緒の時間を過ごしたりといったことも含まれる）。ほとんどの女性は、40代の終わりまでになんらかの介護にかかわる。アメリカでは、私的な介護（家族や非専門職によるもの）の66パーセントを女性が担い、介護提供者の男性と比べても女性のほうが50パーセント多くの時間を介護に割いている。[6]

異性間の結婚で夫婦の一方がどちらかを介護する場合、だいたいは女性から男性への介護だ。成人した子どもが親を介護をするときにも、担い手はだいたい娘のほうだ。[7] 成人した娘は、親または義理の親の介護とわが子の子育てとのあいだで板挟みになる。

老いに関する多くのことがそうであるように、アメリカ人に見られる傾向は、ほかの国でも増幅して現れる。日本では、私的介護の実働者はなんといっても女性だ。この国はそもそも、高所得国のなかでフルタイム職の女性就労率が低く、老親介護のために離職する毎年10万人以上の80パーセントを女性が占める。[8] 急速に老いている西ヨーロッパでも、私的な高齢者介護を提供している人の3分の2は女性であると推計されている。[9] 介護提供者の性別の世界的な偏りは、女性が自分で稼ぎ、キャリアを築き、老後に備えて貯金し、自身の健康に留意する能力に深刻な害を及ぼす。

介護提供者が往々にして担う、重要でありながらあまり知られていない役割に、最高財務責任者ならぬ最高消費責任者がある。2世代か3世代、ときには4世代の家族の買い物を管理するのだ。男性に比べて人数が多いという数的優位に加え、先に述べたように、どの年齢層でも女性が消費支出をコントロールする傾向が強く、しかも、最高消費責任者である介護提供者に女性が多いのだから、プロダクトがまず女性をターゲットにすべきなのは自明の理に思える。

マーケターとプロダクトデザイナーがこのことを理解したうえで、高齢者のなかでもとりわけ女性は現代のプロダクトのターゲットとして軽んじられていると聞けば、目の前に紙幣の束がぶらさがって見えるはずだ。ただし、物事はそうすんなりとは進まない。私は、女性消費者の要望に優先的に応えるように企業を説得することのむずかしさを身をもって経験している。その1つは2013年、ノースカロライナで、大勢の医師や医療保険会社や病院の管理部門の集まるカンファレンスで講演をしたときのことだ。普通ではないことが起こった。聴衆にはっきりと反感を示されたのだ。

私はこれまで長い時間を講義や講演に費やしてきたので、聴衆の心が離れる典型的なサインを熟知している。彼らは退屈しはじめると、足元かもっと悪ければ携帯電話に目を落としはじめるので、演壇からは顎よりも額が目につくようになる。だがそのときはいつもと違った。講演中の私に向けられていたのは、椅子の背に投げだされた頭、突きだされた顎、こちらを観察する目だった。多くは胸のあたりで腕を組み、なかには大きく椅子を後ろに傾け、体をのけぞらせている者もいた。私の講演は退屈がられていたのではない。明らかに、拒絶されていた。

それはなぜか。まず私は、男性が主導権を握っているように思われている家庭内の大きな買い物でさえ、支出を管理しているのは女性消費者だというテーマで話しはじめた。医療関係者にとって支出の管理者は気になる存在なので、これで聴衆の興味を高めるつもりだった。

次に、女性のほうがどれだけ長く生き、男性よりもどれだけ多く介護に従事しているかを話した。家庭の支出に関する信頼できるデータも示した。医療費の低下に役立ち、関心を惹きそうな逸話なども披露した。そして、講演の核心に達し、「皆さん」と呼びかけた。「皆さんのご家庭できわめて重要な決定を下す際には、二番手の地位に甘んじましょう」

会場の空気が一気に冷え、カンファレンスの責任者――個人的なつながりで私に講演を依頼した当人

――が後方から叫んだ。「うちの女性たちにはもっと慎みがある。人前で出過ぎたまねはしない」

講演を締めくくるときには額に冷や汗が吹きだしていたが、私はなんとか気力を保って会場を観察した。こちらを見据える聴衆のほとんど全員に共通することがあった――Y染色体〔男性〕だ。一方、前の席の女性陣のうち何人かは困惑しているようだったが、ほほえんでいる人も同じくらいいた。そのことが小さな希望となり、なんとか演壇をあとにすることができた。

老齢期の女性と男性とイノベーション

私たちは古いルールに縛られずに晩年を生きたいと思う。もっと幸せな物語が紡がれている未来であってほしい。その願いを最短で実現する道は、一世紀以上にわたって高齢者に敬遠されてきた代物ではなく、高齢消費者の真の欲求とニーズに応えるサービスを企業が生みだすことだ。

そのためには、従来以上に消費者に真摯に向き合わなければならない。とはいえ、女性の多い高齢消費者に喜ばれるアイデアを、65歳以下の男性が経営者のほとんどを占める企業が思いつくのは容易ではない。私たちの未来に特に大きな役割を果たすテクノロジー業界では、まさに大半の企業を若い男性が率いている。

前章で述べたように、テクノロジー企業では若さだけでなく、〝男性〟性も重視される。グーグルのテクノロジー部門で働く社員のうち83パーセントは男性だし、[10] シリコンバレーのトップ企業はどこも似たようなものだ。規模の大きい上位10社では社員の70パーセントが男性で、経営陣ではその割合は83パーセントにのぼる（参考までに、カリフォルニア全体での男性比率は55パーセントだ）[11]。

もっとがっかりさせられるのは、ベンチャー資金が投下されているテクノロジー企業のうち、女性がCEOの企業はわずか3パーセントしかないことだ[12]。シリコンバレー全体でも、経営陣の地位にある女性は11パーセントのみである[13]。この不均衡が、男性中心のテクノロジー商品ばかりが生みだされる遠因となっている。

たくさんの例のなかから1つ、トータルな健康管理のためにつくられた初期のアップルのヘルスケアを見てみよう。2014年の発表時、ソフトウェア・エンジニアリング担当上級副社長のクレイグ・フェデリギは、同アプリが「皆さんの各種の健康情報を測定し、記録します」と語った。第一バージョンは心拍数などごく一般的な健康データだけでなく、クロム摂取量のようなマイナーなデータも追跡するものだった[14]。身体のデータはほぼすべて記録できるにもかかわらず、そのアプリのデザイナーは、人類が何千年も注意深く観察してきたデータをわざわざ省いていた——月経である。アリエル・デュエームロスがテクノロジー関係のブログ「ザ・バージ」にこう書いている、「あなたが月経のある人間で、iPhone使用者なら、貧乏くじを引かされたような気になるわね[15]」

アップルはのちのバージョンで軌道修正したが、嘆かわしくもジェンダー差別がはじめから組みこまれたテクノロジー商品はヘルスケアだけではなかった。テクノロジー分野のライターでポッドキャスターでもあるローズ・エベレスが指摘している。「いまの携帯電話はたいていの女性の手には大きすぎる。最新の人工心臓は80パーセントの男性に適合するようにデザインされているが、女性で合う人は20パーセントだけだ。メニューの項目がアルファベット順になっているときでも、なぜかドロップダウンメニューの性別は〝男性（male）〟が〝女性（female）〟より上にある[16]」
ジェンダーの違いのせいで、身近で大切な健康データがアップル――なんとアップルだ！――のアプリに組みこまれなかったのなら、世間からの監視が少ない、もっと小さな企業ではどんな状態であるかは想像にあまりある。また、シリコンバレーの若い男性が、高齢女性のニーズに応えるプロダクトを思いついたとしても、投資を得て商品化される可能性はきわめて小さい。それもこれも繰り返して言うが、マーケティング会社で制作責任者の地位にいる女性が3パーセントしかいないからだ[17]。ゼロを1つ書き忘れたのではない。3パーセントだ。

テクノロジー企業に根づく年齢とジェンダーへの偏見は、高齢で女性の消費者の問題点など端から眼中にないという雰囲気を生みだしている。ただし、こうした消費者にとって幸いなことに（既存の多くの企業にとっては不幸なことに）変化が起ころうとしている。ニューオーリンズ出身の著名なミュージシャン、ドクター・ジョンの曲の歌詞「ぼくがやらなきゃ、ほかの誰かがやるまで」をもじれば、「ある会社がやらなきゃ、ほかの会社がやるまで」ということになる。

冒頭に挙げたキャシーのストーリーは印象的だ。彼女が離婚後、デートサイトを巡回するようになったのは、それが当たり前という世間の雰囲気があったからだった。1度目の結婚が破綻したなら、2度目に行きなさい、という社会通念がある。3度目を経験しているベビーブーマーも多い。キャシーが体験した多くのデートサイトはこの考えに沿って構築されていた。

「デートサイトやアプリは『どれも結局、結婚か恋愛関係を目指すふりをしている』と彼女は言う。「人数は少ないけれど、何人かすばらしい人とも出会った。けれど、なんというか、そうするのが当たり前って決めつけられている感じがしたの。独身？　じゃあデートしなさいよ、いい人を見つけなさいってね」

ところが、キャシーの登録していたデートサイト「スティッチ」の優先順位は違った。伝統的な一対一のロマンス以外のつながりを求める場があったのだ。はじめ、「プロフィールを記入したときには、自分は恋人がほしいんだと思いこんでいた」そうだ。だがすぐに、そのサイトで利用者が仲間を募ってイベントを開いたり大勢の人を招いたりすることができると気づくと、キャシーの心にはすぐにゴールドブラムの毎週のショーが浮かんだ。「〝ジェフ・ゴールドブラムと仲間たち〟の演奏をみんなで聴けたらいいなと思って」。そこで招待状を送信した。こうした誘いの場合、誰ひとり集まらないこともあり、そんなときの発起人は「1人ぽつんとばかみたいに見える」が、彼女は、ジェフの人気のおかげでそうならずにすんだ。

ショーは大当たりだった。ゴールドブラムはキャシーのテーブルにいた1人ひとりの客と写真に収まり、彼女たちは全員、真夜中近く、最後のアンコールが終わるまで帰らなかった。その月の終わりにスティッチから同社主催の映画会にLA在住メンバーが招待されたとき、キャシーはためらわずに皆に声をかけた。映画の前に軽く夕食でもいかが？

その夕食の席がきっかけとなった。そこに集まった女性は、いまもキャシーの仲間の中核をなしている。「にぎやかよ。小さなグループだけど10人ぐらいはいるから。毎朝、おはようのメッセージを送り合うの。夜はおやすみなさいって。15の思春期みたいね」

いまキャシーは、「私の赤ちゃん」と呼ぶ生まれたばかりの孫息子を除くと、スティッチから生まれた女性の友情を何より大事にしている。「ほとんど瞬間的にわかったの。自分の人生に欲しかったのは恋愛関係じゃなくて、人とのつながりだったんだって。大きなターニングポイントだった。そう、特大の〝ああそうか(アーハー)!〟だった。自分が愛されていると思わせてくれる異性は私の人生に必ずしも必要ではないと気づいた。それって、恋愛である必要はないと」

スティッチが友情を育むだけでなく、恋人を見つけるためにつくられたデートサイトであるという事実に変わりはないが、キャシーにとっては、業界の基準から外れていようと、心から欲しいものを与えてくれたかけがえのない場所となった。代わり映えのしないプロダクトではなく、高齢の女性消費者が本当に望むものを届けるという視点は、高齢消費者をターゲットにする企業が生き残るためにぜひとも真似すべき点だ。ただしどこから手をつければいいのか、企業にはなかなかわからない。

なぜなら、いまの世のなかでは男性が――多くの業種では若い男性が――経済を動かしているからだ。女性が何を望んでいるかわかっていると言う男性は少なくないが、実際に理解するのは至難のわざである。とりわけ年配女性の望みを知ることはむずかしい。人生の晩年に何が欲しいと感じるかという点で、男性と女性のあいだには根源的な差異がある。宣伝めくが、その差異を知ることにわがエイジラボは真剣に取り組んでいる。

その一環として、エイジラボは自由回答の手法を用いて、25~60歳の人を対象に実験的な調査をおこなった。回答者には、65歳以降の生活を思い描いたときに何が楽しみで何に恐怖を感じるかを想像し、釣り、入院、1人ぼっちの外食、金銭苦など、高齢者に起こりそうな状況を表す大量の写真のなかから選んでもらった。次に、選んだ写真をダーツの的のような円形の場所に、中央の輪にはいちばん楽しみな写真を、いちばん外側の輪には最も起こってほしくない写真の順に置く(外側の輪を〝恐怖のリング〟と呼んだ)。

回答者が写真を置き終えたあとで、その選択についてこちらからいくつか質問をした。

会話を録音してみると、男性と女性の回答には大きな隔たりがあった。男性は、高齢になったときの楽しい成果のほうに、それを達成するプロセスよりも執着を示した。具体的には、「自立」「余暇」「息抜き」「満ち足り」の語を、「計画」「投資」「住宅ローン」「契約」「株式」「年金」「社会保障」「貯金」「保険」「資金管理」よりも多く使った。一方、女性の場合にはまったく逆だった。年をとってから幸せに暮らすためのプロセスが、会話のなかに多く登場した。「私の欲求や要望をどうやって満たせばいい?」が、その考えを説明している。決して、「私の人生のご褒美は何かしら?」ではなかった。

同時に、男性の回答は概して、女性よりポジティブだった。「幸せ」と「グッド」を口にする回数は女性より2倍多く、「ナイス」と「楽しみ」は3倍だった。逆に、女性は「心配」と「ストレス」が男性より2倍多かった。要約すると、男性回答者は「老い」に対して曖昧で楽観的なイメージをもち、女性は晩年に直面する難題をもっと正確に把握しようと努める傾向があった。男性はのんびりできる時間を待ち望み、女性は老いに備えて計画しようとする。[18]

女性のこの周到さは、彼女たちが、年をとっても働くという1990年ごろから加速する大規模なうねりの最前列にいることの説明になるかもしれない。アメリカでは、高齢者の労働力参加率(働いているか、職探しをしている人の割合)は、1800年代後半に初めて急落した。倒れるまで働かずにすむのはありがたいと連邦軍(北軍)の古参兵士が考えたからだ。この労働力参加率は1980年代後半から1990年代初頭にかけて11パーセントまで落ちこんだあと、[19]再び上昇に転じた。今日、65歳超の18・6パーセントが労働に参加しており、労働統計局はこの数字が2024年には22パーセント近くに達すると見ている。[20]

たしかに、アメリカも他の多くの国も、働く男性の数は働く女性の数よりも年齢層を問わず多い。しかし、1990年と2010年のアメリカ国勢調査を比較すると、女性の労働力参加率は、高齢のどの年齢区分においても男性より大きな上昇率を示している。*(21)

高齢でも働こうとする動きを女性がリードしているのには、いくつか理由が考えられる。1つは、「退職（リタイア）」という人生のフェーズについての刷りこみが、男性に比べて少なかったと考えられること。

また、エイジラボの研究員チャイウー・リーが中心になり、アメリカのさまざまな地域、年齢層、収入レベルから抽出した1000人を対象におこなった大規模な調査にもその理由が表れている。その調査のある項目では、主要なキャリアを完遂したあとの生活を表すキーワードとして5つ挙げてもらった。そこに「退職（リタイア）」を含めなかったのは、過去何十年も世間から受けとってきたイメージに引きずられないようにするためだ。だが、結局この語は男性回答者の最も多く挙げたキーワードとなり、「リラックス」「グッド」「趣味」「旅行」がそれに続いた。男性の回答にはこうした前向きな語句が繰り返し現れ、まるで退職者コミュニティのサンシティが回答者の睡眠中に耳元で宣伝文句を囁きつづけたかのようだった。

*この傾向は、アメリカ人労働者の半数が退職後に生活水準を維持していけるだけの金を充分に蓄えていない事実と密接に結びついている。だが、働く必要性だけが、高齢者を労働に向かわせるのではない。30年間のレジャー三昧（ざんまい）を支えるだけの余裕がないため、退職時期を遅らせたり、退職しないベビーブーマーもたしかに多いが、一方で、働くのが好きだからという理由で退職しないベビーブーマーもまた多い。ボストンカレッジの退職研究センターが2013年におこなった調査によると、65歳を過ぎても働きつづけている人の最大の理由は、働くほうを退職よりも好むからであり、教育水準が高いほど、この傾向が顕著だった。大卒者は、高卒資格をもたない人よりも、65歳を超えて働きつづける割合が2倍高く、65歳を超えても働く大卒資格者は年々増加している。「高齢者の労働力参加率が上昇しているのは、より学歴が高く、より健康な人たちの労働力にとどまりたいという考えを反映した好ましい変化であると判断できる」と、調査の責任者が記している(22)。近年の景気後退の影響をさほど受けなかった人も、より長く働こうとする。多くの高齢労働者は、とりわけ事務仕事に就いている人たちは、仕事のペースや配属が変わるかもしれないが、身体的な休息は必要ないので、自分にとって意義ある仕事のほうが単純にレジャーよりも優先順位が上なのだ。

一方、女性の回答は趣が異なる。女性の回答でいちばん多いキーワードは「充実」で、「安らぎ」「平穏」「達成」「家族」が続いた。この結果と、本書ですでに言及した他の調査結果をあわせると、女性は、晩年に遭遇することになる難題を細かく理解したうえで老いに向き合おうとするだけでなく、自分の意欲や願望を男性ほどストレートに表さず、婉曲に表現する傾向があることがわかった。

女性回答者の知見の一部には、個人の経験から発せられたものもあるだろう。中年期以上の女性は、男性よりはるかに老人介護にかかわり、しかも、入浴や排泄や更衣の介助など、密接な接触を伴う介護を担う傾向が強い[23]。単純化すると、男性が両親の家の電球を替えたり、側溝の泥をすくったりするあいだに、女性は両親の身体を拭き清めている。その過程で、女性は老人の身体がどのように変化するのかを知り、ただ生きているだけでどれだけの手間がかかるのかを知るのだ。

男性が「退職後は遊べる」というバラ色だけれど曖昧なイメージで老いをとらえるのに対し、女性は老いの厳しい面も、くっきりとした光に照らして理解しようとするところが決定的に違う。あらゆる年齢層において、女性は同年代の男性よりも、晩年に生じるであろう問題に対してより具体的な考えをもっている。女性は既存の解決策では対応しきれない点や、無駄に労力をかけている点を真っ先に見つけだすのだ。彼女たちは高齢者の問題を解決しようとするプロダクトと、高齢者のために問題を解決しようとするプロダクトの違いを見きわめることができる。女性起業家の手で既存の企業を脅かす斬新なプロダクトが生まれるだろう。デートサイトのスティッチをつくったのもそうした女性起業家だった。

マーシー・ロゴというすばらしい女性がいる。高齢者への親しみの感情をもって育ち、本人曰く「幼稚園よりも退職者コミュニティにいるほうが楽しかった」そうだ。2007年にペンシルベニア大学を卒業したあと、シドニーに移り、その地の経営大学院で修士号をとって、高齢者ビジネスの道に進んだ。カリフォルニアとオーストラリアの退職者コミュニティにほぼ住んでいると言っていいくらい通いつめ、コミュニティの住民と話し、住民を幸せな気持ちにするもの、悲しい気持ちにするものを探り、彼らの生活に何が必要かを研究した。そして、年をとってからの健やかな生活には、社会的孤立が最大の敵だと理解するに至る。

「この5年間、50歳以上の人たちが社会的孤立に陥らないようにする活動を続けてきた。それは健康にも害を及ぼす問題だから」とマーシー・ロゴは言う。「50代や60代なら、この問題は予防措置程度の位置づけだけど、さらに年をとって身体のあちこちに不調が出はじめたら、社会的孤立はその人をすぐさま死に至らしめる」

社会的孤立をなくし健康寿命を延ばすため、彼女はプライベートなSNS「コネクトアラウンド」を設立した。いまの老いの物語では「老い」は「不調」とほぼ同義であるため、高齢者が楽しみをもつことを正当化するには健康上の利益を主張するのが最重要だと考えたからだ。この方法は、マーシー・ロゴが研究していた退職者コミュニティでも効果が確認されている。コネクトアラウンドは順調に業績を伸ばし、高齢者向けの簡易版SNSを運営するタペストリー社に買収され、オーストラリアとカリフォルニアでの成長に弾みをつけた。

このころ彼女は、孤立した高齢者のあいだに社会的なつながりを広める方法を研究していた。「当初、試そうとしたのは、彼らを友だちみたいな関係にすることだった」。だがしだいに、そのやり方では高齢者に押しつけがましく感じられることがわかってきた。

「ついに2014年、アンドルーと私は（アンドルーというのはタペストリー社の創業者で、のちにスティッチのCEOにもなるアンドルー・ダウリング）、はっきりと理解した。彼らを家族や友だちやご近所さんと結びつけようとがんばったけれど、彼らが欲しがるのは別のつながりだった。ちょっとセクシーでちょっとクールな」

つまり、地元の高齢者センターで世間話をするよりも、ナイトクラブでのジェフ・ゴールドブラムのショー的な楽しみを求めているということだ。

デートサービスは、健全な社会交流にセクシーな彩りを添えるうえで意味があったが、問題もあった。マーシー・ロゴが接した人たちは、すでにたくさんのデートサイトにアクセスし、結局は尻込みしてうまくいかなかった経験をもつ。こうした人たちのために、彼女とダウリングはデートサイトの理念そのものを練り直す必要に迫られた。「スティッチははじめから、生殖年齢を過ぎた人を対象にしたの」

スティッチの本部はサンフランシスコに近いポトレロヒルの、工場を改造した流行り（はやり）の建物のなかにある。そこからは、家々もビジネス街も、きわだって個性的な3本脚の電波塔、ストロ・タワーも見わたすことができる。雲の上に突きでたアンテナはいましも水面に浮上しようとする巨大な潜水艦の展望塔を思わせ、その脚元はいつも霧で隠れている。

ほかの一般的なデートサイトは、結婚したい人や子どもをもうけたい人のためにつくられている。イーハーモニーやマッチ・ドットコムの成功は、成婚数や魂の伴侶（ソウルメイト）と巡りあえた数で測られる。「スティッチでは、〝結婚〟ということばはいっさい使わない」とマーシー・ロゴは言う。〝かけがえのないたった1人の人〟を見つけることをゴールとしていない。実際、彼女がこれまで話した50歳以上の独身女性――現在のスティッチの主要な利用者基盤――はほとんど、結婚などの契約を求めていない。彼女たちが契約に対して積極的になれない最大の理由は、介護への不安だ。

生涯をかけて愛してきた人が病気になったのなら喜んで世話もできる。しかし知り合ってまもない人だったらどうだろう。地平線の先に同じ未来を見いだせるだろうか。多くの人にとってそれは〝取引を継続しがたい事由〟になる。「多くの女性が実際にこう言っている。〝誰かの看護人(ナース)にはなりたくない、誰かの財布(パース)にはなりたくない〟と」。年配者向けのデートサイトには、愛する人を看取り、それまでの長く過酷な介護を終えたばかりの人も多い。「誰かの介護を終えた人が、出会ったばかりの誰かの介護を進んで引きうけるわけがない」

熟年離婚後にデートサイトに登録した女性たちにしても、責任を伴う新たな関係に飛びこむことをためらう理由がある。1990～2010年にかけて、アメリカの離婚率はおおむね横ばいだったが、50歳以上の層に限れば2倍に増えていた[24]。異性の夫婦の場合、離婚を主導するのは女性であるのが普通だ[25]。熟年離婚をした人たちから繰り返し聞いたことばは、「人生をともに生きるために彼と結婚したの。ランチをつくるためじゃない」というものだ。キャリア終了後の人生に漕ぎだしてみたら、多くの夫婦は一日中互いの顔を見る生活にとまどい、それまでの関係がうまくいっていたのはいい距離感があったからこそだと思い知る。

そこに、人づき合いのストレスも加わる。結婚しているカップルの多くで、親戚その他との人づき合いを広げ、維持していく役割を担うのは女性である。このやり方は、仕事と子育てに追われていた過去何十年かはうまく機能していたかもしれない。しかし、60代を迎えた多くの女性は、活発に出歩く女友だちと、退職後あるいは退職間近で自宅にいたがる、しかも妻にもそばにいてほしがる夫たちのあいだで、突然中途半端な状態に置かれた自分に気づくのだ。

スティッチには既婚のメンバーも登録している。「プロフィールに〝恋愛希望せず〟と明記してあるかぎり、当社ではそれを問題視していない」とロゴは言う。「そういう人はたいてい女性で、その夫はたいていカウチから動こうとしない人たち。だから、一緒に旅行したり、何か活動したりする仲間を見つけたいの」

バージニア、ニューヨーク、ネブラスカ、ケンタッキーで実施したフォーカスグループ形式の意見交換で、私は大勢の年配女性に、結婚生活を今後もうまく進めていくうえで何が最大の問題かと尋ねた。飽きるほど聞かされた答えは「退屈」「つまらない」「夫といても楽しくない」というものだった。50年前であれば夫といても、〝わくわくしない〟は離婚理由にならなかっただろうが、その気運は変わりつつある。再婚は最初の結婚よりもはるかに破局に至りやすい。ベビーブーマーは20～30代のころに大勢が離婚と再婚を経験した最初の世代なので、現代の50代や60代の多くは再婚であり、その婚姻関係は両親世代の結婚生活に比べてはるかにもろい。

もっと重要なのは、50代や60代のカップルは、両親世代や祖父母世代に比べて先の人生がはるかに長いということだ。しかもその年数には昔に比べてずっと多くの可能性が詰まっている。高齢者のできることが増えるのは喜ばしいが、1つ副作用を挙げれば、間違った人と縁続きになってしまったときの機会費用が昔よりはるかに大きくなってしまうことだ。多くの人が損切りをしてやり直そうとするのはそのためだ。

スティッチの利用者が伴侶と死別した人だろうと、離婚した人であろうと、未婚者であろうと（アメリカで生涯未婚者の数は1970年以降、着実に上昇している[26]）、「スティッチのメンバーは特定の1人を見つけようとするのではなく、仲間になれそうなたくさんの人を見つけようとしている。そのなかの誰かと恋愛関係になるかもしれないしならないかもしれない。食事を一緒にする友だち、旅行仲間、ハイキング仲間が見つかるかもしれない」のだ。

たくさんの人と気楽に交流できるようにするため、他のデートサイトではじめに記入させるような、年齢、身長、体重、信仰、職業、アレルギーなどのプロフィール項目が、スティッチではかなり少ない。「活動の種類や興味や住んでいる場所が近く、仲よくやっていけそうな人を見つけるだけでものすごくたいへん」だからだ。しかも、利用者がソウルメイトではなく、食事仲間やただの遊び友だちを求めている場合には、そうしたわずかなフィルターですらじゃまに感じることがある。ロマンスの相手だけを探している利用者にとっても、「子どもをもうけるつもりがあるかないか、一緒に住むつもりがあるかないかによって、ゲームのルールも変わる」。大切なのは、バリアを高くするのではなく簡単につながりをもてるようにすることなのだ。

スティッチは設立当初から、プラトニックな関係を含め、利用者が多彩な関係をもてるように構築された。マーシー・ロゴによると、サイトを利用しはじめたばかりの初心者はまず、ロマンティックな関係とプラトニックな関係の両方を手に入れようと望むそうだ。けれども、スティッチの5万人のメンバーの男女比は30対70なので、「男性が少ないからこそ、多くの女性は現実的になる」

さらにスティッチは、普通のデートサイトとしての性格ももつ。意図的にこのスタイルをとる理由は、スティッチの利用者にとって必須要件の1つが、自己イメージを支えてくれるプラットフォームであることだからだ。第三者の介入が必要な引きこもり患者としてではなく、あるいはコネクトアラウンド社が提案したような生き方の指針を示してもらうためでもなく、社会的にも性的にも人と交流したいという健全な本能をもった、能力があり、人生を楽しみ、成長を続ける自分でいたいのだ。

実際、ジェフ・ゴールドブラムのショーを観にいったキャシーがスティッチに入会したときには、自分が本当はプラトニックな友人関係を求めていることに気づいていなかった。ロマンスを求めていると思いこんでいたので、本当に求めているものに気づくのに時間がかかってしまったが、彼女は、毎日メッセージのやり取りをして地元のナイトクラブに出かけたり、ラスベガスやデスバレーに旅行したりする仲間を求めていたのだった。

伝統的なデートサイトの顔ももち、老いよりもロマンスなど生物学的な欲求を重視するパラダイム内で運営することで、スティッチは、「見事にその使命を果たしている」とロゴは言う。元気な人たちをもっと元気にしたいという精神は、病気の人たちに少しでも長く生きてもらいたいという精神より、利用者にはるかに受けいれられやすい。*

たとえばもし、転倒防止の装置を高齢者に提供しようとしたら、「彼らは〝放っておいてくれ〟と思うでしょう。でも、楽しくてものすごくクールな何かを渡して、しかもそれが転倒防止にも役立つなら、ずっといい結果につながる」

主に年配女性向けにビジネスをしている人にとって、ロゴが言うような「楽しくてものすごくクールな」プロダクトをつくることのむずかしさは、エンジニアリングの域を超えている。特に成功の妨げとなるのは、企業が実際にそのプロダクトを使う消費者の真のニーズに対する想像力が乏しいことだ。マーシー・ロゴも、顧客が何を本当に求めているかがわかるようになったのは、この業界に入って何年か経ってからだった。若い男性が動かしている企業では、たとえ人口動態における高齢層の重要性を知っているように見える企業でも、顧客の真のニーズをつかむことは相当むずかしい。

ピンクにすべし

第2章では、主に若者が高齢者のためにデザインしたプロダクトの失敗例を紹介した。男性が女性のためにデザインしたプロダクトでも似たようなことが起こる。

ジェンダー中立なプロダクトをうわべだけ〝女性用プロダクト〟に変えた企業の失敗例はたくさんある。特に派手な例は、皆さんもご記憶かもしれないが、デル社が２００９年、女性をターゲットにしたパステルカラーの雰囲気のウェブサイト「デラ」を開設し、ピンク色のラップトップコンピュータを販売したことだ。

フランスの筆記具メーカー、ビック社がつくった女性向けボールペンのシリーズ「For Her」は、女性たちになぜ長いあいだ男性用のペンを使って生きてこられたのかと感じさせるプロダクトだ（アマゾンのあるレビュワーが嫌味たらしく「過去40年間、普通のペンがあまりに重くて私は投票に行けませんでした」と書いているように）。料理のレシピやヨガアプリなどが搭載された8インチの女性向けタブレット「イーパッ

＊マーシー・ロゴはかつて、自社のウェブデザイナーの1人が、想定ユーザーが杖をもって歩く姿をサイトに描こうとしているという話を聞いて、思わず「やめて！　そんな絵は描かないで」と叫んだという。高齢者がそうした絵を好むと考えるのは、「超ミレニアル世代的思考よ」

ド・フェム」を、あるブロガーは女性が多く集うイゼベル・ドットコムで、「脳みその少ない女が複雑な〝ダウンロード〟や〝選択〟に困らないように、あらゆる便利なものを最初から入れてくれている」と皮肉った。[27]

女性向けをはっきりと打ちだした車の歴史はもっと痛みに満ちている。1955～56年にかけて、ダッジは女性向けの「ラ・フェム」（〝奥方〟の意味）を発売した。室内装備には、ピンク色のシートに合わせた口紅ホルダーや小物入れがついていた。このモデルは（技術的な装備はカスタムロイヤルと共通）わずか2年で製造が打ち切られた。それから何十年も経った2013年、ホンダがフィットの「She's」で同じ挑戦をした。日本限定販売のこの車種は色はピンク〔他色の展開もあった〕、乗客の肌にやさしいエアコンディショナー、紫外線――カナダのザ・グローブ・アンド・メール紙のことばを借りれば〝皺（しわ）養成光線〟――を遮る特殊なウィンドウガラスを装備していた。[28]だがこの車も、ラ・フェムと同じく市場にいたのはわずか2年程度だった。[29]

さらに過去を振り返れば、過去1世紀にわたり、女性を助けるという名目で発売しながら、実際には男性のニーズの優先順位を変えただけのプロダクトはたくさんあった。ルース・シュウォーツ・コーワンはそのすばらしい著作『お母さんは忙しくなるばかり』（法政大学出版局）のなかで、理論上は女性を楽にするために開発されたはずのプロダクトが、逆に家事労働を増やすことになった状況を指摘している。たとえば、カーペットはせいぜい年に数回程度、家族総出できれいにするものだったのに、電気掃除機が出現して1人で掃除できるようになると、突然、もっと頻繁に掃除することが求められるようになる。しかも、「家族のなかで力の強い者がカーペットを屋外に運び、小さい子どもが埃（ほこり）を叩くというかつての役割分担をなくした」。その光景は、「カーペットを楽に早く掃除できるようになったかどうかを答えづらくした。誰にとって楽なのか？　誰にとって早いのか？[30]」

電気掃除機や電気洗濯機などでも同じことが起こった。家事労働を軽減するはずの機械は、かつては男女間でうまいぐあいに配分されていた家事から男性を解放し、有償で外注していた家事を家庭内に押しとどめる働きをした。その結果、20世紀初頭には、社会が豊かになって家電品の種類が増えたにもかかわらず、「主婦の余暇は増えず、ほかの人でもできる家事を主婦が担うようになり、労働量が増えた」のだ。[31]

コーワンの本が提示したのは、当時の女性がなぜ、結果的に自分の生活をかえってつらくするようなプロダクトを喜んで購入したり、支持したりしたのかという疑問だった。その動機ははっきりしている。新しい家事の道具によって、コーワンの言う「健康で人間らしい最低限の生活」が大勢の人の手に届くようになったからだ。「当時の女性たちが新しい道具を、生活を圧迫するものとしてではなく、面倒ごとから解放してくれるものと感じたのは不思議ではない[32]」

１８００年代半ばから１９００年代半ばにかけて、家庭内の健康と衛生を改善しようという運動が推進され、女性はそうした労働まで背負うことになったという事情もある。女性たちが一時的なつもりで払った犠牲は、結局いまに至るまで埋め合わせられないままだ。今日でも似たようなことが起こっている。私たちの寿命がますます長くなり、新しいテクノロジーが出現するなか、老いてからの生活の質をテクノロジーでどう高めるかについて考えなければならない時期を迎えた。問題は、歴史が繰り返すかどうか、そして女性が、男性がイメージする世界に合わせてつくられたプロダクトを強いられることになるのかどうかだ。女性はすでに高齢化社会に必要な介護のかなりの部分を担っている。将来のプロダクトとマーケティングは、この現状を強化するだろうか。マーケティング資料に女性の介護者ばかりを登場させたり、「介護」をピンク色で表現したりして。

しかし、この流れに対抗する兆しもある。介護の重荷を一方的に女に押しつけようとするプロダクトを女性が拒絶しているという現状だ。多くの女性にとって、残りの人生で長く介護をさせられそうな相手とマッチングするデートサイトは、もっと気軽な、短期間のつながりを目的としたサイトより魅力を感じない。この教訓は一般の消費活動にも当てはまる。若い男性デザイナーが思いついたアイデアでも、競合品がなければ、パワフルな年配女性の消費者集団のなかである程度成功するかもしれない。しかし、より魅力的な代替策がひとたび現れれば、消費者はいっせいにそちらに流れるだろう。

これは実績のある既存企業にとって大きな悩みだ。高齢消費者向けのプロダクトづくりにおいて、既存企業が既存のプロダクトの基本理念はそのままで、新しいテクノロジーを加えて機能強化するだけの状況はあるし、経済も業界の生態系（エコシステム）も、現状維持によって安定がもたらされることはたしかだ。ある分野に長けた企業が、既存のプロダクトに改良を加え、バリエーションを増やすことで、安定的に前進していくのは自然な姿と言っていい。だが、こうしたイノベーションは、自社の市場にいる消費者が同じような解決策をいつまでも求めることを前提にしている。

未来のキッチンについて考えてみよう。家電メーカーは1950年代からテクノロジーを駆使して最新式キッチンを提案してきた。テクノロジーライターのイベルスがフードブログ「イーター」で解説したように、「未来のキッチン」は当時の思考にとらわれたままだ。20世紀半ばのコマーシャルや大規模な見本市を見ると、キッチンの材質がモンサント社の合成樹脂であることや、GMのデザインしたボタン1つでケーキが焼ける商品などを前面に打ちだしている。

これは今日の〝未来のキッチン〟になんと似ていることだろう。樹脂製のキッチン（モンサント社は1950年代、すでに化学巨大企業だった）に代わり、最近はガラス製品メーカーのコーニング社が、各所に便利なタッチスクリーンのついたガラス製のキッチンの魅力を紹介する動画を制作している。だが、本当に便利なのは、利用者が実際にスクリーンにタッチするまでだ。「あなたのiPhoneについた皮脂のシミが、キッチンサイズに巨大化したところを想像してほしい。メーカーのカタログではキッチンを清潔に保つための労力には全く触れられない」とイベルスは指摘する。実際、毎日キッチンに立つ人たちは自動掃除オプションを望まないだろうか？「未来の住宅を構想した動画はいくつもあるけど、私が観たなかで、キッチンをきれいに保つ機能について言及したものはゼロだった」

将来を見据えているはずのプロダクトデザイナーですら、自分にとって都合のいい問題ばかりに目を向けがちであり、デザイナーの世界観をほぼそのまま活かせるようなテクノロジーを使いたがる。言い古された表現を使うならば、手もとに金づちしかなければ世界は釘に見える。手もとにゴリラガラス（コーニング社が開発したスマートフォンやタブレットによく使われる傷のつきにくい特殊ガラス）しかなければ世界はiPadに見える。

別のアプローチとして、プロクター・アンド・ギャンブル（P&G）のスイッファーを見てみよう。ウェットシートをモップの先に装着するこのワイパーは、硬い床を掃除する道具として1999年に発売された。スイッファーは自動洗浄型キッチンではないが、手軽で使いやすく、発売以来、P&G社にすばらしい成功をもたらしてきた。だが、1999年にP&Gが発売するまで、なぜ誰も取っ手の先に使い捨てシートをつけることを思いつかなかったのか。答えは呆れるほど簡単だ。掃除用品会社が、硬い床はバケツとモップできれいにするものだと思いこんできたからだ。

こうした組織の想像力の欠如が、高齢消費者のためのプロダクトの成長を阻んでいる。だが、状況を打破するために必要な知見は存在する。それは企業のなかではなく消費者の頭のなかにあり、取りだして活用することはすばらしい好機となるし、実際にそれは可能だ。だが脅威にもなりうる。特定の消費者グループの知見は、既存企業を崩壊させられるほどのパワーがある。瓦礫のなかから新しい企業を誕生させるほどのパワーが。

消費者のジョブ

ここまで、私が暗に使ってきた重要なビジネス理念がある。それを明確にことばにするなら「消費者のジョブ(用事・仕事)」である。資本主義にとって消費者(利用者、顧客)のジョブは、化学の原子、生物学にとっての遺伝子と似た働きをする。すべての源(みなもと)となる最小の単位である。

この理念は、冷戦時代、ハーバード・ビジネス・スクールで教えていた伝説の教授、セオドア・レビットによって有名になった。レビットが学生に向かって繰り返し言ったことばは世界中でよく知られている。「4分1インチの刃のドリルが欲しいんじゃない、4分の1インチの穴が欲しいんだ!」消費者は壁に穴を開けるというジョブを解決するために、ドリルというプロダクトを「雇用」する。メーカーはしばしばこのことを忘れ、顧客を、穴を開けたがっている人としてではなく、ドリルを欲しがっている人として扱ってきた。しかし消費者にとって重要なのはプロダクトではなく、ジョブの解決なのである。文房具の穴開け器がドリル市場に進出し、ドリルよりも簡単かつ安価に壁に穴を開けられるようになれば、既存のドリルメーカーは苦境に陥ることになるだろう。

レビットの教え子の1人で、のちに自身の才によってハーバード・ビジネス・スクールの導師となったのがクレイトン・クリステンセンである（破壊的イノベーションの理論で世界に名をとどろかせた人物。この話は後述する）。現実にある、わかりやすいジョブの例を、クリステンセン教授の2003年の著作『イノベーションへの解』（翔泳社）から引用してみよう。[33]

あるファストフードチェーンが、ミルクシェイクの売上の40パーセントが朝の時間帯に売れていることを発見した。ミルクシェイクはそれまで、昼食や夕食後のデザートだと思われていたのに、なぜ朝なのだろうか？ そこでクリステンセンのチームは、朝にミルクシェイクを買った人にインタビューをおこなった。その多くは、1人で店に来てほかのものは買わない。昼食までに腹をもたせるおやつとして、そして会社までの長く退屈な運転時間の気晴らしとしてミルクシェイクを買っていたのだった。購入者たちは買う時点ではさほど空腹ではないが、昼前にひどい空腹に襲われるのがいやで、あらかじめ何かを手もとに置いておきたいのだ。

つまり彼らには、手をよごさずに片方の手で簡単に口に運べて長もちする、高カロリーのうまい食べ物が必要だった。伝統的な朝食メニューではこの要求を満たせない。ベーグルだとゴマや具が運転中に膝にこぼれるし、飲み物がないと食べにくい。バナナやドーナツは昼前まで腹もちしない。健康にいいかどうかは問題ではない。クリステンセンらが書いているように、「彼らがミルクシェイクを雇用して解決したいジョブにとって、健康にいいかどうかは本質的な要素ではない」[34]。ミルクシェイクが「デザート」かどうかも関係ない。ジョブを片づけてくれるから客はそれを買うのだ。

高齢者も他の年齢層の消費者と同じく、常にジョブを重視している。しかしマーケターやデザイナーは、他の年齢層の消費者に対するときとは違って高齢者の「片づけるべきジョブ」をわかろうとしない。

第2章で、ガーバー社のベビーフードは買うのにハインツのシニアフードは買わない、1950年代の高齢者の話をした。シニアフードを買わないのは、その消費者のジョブが「硬いものを噛みたくない」に加え、「レジで精算するときに自分の尊厳を損ないたくない」でもあったからだ。スティッチにしろ、高齢者の交流を深めようとする他の組織にしろ、利用者のジョブは似ている——医療や福祉の観点からのお仕着せではなく、誰かと知り合いになってデートするような、普通の交流のなかで人とつき合いたい。

消費者のジョブの機微を的確に理解することで、企業は人生100年時代の経済のなかで大きな失敗をせずにすむ。とはいえ、若い男性が主導する企業や業界にとってそれはなかなか高いハードルだ。実際、老いについての物語は強力なので、若者だけでなくある程度年齢のいったイノベーター志望者であっても知らないうちに絡めとられてしまう。だが方策はある。マーシー・ロゴみたいに、何年間か高齢者をじっくり調査して共感的理解を大きく高めるのも1つだし、別の近道もある。

消費者は改造(ハッキング)する

クリステンセンの「朝のミルクシェイク」の例では、デザートだと見なされていたプロダクトが「朝に食べる」という想定外の使われ方をされていることが明らかになった。想定外の方法で利用するこのミルクシェイクのような例を、MITの語法では「消費者が朝食を〝改造（ハッキング）〟した」と言う。あたりを見回せば、あちこちで似たような事例のあることに気づくはずだ。

大学のキャンパスでよく見られるのが、敷地管理者の頭痛の種となっている「楽な抜け道」の存在だ。キャンパスや公園などで、本来は芝生だった場所がすり切れて土が線状にむき出しになっているのを見たことがあるだろう。人がA地点からB地点に早く移動したいときに、既存の通路ではぐるりとまわり道をしなければならない場合にこれが起こる。つまり、このときの歩行者のジョブは、きちんと整備された道を歩くことではなく、目的地に早く到着することなのだ。

企業は昔から、消費者が自社プロダクトを想定外の使い方で利用するのを歓迎してきた。新しい市場に売りこむ好機だからだ。クリネックスを例にとってみよう。キンバリー＝クラーク社が1920年代に化粧落としの布の代わりとして販売開始したとき、消費者（および製造元自体も）はすぐに、このやわらかいシートが使い捨てのできるハンカチとして非常に便利なことに気づいた。キンバリー＝クラーク社がマーケティング戦略とパッケージを変更した結果、クリネックスは「鼻紙」と同義になった。一夜にして、人の鼻のかみ方が変わったのだ——永久に。[35]

今日の高齢消費者をよく観察すれば、彼らがプロダクトを静かにハッキングしていることに気づくだろう。そうしなければ自分のニーズを満たしてくれないプロダクトを、本来とは異なる使い途に利用しているのだ。どのケースでも、そこには高齢消費者の真のジョブが現れている。

介護施設で、お年寄りが使う歩行器の足先に、切り開いたテニスボールを差しているのを見たことがあるだろうか。これは、歩行器のゴム製の足の滑りをよくするためにおこなわれたハッキングだ。プラスチック製の小さなスキー状の部品を装着した歩行器が近年は一般的になりつつあるが、これはテニスボールの工夫で明らかになった消費者のジョブを実際に商品化したものだ。この種のハッキングは、つまり高齢者を対象にしたプロダクトを工夫して改造することは、まだ序章にすぎない。もっと興味深いのは、高齢者とその介護者が、もともと高齢者を対象につくられたのではないプロダクトに別の新しい使い方を見つけていることだ。

エイジラボのワークショップでは隔月で消費者が集まり、テクノロジーや政治から死と死に方まで、あらゆるトピックについて議論する。その85歳超グループの重要メンバーの1人であるサリー・リンドバー（88歳）は、オンデマンドと共有経済（シェアリング・エコノミー）サービスを見事に使いこなしている。

彼女の暮らすアパートメントは、ケンブリッジのセントラルスクエアにある11階建ての8階にある。窓からはケンブリッジの街とチャールズ川、その向こうのボストンまで見わたすことができ、昼下がりにはあふれるほどの陽光が差しこむ。1990年からそこに住む彼女は、住宅価格の安かったときに購入しなかったことを悔やんでいる。ただ、当時は賃貸料も安かったし、仕事で国外に滞在することも多かったので、彼女にとって住宅の購入は最優先事項ではなかった。

1983年から30年近く、サリー・リンドバーは大使館職員として働いた。その前は臨床心理学者であり、画廊経営にも携っていたが、50代半ばになって、何か新しいことを始めるべきときが来たと感じたのだ。ピースコープス〔発展途上国への長期ボランティア派遣プログラム〕に加わり、その数年後、56歳のときに大使館職員の仕事を得た。リンドバーによると、雇用契約書にサインしたときの彼女は、新入り職員として史上最年長だった。「年齢の壁を私が破ったのよ」*

彼女がケンブリッジのアパートメントに住みはじめたころ、そこは住居というより、リトアニアやイエメンやルワンダといった駐在先から帰国したときの拠点のような場所だった。当時は賃貸が合理的だったし、立地が気に入っていたので賃料が上がったときもそこを離れなかった。さらに賃料が上がっても、1年ほど前から近くに住むようになった実母の介護に都合がいいからと自分に言い聞かせ、引っ越さなかった。

「時が経ち、うちの家賃は昔の3倍になった」。一方、大使館職員の仕事を81歳で退職したあとは、リンドバーの収入は定額の社会保障だけになり、生活をまかなうには足りなかった。そこで1年間、MITの客員教授を下宿人として住まわせることにし、それはうまくいった。「彼はとてもいい人だった」とリンドバーは言う。彼が主にニューヨークで生活していたことも大きかった。「ほとんどここにはいなかったから！」

そのころ、彼女の子どもたちは、自宅または自宅の一室を宿泊客に貸すエアビーアンドビーをよく利用していた。「私も試しちゃだめかしらって思って、実際にやってみたの！とてもいい感じで、すっかり気に入ったわ」

現在、リンドバーがよく利用するシェアリング・エコノミーやオンデマンドのサービスはエアビーアンドビー以外にもたくさんある。若い人たちと同じツアーのパリ旅行で歩きすぎて腰を痛めたあとは、地元

*この内容が最初に掲載されたのは、ルーク・ヨキントと共同執筆したワシントン・ポストの記事である(36)。

の食品スーパー、トレーダー・ジョーズへ歩いて買い物にいくのをやめ、依頼主に代わって近場の食品店で買い物をして自宅に届けてくれるインスタカートを利用するようになった。大きな家財道具を買いたいときにはジェット・コム（現在はウォルマートの子会社）を使う。彼女の見たところ、価格はアマゾンと比べても競争力があるという。

娯楽では、ネットフリックスをこよなく愛す。暴力描写の激しいリーブ・シュレイバー主演の「レイ・ドノヴァン」が目下のお気に入りだが、ボルチモアのギャング、警察、政治、住民の軋轢（あつれき）を描いたケーブルテレビ局HBOの人気ドラマシリーズ「ザ・ワイヤー」——これも悪夢を見そうなほど暴力的だ——について話しはじめると止まらなくなる。

細々した用事を片づけてくれる人たちが、ひっきりなしにリンドバーのアパートメントに来ているが、彼女自身は自分の状況をとりたてて新しいとは思っていない。「昔からコミュニティはずっとこんなふうだった。いつも分かち合って、助け合ってきたの。それがずっと続いてきた。いまは、かたちを変えて組織化されただけよ」

オンラインサービスの利用はリンドバーにとってごく自然なことだが、その姿は、私が「ライフスタイル・リーダー」と呼ぶ人物像そのものだ。ライフスタイル・リーダーとは、必ずしも最新のテクノロジーではなくてもなんらかの新しい暮らし方を率先して取りいれる人たちを指す。80代という年齢層では彼女はオンデマンドとシェアリング・エコノミーの先頭にいるが、彼女みたいな人はもちろんほかにもいる。現在、55歳以上の22パーセントがそうしたサービスを利用しているが、この数字は今後20～30年で急速に増えて[37]、その暮らしを大きく変えるだろう。

従来は、高齢者が定期的に発生する避けられないタスクに助けを必要とした場合、対処策の選択肢はそれほど多くなかった。手伝いの人を雇うか、家族の世話を受けるか、高齢者施設に移るか、ぐらいだった。一方、オンデマンドとシェアリング・エコノミーのサービスを組み合わせることで、リンドバーのような人たちは、実現可能な新しい道を実地で示している。いつも徒歩で行っていた1キロ少し離れた食品店に、腰を痛めて行けなくなったとき、高齢者施設に移るか、せめて高齢者向けサービスにもっと頼るようになってもおかしくなかったが、インスタカートやジェット・コムや他のオンライン企業のおかげで、彼女はその手段を選ぶのを遅らせることができた。

そのため、リンドバーは自立した生活を続けていられることに加え、費用の節約という恩恵も得ている。独り暮らしの高齢者はどんなミニマリストであっても、家賃や住居のメンテナンス、食事づくりや掃除や緊急時の駆けつけなど、それぞれに費用がかかる。多くの人は、1つか2つのサービスが必要になっただけで、全サービスの料金を丸ごと支払わなければならなくなり、介護つき住宅に転居するのだ。しかしいまは、ネットフリックスや他のストリーミングサービスのおかげで、ケーブルテレビの全番組を丸ごと契約せずに単体の番組で購入できるのと同様に、新しいオンデマンドシェアリング・エコノミーのサービスのおかげで、リンドバーも他の高齢者も消費者としてのジョブを単体で購入できるようになった。

実際、エイジラボがおこなったある調査では、大ボストン都市圏（グレーターボストン）に住宅を所有するある75歳の人物が、各種のオンラインサービスを利用しながら自宅で生活したとすると、独り暮らしの高齢者の生活費を月に1000ドル単位で減らせることがわかった。ここにはホームセキュリティ・システム、緊急通報システム、食事・食材の配達サービス、薬剤配達サービス、服薬管理アプリ、洗濯サービスのほか、用事代行サービス「タスクラビット」を通じた家政費（ハウスキーピング）や家の修繕費も含まれる。外出については、ボストンの公共交通機関を頻繁に利用するが、月に10回はウーバーで移動すると想定した。楽しみの支出には、読書クラブ、ダンス教室、ＹＭＣＡメンバーを加えた。月の合計支出額は、水道光熱費やインターネット、保険、税金など住宅所有者にかかる一般的なコストを含め、２０００ドル台の前半だった。これは、食事と家政費も含めた多くの自立生活施設の月間利用料よりもかなり安い。

クリネックスが化粧落とし以外にも使われることを知ってキンバリー＝クラーク社が喜んだように、オンデマンドとシェアリング・エコノミー業界の若い企業は、高齢者がこうした思いがけない使い方をすることを大歓迎している。

たとえば、創設当時20代だったエアビーアンドビー創業者２人がその事業を思いついたのは、サンフランシスコの高すぎる家賃の足しにとエアベッドを旅行者に貸したことがきっかけだ。その後、はじめはエアベッド&ブレックファーストという社名で事業化し、インターネットの浸透を追い風に、自分たちのような旅行者をターゲットに展開していった。「自分たちのような」とは、金がなく、空いているスペースを貸して小遣いの足しにしたい若者や、雨露さえしのげればいいのでとにかく安く泊まりたい旅行者だ。

ところが、予想とうらはらに年配の利用者がこのサービスに飛びついた。本書執筆時点で、エアビーアンドビーのホスト〔貸し手〕の大半は40歳超だ。60歳超も10パーセントいて、この層は同社で最も急激に増えている。そして、年配のホストの３分の２は女性だ。[38]

契約が増えるにつれ、年配のホストは、若い創業者たちが当初想定しなかったような使い方をするようになった。高齢の住宅所有者が、とりわけ夫に先立たれた夫人が金を得る方法としては、昔から、自宅に下宿人を置くのが一般的だった。[39] しかし時代が変わり、世間の風も法規制も変わるなか、これはだんだんむずかしくなる。少なくとも、独立した専用アパートメントをもたない単家族用住宅では無理だった。だが、エアビーアンドビーの出現によって、使っていないベッドルームにも利用価値が生まれ、高齢者は自分の資産の一部を貸してちょっとした金を手にできるようになった。ある意味で、高齢者はエアビーアンドビーを〝改造（ハッキング）〟したと言っていい。そしてこれは会社と高齢者の両方に利益をもたらした。

高齢者市場の強さにいち早く目をつけたオンデマンドとシェアリング・エコノミーの企業には、リフトやウーバーのような配車サービス企業や、執事派遣のハロー・アルフレッドなどがある。現在、ウーバーの運転手の4分の1は50歳以上であり、[40] リフトでもその年齢層の運転手がいちばん多い。長年その地に住み、あちこちを車で走ってきたので小さな裏道まで知り尽くしており、土地にまつわるおもしろい話を披露できることも理由の1つだろう。「彼らがこの仕事をする理由の第一は運転が好きだから、第二は人と接して会話をすることが好きだからだ」と、リフトのマイク・マッサーマンは言う。

インスタカートの例は特に興味深い。高齢者への食事の配達サービスは従来、身体の障碍や貧困の文脈で語られてきた。ミールズ・アンド・ホイールズや類似の団体がおこなってきた配食サービスは、それなしでは食べるのにも困る境遇にある大勢の人たちにとって絶対必要なものだった。[41] 私自身、この重大なライフラインをカットしたり予算を減らせなどと言うつもりは毛頭ない。しかし、このサービスを、買い物には行けないけれど、食品店のうまいものを自宅で食べたいと考える高所得者向けにスライドさせたものがなぜなかったのか、不思議でならない。そうしたサービスがないので、彼らは、どの年齢層にも向けたこの種のサービスが出るまで待たなければならなかった。インスタカートを設立したのは、高齢者の気持ちがわかる25歳の若者だった。この会社のアイデアを思いついたのは、冷蔵庫が空っぽなのに買い物に行く体力も気力もない事態を彼自身が経験していたからだ。[42]

ハロー・アルフレッドの例にもうなずかされる。『バットマン』に登場する超有能な執事の名前を社名に掲げるこの会社は、「アルフレッド・クライアント・マネジャー」(略してアルフレッド)と呼ぶ執事役を顧客先に派遣する。顧客はアルフレッドに、たとえば洗濯物をたたむとか、支払いをするとか、ネット環境の接続設定をするなど、さまざまな用事を指示する。

エアビーアンドビーやインスタカートと同じく、この会社も自身の生活を便利にしたかった2人の20代の若者が設立した。共同創業者のジェシカ・ベックとマーセラ・サフォンはハーバード・ビジネス・スクール在学中にクレイグズリストを通じ、部屋の片づけや買い出しなどの雑務をこなしてくれるヘルパーを費用を出し合って雇った。まもなく、近所の人もその輪に加えてほしいと言うようになり、それがやがて会社になったという経緯だ。2013年にボストンで創設されてから1年後、ハロー・アルフレッドはサンフランシスコで開催されたスタートアップやテック系企業のアイデアを競うコンテスト「テッククランチディスラプト」で優勝している。

共同創業者のベックによれば、この会社は基本的に忙しい人を顧客ターゲットにしており、そのなかには家族構成や扶養家族の状況が変わるなどして「生活の変化に直面」し、家にいる時間は変わらないのに用事が増えた人も含まれている。ハロー・アルフレッドは、高齢者介護の供給元として売りだしたわけではないが、「介護」を「困っている人の手助け」と考えて電球の交換や書類仕事、重いものを階上に運ぶことも含めれば、そのビジネスモデルがニッチの市場ニーズを埋めるものであることはたやすく想像できる。高齢者も、ハロー・アルフレッドのターゲットとする「家族構成が変化した人」に含まれるので、「家のなかで起こる細々したことに、融通性と信頼をもって対応できる」のだ。

ハロー・アルフレッドのような消費者とじかに接する小回りのきくスタートアップにとって、巨大な高齢者市場によって潜在顧客が大きく広がるといえば、夢のような話に聞こえるかもしれない。一方、すでに高齢者市場でビジネスを展開している既存企業にとっては脅威となる。

私の友人で、ニューイングランド地方の高齢者向け住宅会社最大手ベンチマーク・シニアリビング社のCEOを務めるトム・グレープは、オンデマンドとシェアリング・エコノミーのサービスの進出を、業界に突然現れた大きな脅威だと見ている。「テクノロジーの進歩によって、高齢者が昔より長く自宅で過ごせるようになったのは喜ばしいことだ」とグレープは言う。しかし、高齢者向け住宅の住民は（比較的若い新しい人が入らないために）、ただ老いて弱くなるだけになってしまった。テクノロジーの進歩は彼の業界にも、新しいサービスを利用したり従業員の勤務の非効率を改善できたりなど恩恵をもたらすが、一方で彼は「テクノロジーのおかげで高齢者は、（高齢者向け住宅ではなく）自宅で年をとる能力が補強されている」と指摘する。

リードユーザー・イノベーション

サリー・リンドバーやキャシーのような人たちが発する要求には、私たちの老後の生き方を書き換えるだけのパワーが宿っている。老年期の生活を変えようとする試みはこれまでもあったが、高齢者自身の手で運命を変えるチャンスが初めて到来したのだ。20世紀初頭に医師や救貧院や労働効率の専門家たちが綴り、1930年代に政治家や官僚が、1950〜60年代に退職ビジネス業界が、それぞれの立場から手直ししてきた旧来の筋書きは、当時は有用でももはや不要なものになった。

いかにも人を病人扱いするベージュ色の大量生産品は、私たちが長く幸せに生きる助けにはならない。より幸せな老年時代を構築する先駆者は、高齢者の真に望むものが、いまの高齢者の物語からはかけ離れたものであることを、直観的に深く理解できる人たちである。このギャップを埋めるプロダクトは高齢者に力を与え、経済的に、文化的に、人との交流においても、彼らが社会参加するうえで力となるだろう。

文化的存在としてのプロダクトは、高齢者が他世代と変わらない普通の人間であるというメッセージを伝える。高齢者が人との結びつきを強めるにつれ、他世代から見た高齢者像も変わっていくはずだ。その好循環のなかで、高齢者の能力が知らしめられ、自分に合った仕事も見つけやすくもなるだろう。職の選択肢が広がれば、個人のニーズに沿った貯蓄手段の充実と相まって、新たな高齢者市場に流れこむ資金も増えるかもしれない。資金量の増えた市場にはよりよいプロダクトが生まれやすくなる。こうして好循環が補強される。

思い描いた好循環を実現するときはいつもそうであるように、問題はそれをどのように始めるかだ。テクノロジー業界の誰かが革新的プロダクトを発明し、社会に広めるという流れは、私には起こりそうに思えない。特に、人口動態の現実を直視しようとしない現在のテクノロジー業界にあっては。しかしだからといって、企業が消費者の望みを傾聴するような、逆向きのアプローチがいいかというと、これもうまくいきそうにない。

スティーブ・ジョブズのことばを借りれば、真に新しい、社会を変えるプロダクトをつくりたければ、顧客に何が欲しいかを訊いてはいけない。1998年にジョブズが語った有名なことばのとおりだ。「フォーカスグループからデザインを導きだすことはむずかしい。多くの場合、人はものを見せられて初めて、自分が何を欲していたかに気づくんだ」[43]。もしフォーカスグループでインターネットを諮(はか)ったとしたら、参加者はなんと言っただろうか。

中年の消費者に、年をとってからどんなプロダクトが欲しいかを尋ねるだけでは意味がない。より幸せな新しい暮らし方を思い描く彼らの力は、旧来の物語にすっかり縛られているからだ。特に男性に多いが、ほとんどの人から判で押したような答えが返ってくる。

本書ですでに言及したように、エイジラボの研究の一環として同僚のチャイウー・リーが、アメリカのさまざまな地域、年齢層、性別、収入レベルから抽出した1000人の調査対象者に、主要なキャリアを完遂したあとの生活を説明するキーワードを5つ挙げてもらった。集まった5000近い語を分類し、重複を削ると918語になり、そのうち回答者の約半分に登場したのは28語だった。

ほとんどの人にとって「老年」と聞いて思い浮かぶ語彙はあまり多くないらしい。だから、論理的に整合しない「退職(リタイア)しても働く」のような言い方が頻出する。主要なキャリアのあとも働きつづけたいと望む人の言い方がそうなってしまうのは、「退職」のない老後を想像できないからだ。それほど、いまの物語に「退職」は強く刷りこまれている。ここで私が「全員」ではなく「ほとんどの人」と言ったことに注意してほしい。高齢者の市場で、明日の高齢消費者の「ジョブ」を鋭く見きわめるのは、主に高齢女性と、それより年齢の少し低い女性の介護提供者である。そのグループ内には、画期的な解決策をつくれるノウハウと手段をもった人たちがいる。こうした試行錯誤を繰り返す人、起業家、大きな組織のなかの「社内起業家」の1人ひとりが、老年期の基盤をつくり変えるのだ。

彼らの行動は、「リードユーザー・イノベーション」と呼ばれるもので、エイジラボのすぐ近く、MITスローン経営大学院で教授を務めるエリック・フォン・ヒッペルが提唱した。イノベーションの伝統的なモデルから大きく離れたこのリードユーザー理論は、ハイテク分野などプロダクトの改変速度の速い業界では、企業ではなく顧客が有用なアイデアや改良をもたらすというものだ。ただし、顧客なら誰でも当てはまるわけではない。特に感度が鋭く有能な顧客だけが、市場にいる大半の人に先行してニーズをもつ（だからリードユーザーと呼ばれる）と同時に、自分で改善できるだけの高度な技術的素養ももつ（だからリードユーザー・イノベーションと呼ばれる）[44]。

88歳でシェアリング・エコノミーを使いこなすサリー・リンドバーの例のように、既存のプロダクトの新しい使い方を見つける人たちよりもリードユーザーはさらに先を行っており、既存のプロダクトを手直ししたりゼロからつくり直したりして、新しいプロダクトを試作する。

フォン・ヒッペル教授がよく引き合いに出す例の1つは、昔のハワイのウィンドサーファーだ。1970年代後半、凄腕のウィンドサーファーたちが、太平洋の大波から高く飛び出す技を発見した。しかし、空中で両脚がボードから離れてしまうため着水がむずかしい。ほどほどの高さから少しでも安全と思えるあたりの海面に降りたとしても、乗り手の手足、頭、帆、マスト、ボードはしょっちゅうぶつかり合った。試行錯誤を繰り返すサーファーたちが――サーフボードのメーカーではなく――最初に足をボードに固定するストラップをボードに取りつけた。「そしたら、空中に高く飛びだしてからうまく着水できるようになったし、それどころか空中で方向を変えられるようになったんだ！　高度なスポーツとしてのウィンドサーフィンはこのときから始まった」。あるウィンドサーファーの述懐がフォン・ヒッペルの著作『民主化するイノベーションの時代』（ファーストプレス）に書かれている。[45]

消費者自身がイノベーターとなるこうした例は、繰り返し出現している。たとえば、フォン・ヒッペルが1970年代に科学計器の開発状況を調査したところ、有用なイノベーションの多くが計器メーカーではなく、自分が何を測定すべきかをよくわかっている科学者自身によっておこなわれていた。[46]同様に、電解質を豊富に含むスポーツドリンクを最初に思いついたのも、飲料メーカーではなくフロリダ州立大学の研究者だった。暑く脱水症状を起こしやすい天候下でも自校のフットボールチーム、フロリダ・ゲーターズが強さを維持できるようにしたかったのだ。[47]現在、その飲み物はチーム名にちなみ、「ゲータレード」の名で商品化されている。

ある特定の市場でリードユーザー・イノベーションを活性化するには、消費者の要求が常に発達していなければならない。まさにこれに当てはまるのが、テクノロジーの進歩と人口動態と経済上の力がぶつかり合う高齢者市場だ。物語とニーズが変化しているのにそれに応えるはずのプロダクトが変わらないのなら、リードユーザーのイノベーターが現れ、その違いを埋めるだろう。

リードユーザーとしてベビーブーマーに勝る消費者はおそらくいない。彼らは高齢に達した過去のどの世代よりも財力と教育があり、過去のどの年代よりもテクノロジーの激変に間近で触れながら生きてきた。人生の晩年にもその過程が続くことを、当然のことと考えている。彼らは、退職した、あるいはセミリタイアしたエンジニア、コンピュータ科学者、デザイナー、CTO（最高技術責任者）、医師、看護師、ベンチャーキャピタリスト、そのほか、職業人生のすべてを問題の解決に費やしてきた人たちである。障害物があるとその解決方法を考え、道を切り開いていける人たちだ。自分で起業することも多い。ベンチャー資金の獲得は30代後半の起業家でもむずかしく、しかも年配の女性となれば至難のわざだが、その傾向もまもなく変わるかもしれない。私はすでに、高齢の起業家とエンジェル投資家、ベンチャーキャピタリストの連携によってリードユーザーの知見を競争力のある企業づくりに活かそうとする業界の生態系（エコシステム）ができる様子を実際に目にしてきた。

有意義なセカンドライフの実現を支援するNPO団体「アンコール」によると、44~70歳のアメリカ人の4分の1が営利または非営利の事業を5~10年以内に立ちあげたいと希望している[48]。新しい事業形態の研究に注力するユーイング・マリオン・カウフマン財団は、55~64歳で起業した人の割合が1996年の14・8パーセントから2014年には25・8パーセントへとほぼ倍増したと報告している。年配の起業家はいまや、好機を見つけて起業するスタートアップ*では最も高い割合を占めるまでになった[49]。

ベンチャーキャピタルの世界はいまだに、メジャーでない（つまり若い男性でない）層からのアイデアには冷ややかだ。ベンチャーキャピタルの荒涼とした風景のなかで数少ない輝きを放つシリコンバレーでは、特にこの傾向が顕著である。それでも、高齢者向けの健康関連企業を軌道に乗せようと苦心しているアドボケート（事業支援）ファンドもある。たとえば先に紹介したデートサイトのスティッチは、「世界中の高齢者の暮らしを改善するためのイノベーション」という高い使命をもつNPO法人「エイジング2・0」の会員でもあるジェネレーターベンチャーズから開業資金を得ていた。

しかし、高齢者の生活をよくすることにさほど関心がなく、客観的な利益しか見ようとしない資金提供者の支援を得ることは不可能と言っていいほどむずかしい。高齢消費者をターゲットにした女性起業家として、スティッチの共同創業者マーシー・ロゴが味わった資金調達の困難さについて彼女に訊くと、苦笑いをしてこう言った。「苦労でないことを探すほうがむずかしいわね。高齢者がターゲットだし、女性経営者だし……。典型的なベンチャーキャピタルなら、まず調達不可能。老いの世界ってセクシーじゃないから」。老年期は投資家たちが好む検討対象ではないとロゴは思い知った。なぜなら「彼ら自身が死ぬことを考えたくないから」だ。こうして、高齢消費者の市場に資金が回らないまま、やがて、高齢者はテクノロジーをこわがって近づかないという誤解が広がったのだ。

さらに現実的な理由は、投資業界には過去の成功に近い投資先を好む傾向があり、そうした投資先は往々にして、若きマーク・ザッカーバーグのような外見の男たちがつくったプロダクトか、あるいは彼らをターゲットにしたプロダクトを売る企業だからだ。システムとは常に自己を永続させようとするものなのである。

本書執筆時点で、スティッチはまだ、シリーズAの資金調達〔創業資金以降に初めて経験する外部からの大規模な資金調達〕を獲得しておらず、先に挙げたジェネレーターベンチャーズ以外では、初期のウーバーに投資したことで知られるストラクチャーキャピタルなどの少数のベンチャーキャピタルから少額の投資を受けてきた。人脈の広い、男性の共同創業者、アンドルー・ダウリングの助けがなかったら、「うちは伝統的なベンチャーキャピタルの投資は受けられなかったと思う。女性だから、という先入観をもって見られるから」

＊一方、仕事がなく、必要に迫られて起業する場合もある。

経済的に影響力のあるポジションに女性が就きにくいことはアメリカに限った話ではない。たとえば日本では小さなスタートアップよりも大手企業のほうでイノベーションが起こりやすいのだが、そうした大企業で管理職や経営幹部に就く女性の割合は11パーセントにすぎない。

2013年、安倍晋三総理大臣は日本の減少する労働力における女性の割合を高めようと、指導的地位を占める女性の目標比率を30パーセントに定めるなど、国としての新しい雇用目標を示し、女性の社会進出を促す政策「ウーマノミクス」を掲げた。だが、2015年には目標達成は困難であることが明確になり、安倍内閣はターゲットの数字を下方修正している[50]。

その一方で、希望もある。アメリカや日本をはじめ、ほとんどの高所得国は、資本主義体制に生きている。資本主義においては、若い男性が創業者でないスタートアップの成功例に見られるように、たいした理由もなく何かを軽視すると、頭のいい誰かが好機を嗅ぎあて全部をさらっていく。

クーポンサービス

〝頭のいい誰か〟のうち、最も注目すべきは、エンジェル投資家のダン・シェインマンだろう。「エンジェル」をつけて呼ぶのは、シェインマンがファンドの金ではなく自分の財布の金をまっさらのスタートアップに投資するからだ。彼が重点的に投資するのは法人向けビジネスを展開する企業だが、これまで確固たる理由があって消費者ビジネスに投資したことが2件ある。1つは、「タンゴ」という国境やモバイルのプラットフォームの線引きにとらわれないビデオチャットアプリだ。シェインマンによると、「すでに

3億5000万人のユーザーがダウンロードしていて、毎日数千万人が利用している」。必要ならいまのままで一世紀以上会社を存続させられるだけの現金が銀行に預けてある、と彼は言う。その声には成功者の誇りがにじむが、明らかに彼はもっと成長できると考えている。

もう1つの消費者ビジネス企業は、クーポンを集める人というさらにニッチな市場をターゲットにした「パーク」である。シェインマンはシリコンバレーの小さな町、バーリンゲームに住み、そこで仕事をしている。年齢は50代半ば、薄い色のポロシャツにさっきの食事のなごりが見てとれる姿は、シリコンバレーの投資界の裏側を知り尽くす人物にはとても見えない。「大好物でね」と言いつつ、地元のサンドイッチをダイエットコークで流しこみながら、シェインマンは自身の投資戦略を説明してくれた。ポートフォリオからはこれというテーマがないように見えるかもしれないが、タンゴやパークやその他の投資先には共通点がある。シリコンバレーの基準からすれば、創業者がほとんど老人だということだ。

とはいえ彼は、老人の自立した生活を寛容な心で支援したり、世界を高齢者にとってもっと住みやすい場所にするための提言をおこなったりする利他主義者ではない。「私は、〝高齢者が高齢者向けプロダクトをつくる〟ビジネスをしたいわけじゃない。テクノロジーのビジネスをしたいんだ」とシェインマンは言う。だが、他のテクノロジー投資家やベンチャーファンドの大半は、同じような若い男性の創業者ばかりに注目するので、シェインマンは投資対象に高齢者グループも含めることにし、そこに競争優位性を見いだしたのだ。

「私のかかわったどの会社も、創業資金を調達するシード段階からずっと、シリコンバレーでの金集めに難儀している。どこの投資会社もザッカーバーグみたいな風貌の創業者に投資したがるからだ。よく聞くのが、〝うちのシード投資用資金は、スタンフォードを出たばかりの若者に投資して得たものだ。だから、これからもスタンフォード出たての若者に投資したい〟といった話だ」とシェインマンは言う。「その程度のことだから、（若者でも男性でもない創業者の成功を抑えつける）鉄の棒があるわけではない。むしろ、若い人の半分でも金を獲るには2倍優秀でなければダメだという先入観が加わり、話をむずかしくしている気がする」

そうした年齢に関する要因は企業がいいプロダクトをつくる能力にはほとんど関係がないので、先入観をもった投資家に拒絶された創業者は、シェインマンがザ・ニュー・リパブリック誌に語ったように「過小評価されている好機の〝母〟」となる。[51] 群れについていけば、すなわち、他の投資家と同じようにスタンフォード出の若い男性創業者の後を追いかけていけば、「何十億ドルものチャンスがあることはたしかだ。だが、別の道で勇敢に行動できれば、その10倍の好機がある。私はそっちに賭けている」

シェインマンはコークのボトルをもて遊びながら、ゼロ年代後半にエンジェル投資を開始して以来、すでに保有していた資産は計算に入れずに投資額の3倍のリターンを得たのだと語った。もし彼がそのすべてを現金化すれば、リターンは10倍から15倍になるだろう。だが彼はまだ手放さないつもりだ。

ビデオ通話アプリのスタートアップ「タンゴ」の共同創業者の1人はシェインマンよりさらに年上だ。「彼は、もとはイスラエルの戦車隊隊長だったが、たくさんのスタートアップを立ちあげている。華やかな経歴の持ち主だ」。ヒューレット・パッカード社といくつかのスタートアップを経験してきたタンゴの別の共同創業者も、シリコンバレーの基準に照らせばすでに高齢だった。タンゴのターゲットは法人市場でなく消費者市場だったので、投資家のなかにはシェインマンをばかにする者もいた。高齢者は経験が豊富で、法人顧客のことを熟知していると見なされるため、まだ法人市場のほうが高齢の創業者でも入りこみやすいと思われているからだ。しかし消費者の市場には別のストーリーがある。「あるシード投資家が私に言った。〝55歳が消費者市場をつかめると思うなんてばかばかしい〟とね」。だが、タンゴはやってのけた。「ピアツーピアのテクノロジーをよく理解していたから、消費者の気に入るプロダクトを実際に構築できたんだ」

タンゴの創業者たちがもつ、顧客に対する深い知識は、シェインマンが出資したパークの創業者兼CEOのダニエル・バルビエリにも共通する。バルビエリと話していると、エネルギーの熱さで光りながら弾むボールと話しているような気がする。にもかかわらず、43歳のバルビエリは、シリコンバレーの基準では年寄りなのだ。カリフォルニアで競争の激しいスタートアップを経営することに加え、彼女はノースカロライナに1人で住む83歳の母親の世話もしている。毎月、実母のところへ飛行機で行き、健康状態のチェックやさまざまな書類仕事などをこなして帰ってくる。こうした仕事が回ってくるのはいちばん年上の娘と相場が決まっているが、ダニエルは4人きょうだいの4番目だった。「私は独身だし、女性だから」と言って笑った。生前の父親も彼女が介護していた。「人生の半分は高齢者の世界にいたのよ」

子どもだった彼女ときょうだいたちがロングアイランドで暮らしていたころ、実家はあまり裕福ではなかった。しかし、母親が買い物上手だったおかげで、不自由な思いをしたことは一度もなかったそうだ。バルビエリは母親が新聞の付録からクーポンを切り取ったり、バーゲンの日にちを調べたりしているところを間近で見ながら育った。「母の情報源はぜんぶ新聞や紙の媒体なの。きっちり調べていちばん得な買い物をしようとする。チキンでも果物でもシリアルでも、飽きることなく広告を調べつづけていた—

バルビエリの父親が病気になったのは2011年のことだった。当時、彼女は、主に法人を顧客とするネットワーク機器大手のシスコで、消費者向けの小さな部署で働いていた。その年、シスコは彼女の部署を閉鎖したが、上司だったダン・シェインマンも含め、「チームのメンバーは全員残ることができた」だがその後まもなく彼女はレイオフされる。「ちょうどよかった」と彼女が言うのは、父親の世話をする時間がますます必要になっていたからだった。だが、それは同時に定収を失うことでもある。彼女は自分に言い聞かせた。「節約することを覚えなければ」

彼女はいつもコンタクトレンズ洗浄液の値段に驚かされた。「私は洗浄液をたくさん使うの。大樽一杯、と言っていいくらい。流しに洗浄液とお金を捨てる毎日」。そのため彼女は安売りの日にまとめ買いをするようになった。「5ドルは節約できる。はした金じゃないわ!」その結果、行きつけの店のバーゲン日をいつも気にするようになった。「これがビジネスのきっかけになった。当時は店を巡回して時間をかけて調べるか、ネットチラシを追うしかなく、オンラインでのチラシ検索もいまほど楽ではなかった。安売りの情報を得るためだけにこうした努力を続けなければならなかった」

シスコの別の元同僚と創業したパークの狙いは、お得な商品を探す際のこの不便さを変えることだ。それまで誰も手がけなかったのが不思議に感じられるほど、わかりやすいメリットがある。住んでいる地域と買いたいプロダクトを登録した消費者に、関連するプロダクトの安売り情報とクーポンを送付するというものだ。「顧客サービスを担当しているから、メールを読むのも仕事だけど、楽しいわ。たとえば、〝ついに誰かがこの仕事を始めてくれたと知って嬉しくてたまらない。10年前から待ってたの〟とか」

パークはことさらに高齢女性をターゲットにしたわけではないが、バルビエリの推計では、現在の顧客の大半はそのグループに属する。「だからいつも母のことが頭にあるし、彼女のアドバイスが役立っている」とバルビエリは言う。母親のように限られた収入でやり繰りしなければならない人だけでなく、長年、特売を狙って買い物のスケジュールをたてる生活に慣れた人たちに、このサービスは喜ばれている。「彼らはそうした行動に慣れているの。しかも自分で調べなくても情報が届けられるようになった。気に入ってもらえたわ」

ただし課題はいまも残る。会社を立ちあげるときには、希少価値の高い個性的な起業家を探していたシェインマンと知り合えた幸運によって、パークを離陸させることができた。しかし、創業の時期を過ぎ、さらに前進するために必要な資金を調達することは本当にむずかしい。

次に来る段階、シリーズAの資金調達でバルビエリが直面している困難について、シェインマンは「同じことをしていたとしても、彼女が25歳だったらとっくに資金を得ていたと思う」と話す。「誰かが話に乗ってきたはずだ。彼女は人を惹きつける力があるし、頭もいい。ビジネスもうまくいっているから、コンセプトのよさは実証済みだ」とシェインマンが言うとおり、パークは熱心な利用者を抱えている。しかし彼女はまだ、効率よくもっと多くの利用者を加入させられることを、ベンチャー投資家に納得してもらえずにいる。

鶏と卵の問題に行きつく、とシェインマンは言う。「じつにもどかしい。当然、投資がなされるべき事業に資金がまわっていない。投資業界は〝ほらみろ、うまくいきっこないって〟と言うが、うまくいかないのは、資金が得られないからだ」

破壊的イノベーションと持続的イノベーション

朗報がある。高齢消費者のニーズに応える起業家への支援がこれから増えるだろうと信じるに足る、著名な理論が存在するのだ。「破壊的イノベーション」である。先のミルクシェイクの例でも紹介したクレイトン・クリステンセンが1995年に提唱した破壊的イノベーションは[52]、既存品を簡易化したり、扱いやすくしたり、あるいは低コスト化したプロダクトによって、既存市場の新規顧客か、まったく新しい市場（未開市場）の新規顧客を獲得する。

このプロセスは、既存の強大企業にとって不利に働く。たとえば1960年代後半、日本のトヨタ、日産、ホンダの小型車チームは、アメリカにも、安くて信頼性があって1人で移動するのに手ごろな車を求める大きな市場のあることに気づいた。当時のアメリカの自動車メーカーはそのニーズを無視し、毎年、より大きく力強く、値段の高いモデルを発表しつづけた。

その結果、日本からの安価な輸入車をアメリカ人が買うようになり、アメリカのメーカーは莫大なビジネスを日本車に明けわたすことになった。たとえばクライスラーでは、リン・タウンゼンドが1960年代前半に性能重視で獲得した売上も1969年には急落している。クライスラーは1978年までかたくなに小型車を導入せず[53]、翌年、同社の新会長となったリー・アイアコッカが連邦議会に自動車業界初となる緊急援助を要請する状況に陥った。

クリステンセンがこの種の市場の激変を説明する理論として破壊的イノベーションを発表した1995

年は、理論を一気に知らしめるうえで最高のタイミングだった。1990年代後半には、最初のドットコム・ブームが全世界を揺さぶりはじめ、ビジネス全体が古い価値基準に疑問を感じるようになり、新しい拠りどころを必要としていた。ドットコムにじわじわと浸食されていることを察知した既存企業は、クリステンセンの知見は不吉ではあるものの、直面している事態を明確化してくれるものとして歓迎した。

1995年当時はまだ、クリステンセンの破壊的イノベーションが生まれる土壌となるインターネットは「小さい新興市場」だったが、まもなく爆発的に普及する。かつては不運な少数の企業だけが見舞われたはずの「破壊」が、シリコンバレーの貪欲なスタートアップのスローガンとなり、フォーチュン500企業の経営陣をパニックに陥れた。

一方、破壊的イノベーションの概念が広まるにつれ、当初の語義は弱まり、現状に多少の波風を立てそうなものなら、誰もが自分のアイデアを「破壊的」と称しはじめた。「核となる概念が誤解されたまま広がり、基本原則の応用も適切におこなわれない例をしばしば見聞きしてきた」とクリステンセンは書いている。[54] 本来の理論では、破壊が実現する可能性はプロダクトまたは企業が2つの状況のいずれか、すなわち、既存市場のローエンド領域か未開市場に足がかりを得た場合に限定される。本章のテーマの1つでもある、これまで顧みられることの少なかった高齢の女性消費者の市場は、破壊的イノベーション理論の2つの前提条件の両方に当てはまる。

ローエンド領域の足がかりは、ある市場の低位層が現在提供されているプロダクトほどの機能を必要としない場合に生まれる。わかりやすい例には、ごつくて値の張るかつてのラップトップコンピュータの機能を（それより相対的に）安価に提供したスマートフォンや、余計な装備を排した安くて低馬力の車などがある。ほとんどが高齢の女性が占める市場では、ローエンド領域の破壊が起こる機会は充分に熟しており、企業は偶然そうせざるをえなかったとはいえ、すでに取り組みを開始している。

インスタカートやタスクラビット、ハロー・アルフレッドなどの企業は、かつては高齢者がまるごと買うしかなかったサービスを個別に利用できるようにした。長い目で見れば、対象年齢を問わないこうした企業は、人生100年時代の経済におけるローエンドの破壊者として最も成功するだろう。あるいは、エアビーアンドビーのようなプラットフォームで高齢者が新しい使い方を工夫するさまを見た起業家たちが、自分ならさらに高齢者にとって使い勝手のいいサービスをつくれると考えて、進出していく場合もあるだろう。双方が融合したものも広まっていくはずだ。

一方、人生100年時代の経済における未開の市場では、企業が、かつての若い人向けのプロダクトを高齢者も使えるようにする新しい道を見つけることが新たな展開のきっかけになる。厳密に言うと、クリステンセンの破壊のモデルは、誰かがそのプロダクトをもっと小さく、安く、シンプルにする方法を発見して、それまでとまったく異なる新しい顧客を開拓した場合に限定される（たとえば、最初のパーソナル・コンピュータは、すでに世に出まわっていたメインフレームよりも小さく、安く、シンプルだったからこそ、それまで放っておかれた消費者市場に分け入ることができた）。

しかし、現実的に考えると、このケースには、古い物語の思いこみや、ただなんとなくという理由で高齢者市場を除外していたプロダクトや、単純にいま利用できるようになったプロダクトも当てはまる。この広い定義のもとでは、50歳を超えた人たちを対象にしたオンラインのデートサービスは、潜在的な〝未開市場の破壊者〟と見ることができるし、これまでテクノロジー業界のメインストリームから無視されていた高齢者向けのテクノロジーを提供するほぼすべての企業にも同じことが言える。

それだけではない。ベビーブーマーが高齢者の枠に移行するにつれ、それまでなかった消費者の要求が出現し、特にテクノロジーによる解決策という新しい市場を創出するだろう。こうした新規の要求に応える企業は、既存の事業と顧客とのあいだで長期にわたり築かれてきた関係を一時的に犠牲にするかもしれないが、目を見張るような成長をなし遂げる可能性もある。たとえばクーポンサービス「パーク」の出現により、地元の新聞からクーポンをせっせと切り抜くおばあちゃんというステレオタイプは、やがて消えるだろう。

未来の高齢者市場のイノベーションに共通する要素は、消費者がプロダクトを使って解決したい「ジョブ（用事・仕事）」である。サリー・リンドバーのような女性に、たとえば自立した生活を保ったまま食材を補充するというジョブが生じたとき、多くのサービスがまとまってついてくる介護つき住宅のプロダクトは、値段が高いうえに欠点も多い。

余分な〝サービス〟は、消費者をうんざりさせ、遠ざけたい気持ちにさせる。成人女性が、同世代ともっと個人的なつき合いを深めたいけれど、自分を病人としてではなく普通の人間として扱ってほしい場合には、消費者としての彼女のジョブは、自分を自立した大人だと思わせてくれるサービスを探すことだ。誰かとデートに出かけることは彼女の自己イメージに沿っており、その喜びは行政サービス主導の老人の集いの場では得られない。

近い将来、高齢者をもっと幸せにするプロダクトとテクノロジーが出現し、ダニエル・バルビエリとその母親のような介護提供者と被介護者だけでなく、介護以外の女性の日常生活にも役立つだろう。こうしたプロダクトは、破壊的イノベーションかより一般的な既存品を改良したものかはともかく、世界中の既存市場を覆す可能性をもつ。大企業が圧倒的な力をもつ日本でさえも、そうした新たな可能性が芽生えはじめている。

2016年前半、日本のクラウドファンディング・プラットフォーム最大手「レディーフォー」は、同社ではプロジェクトを立ちあげる首唱者とそれに出資する出資者の半数以上が女性であると発表した。レディーフォーは、東京で大学生活をおくっていた米良はるかが設立したプラットフォームだ。成功に一役買ったのは、自分の目標のために友人や知人に出資を頼むことを恥ずかしいと感じる人たちでも、安心して出資を募れるようにデザインされたウェブサイトにある。[55] つまり、日本の女性起業家——女性消費者のジョブをよく理解する人たち——を助けている企業自体が、顧客となる女性消費者のジョブの解決方法を理解する女性によってつくられていたのだ。繰り返すが、システムには本来、自らを永続させようとする性質があり、この例では成功が成功を呼んだのである。

高齢女性は従来の老いの物語において、男性ほどいい目を見ていないが、プロダクトに対する彼女たちの要求が強まることで、皆にとってよりよい老年期が現実のものになる。高齢女性たち、あるいは高齢者を介護する人たちのあいだに生まれる改造者（ハッカー）とリードユーザーの知見が、重要なエンジンとなるはずだ。

企業も行政府も非営利団体も、この過程を支える必要がある。方法はシンプルだ。企業が表向きは評価しながら、実際にはたいして顧みてこなかった消費者集団に資金を投下するのもその1つだし、あるいは女性、特に高齢女性と介護提供者を、企業の投資や買収にかかわる重要なポジションに就けることにも効果がある。

変化はゆっくりと、しかし着実にベンチャー投資の世界にも現れるだろう。ダン・シェインマンによると、新興市場向けの資金はいま、彼の跡を追って、新たな創業者に向けられようとしている。「同じようなニッチな市場を狙って別のファンドとぶつかる事態も起こっている」。過去5年間の大きな変化は、小さいけれど、ターゲットが明確なファンドが数多く登場したことだと言う。規模の大きいシリーズAレベルの資金が増大し、シードレベルでの投資は縮小された結果、百万ドル単位の比較的少額の「マイクロファンド」が出現した。イノベーションが爆発するのはまさにそこだとシェインマンは語る。

こうしたマイクロファンドのなかには、シェインマンのアプローチを試しているところもある。「誰もまだ私の言ったことを盗むほど――いや借りるほど大胆な者はいない」。しかし、マイクロファンドが高齢の創業者にとって希望の種であることに変わりはない。「彼らは皆、人と同じ言い方をしたがらないので、表現を少しずらす。〝熟練したエンジニアリング重視のチーム〟とかね。表現はどうであれ、彼らはこれまで顧みられてこなかったタイプの創業者に注目している」

私は、これまでシェインマンの独占状態に近かった投資先に殺到するこの動きが彼にとって脅威になるかもしれないと思ったが、むしろその逆だという。「資本が増えるほどありがたい。かつては高齢の創業者の会社に投資したくても1人ですべてのリスクを負いたくないとき、金のある友人と投資家連合を組まなければならなかった。しかし最近は〝オーケー、この案件はおもしろい〟と言ってくれる投資家をすぐに見つけられるようになった」

そつのないシェインマンは、ベンチャーキャピタルの伝統的な手法や、若い創業者を大切にすることの意義も認めている。「投資家がそうするのには充分すぎるほどの理由があるからね――。若い創業者は死にものぐるいだし、ビジネスの初心者という謙虚さがあるから、投資家の助言にも素直に耳を傾けてくれるそうだ。「若い起業家が創出する価値は莫大だ。誰も認めないわけにはいかない」

シェインマンは手元のボトルからダイエットコークをひと口飲んで言った。「だが、儲ける道はそれだけじゃない。私はそれを証明してきたし、これからもそうするつもりだ」

第4章 世代分離か、世代統合か

クレイグは足元に目を落とし、顔をしかめた。父親のケンが運転する車の助手席にもう何時間も座ったままだ。2人は、ケンの父親でクレイグの祖父、ケン・シニアの盗まれた車を探しているところだった。「しまった、サンダルを履いてきちゃった」。大学1年生のクレイグは言った。「スニーカーにすればよかった。泥棒を見つけたら、走って追いかけるんだ」

そんな事態にはならない気配が強くなりはじめていた。太陽は空の低いところにあり、ケンは日よけ板を下ろして光を遮った。ケンもクレイグも何を考えているか話そうとしなかった。盗まれた車が見つかる可能性はどのくらい残っているのだろう。手ぶらで帰ったら、ケン・シニアがどれほど落胆するだろう。

角を曲がったところで、2人は盗まれた車が道端でアイドリングしているのを見た。ケンが減速するやいなや、クレイグはまだ停まりきっていない車から飛びおりて盗難車に突進すると、フロントガラスに手のひらを叩きつけた。「動くな！」それと同時に、ケンがハンドルを右にきり、盗難車の進路をふさいだ。車内にいたのは1人ではなく、3人だった。そいつらは顔を見合わせていた。

前部座席の2人は（あとでわかったことだが）17歳だった。運転席の少年は小柄でおどおどし、助手席の少年は大柄で底意地の悪そうな顔をしていた。2人は動揺した目を合わせた瞬間、車から転がりでて、ばらばらの方向に逃げはじめた。

ケンはあわててその後を追い、運転手の襟をつかんだ。後部座席にいたもう1人も外へ出て、広場のほうへと駆けだした。助手席にいた大柄な男は森のほうへ行こうとした。だがいくらも進めなかった。ラクロスチームのスター選手でもあるクレイグが尻のあたりに勢いよくタックルしたからだ。大柄な男は起きあがろうともがき、拳をつきだした。「やめとけ。のされたいか」。クレイグは言った。

これは開拓時代の話ではない。「ザ・ビレッジ」という、独自のルールのもとで運営される世界最大の退職者コミュニティで起きたことだ。17歳の少年たちが盗んだのはクレイグの祖父のゴルフカートだった。

＊＊＊

ここで小休止して、この場所を、中央フロリダの蒸し暑い空の上から俯瞰してみよう。

最初に目に入るのは緑色のアメーバのように広がるおびただしい数のフェアウェイだ。ザ・ビレッジには630のゴルフコースがあり、広報係の誇らしげな説明によると、1カ所に集まるゴルフコースの数としては世界一だという。[1] ゴルフコースのまわりを囲むように建つ5万戸以上の住宅は、[2] どれも似たような外観と青い芝生をもつ。私道は塵ひとつない清潔さだ。あらゆる方向へと延びるゴルフカート用通路はアスファルトできれいに舗装され、総距離は160キロメートルを超える。[3]

ゴルフカート用通路は、幹線道路をまたぎ、地下道を通り、ゴルフコースと住宅だけでなく、計画的につくられた3つの広場やたくさんのスイミングプール、フィットネスセンター、コミュニティセンター、さらにはいくつかの釣り堀とポロ競技場を結んでいる。ザ・ビレッジの世帯のほとんどが少なくとも1台はゴルフカートを有し、住民はどこへ行くのにもそれを使う。

空中から見下ろすと、総勢5万台のゴルフカートがあちこちに散らばり[4]、通路や脇道を走りまわっている。かつてザ・ビレッジの住民は余興として、ゴルフカートによる世界最長のパレードを実施し、ギネスブックに申請したこともある。[5] これほど多くの退職者たちが同じ場所に住み、日常のほとんどの時間を55歳未満の人たちとは顔を合わせることなく、快適かつ活動的な生活を送っている区域は世界に例がない。

このコミュニティの成長は近年特に目覚ましい。2010～15年にかけて人口は2倍以上に増え、本書執筆時点で約12万4000人が住み[6]、過去4年で最も成長した大都市圏の区域として数えられる。[7] アメリカの住宅販売史を振り返ると、2011年は新築住宅の販売数が最も低調な年に数えられるが、ザ・ビレッジでの販売数がアメリカ全体の1パーセント近くを占めていた。[8]

これだけ大勢の人がザ・ビレッジに殺到するのには理由がある。住民を幸せにしてくれる場所だからだ。常に美しく保たれたこの場所の住民は皆、ここの満ち足りた暮らしを買えるだけの金を若いころに懸命に働いて蓄えた人たちなのだ。

一方で、ザ・ビレッジを見ていると不安もある。そこでの暮らしに何か明確な問題点があるからではない。そもそも、人が老後をどのように暮らすかはその人が決めることなので、私が口を挟む筋合いではない（しかも先述のとおり、私はジミー・バフェットのファンだが、気楽な暮らしに良心の呵責を感じたりはしない。バフェット自身も代表曲「マルガリータヴィル」をテーマにした陽光あふれる退職者コミュニティの開設計画を発表している)[9]。

私が心配するのは、ザ・ビレッジという物語（ナラティブ）のもつすさまじいパワーだ。マンハッタンより大きく、しかも成長途上という地理的な巨大さに加え、暮らしのビジョンが生き生きとして親しみやすいので、その存在を知ったら最後、目を逸らすことはむずかしい。これだけの規模を伴う物語の力は、老齢期の生き方や幸せを考える際の方向性を曲げてしまう。こういう場所に集団で住み、遊んで暮らすのが正しいという先入観をもたれ、高齢消費者向けプロダクトを模索する企業の方針にも影響を及ぼすだろう。

あなたが世界最高のレストランの席に座ったところを想像してほしい。そこでいきなり照明が落とされる。メニューはどれもうまいものばかりと聞いていたが、ほとんどが一度も食べたことがなく、メニューが読めない暗闇では選ぶこともできない。不意に、そばのテーブルにろうそくが灯される。だがレストランのほかの場所は暗いままだ。あなたは身体をひねり、1つだけ明るいテーブルの上に載った、これまで見たことのないほど上等なステーキとポテトを見る。きっとフォークでも切れるであろうジューシーでやわらかそうな肉に、つやつやと黄金色に光るポテト。だがそれでも、皿の上にあるのは所詮ステーキとポテトだ。世界最高のレストランにいるのだから、新しいものを試したい気もする。さてあなたは、何を注文する？

私は日ごろから少々食べすぎてしまうほど、ステーキとポテトが大好きだ。だが別の何か、ウズラの卵や血(ブラッド)のソーセージを食べられる可能性のあるときに、安心できるメニューがステーキだけだからといってステーキを選ぶことはもったいないのではないか。ザ・ビレッジの提示するライフスタイルは、このように1つだけ明るく照らされたステーキディナーのようなものだ。高齢になってからの生き方を模索する多くの人たちにとって、ザ・ビレッジが頼りにできる唯一の方法のように見えるのは、それがいちばん目につきやすい選択肢だからだ。

消費者がザ・ビレッジ以外のライフスタイルを想像できないことは、プロダクトのデベロッパー、デザイナー、マーケターにとってきわめて重大な逆風となる。理論的には、人生100年時代の経済のイノベーターたちは消費者の要求に優先順位をつけることで、それを通じて高齢者の高次の目的や願望に応え、従来の老いの物語を打破できるはずだ。明日の高齢者が何を求めるかの定義づけを、企業間で競うことも考えられる。しかし、イノベーターが消費者のニーズを検討するときに、ザ・ビレッジしか出てこないとすれば競争は起こらない。

もしあなたが若いプロダクト・デザイナーで、高齢者は誰もが高齢者だけのコミュニティで娯楽中心の生活を送りたがっていると思っているのなら、その考えは、意識的にせよ無意識的にせよ、あなたのつくるプロダクトにも浸透していくだろう。ザ・ビレッジが存在するせいで、多くの高齢者の望む生き方と調和しないプロダクトが量産されるかもしれない。ザ・ビレッジは非常に目立つ存在だが、そのライフスタイルは、少なくとも国単位で見ると主流とは言えない。65歳超の87パーセントが、自分が年を重ねる場所としては退職者だけを集めたところに引っ越すより、それまで住んでいた自分の家やコミュニティを好む。50～64歳の層ではその割合は71パーセントだ。[10]

つまり、「ザ・ビレッジ」の暮らしを好む人は少数派なのだ。ただしその少数派は本当にそこが大好きだ。理由は簡単、ザ・ビレッジでの暮らしが彼らの感覚にぴったり合うからだ。年老いてからの自分らしく幸せな生き方について、皆が納得できる答えのない時代にあって、ザ・ビレッジの示すビジョンに強く惹きつけられる人たちがいる。

人生100年時代の経済にかかわるすべての企業が、想定する消費者が皆ザ・ビレッジのようなコミュニティに住みたがっているという考えのもとにプロダクトを開発するならば、別の生き方を望む消費者は自分の人生に必要なツールを入手できなくなってしまう。最大の問題は、後述するように、高齢者は貴重な社会保障費を、若年層を切り離した贅沢なパラダイスで無駄づかいしているという見方が、世代間の争いを引き起こしていることだ。とりわけ、緊縮策のことしか考えない政治家たちが、各種の給付金を削減しようと奔走している時期にあっては。

要するに、プロダクトとしてのザ・ビレッジは高齢者を幸せにするという立派な目標を達成できるかもしれないが、理念としてのザ・ビレッジは、よりよい老いの物語を構築するという試み全体を危険にさらし、人生100年時代の経済に水を差す存在になりかねない。とはいえ、明日の高齢者の社会を理解しようとする企業にとって、この場所から学ぶものが何もないわけではない。老後の生活場所としてほかの選択肢と比べた場合に、ザ・ビレッジのライフスタイルには一貫性があり、説得力に富む。これまで経験のない、しかも終わりの見えない老いに近づこうとする世代にとってはたしかに参考になるのだ。ザ・ビレッジが世間の広い関心と熱烈な入居希望者の両方を獲得しているのは、そのためだ。

今後広く受けいれられる退職後のビジョンは、プロダクトと理念の双方を併せもつものだろう。実際、年をとってからの生き方を定義しようと試みる新たな動きもある（本章で後述する）。彼らもザ・ビレッジ的な範疇に含まれるが、不自然な世代分離というザ・ビレッジの最大の欠点がそこにはなく、高齢者によって、高齢者のためにつくられ、他世代と調和しながら共存していく道を示している。ポジティブで魅力ある老年世代とはどんなものかを探りたいプロダクト・デザイナーやイノベーターにとって、この新たな動きは手始めに参考にするものとしてぴったりだろう。

何がザ・ビレッジとの覇権争いに勝つのかはまだわからない。それを見きわめるために、ザ・ビレッジの磁力の源(みなもと)を掘りさげてみよう。まずはザ・ビレッジの通りやゴルフカート用通路から。退職者に、すべてをなげうってでもザ・ビレッジに住みたいと思わせる力は何なのか？　実際に住んでみたときにどんな問題が起こるのか？

ザ・ビレッジのライフスタイル

ザ・ビレッジは常に心地よい生き方のイメージを振りまいてきたわけではない。もともとは１９６０年代後半に起こったビジネス上の見込み違いが始まりだった。ミシガン州の土地投機家ハロルド・シュワルツは、１９６８年の連邦令で通信販売による取引が禁止されたときに、まさにその手法でフロリダの林や農場、牧草地を切り売りしていた。利用価値の低い土地を大量に抱え困っていたシュワルツは、今日ではザ・ビレッジの最も古い区画となった場所に、トレーラーハウスの広大なキャンプ場をつくった。周囲に何もない土地だったため買い手の関心は上向かず、販売から10年ほど経っても、売れたのはわずか４００

区画だけだった。[11]

1983年、アリゾナ州サンシティに住む妹を訪ねた73歳のシュワルツはついに天啓を得る。不動産会社のデル・ウェブ社が開発した「サンシティ」は、計画的に造成された世界最初期の退職者コミュニティだ。アリゾナ州の州都フェニックスのにぎわいは、当時はまだ郊外まで拡大していなかったため、サンシティは、シュワルツの抱える不動産と同様、近隣の都市から離れた独特の文化をもつ離れ小島的な場所だった。それでもシュワルツのトレーラーハウス場に比べて、サンシティはずっと清潔感があり、家屋やプール、道路も計画的に配置されていた。これからの発展性も充分に見込めたので、まるで重力に引っぱられるかのように、小切手帳を手にした多くの購入希望者が集まった。サンシティはフロリダの林や農場のように簡単に売り飛ばすような場所ではなく、一生を過ごすための最終目的地だったのだ。

その年、シュワルツはビジネスパートナーの持ち分だった会社の権利を買いとり、自分の息子ゲアリー・モースを引きいれ、フロリダ版のサンシティの建設に着手した。問題は、最初の勢いをどうつけるかだった。爽涼（そうりょう）な北の地に憧れ、「一緒に行かない？　気候がすばらしいよ」と友人に話すような住宅購入者を、どうすれば南のフロリダに惹きつけられるだろうか。

息子モースにはアイデアがあった。造園業者に指示してもともとスイカ畑だった場所に芝生を植え、池や砂場を何カ所かに配した。地面に9つの小さな穴を開け、旗竿を差すと、たった2語のキャンペーンを打った。「タダ（フリー）でゴルフ！」

以後、数十年にわたる目覚ましい成長のあいだ、この「タダでゴルフ！」はザ・ビレッジのDNAでありつづけた。現在では9ホールのエグゼクティブ・コースが36コース、18または27ホールのチャンピオンシップ・コースが11コースある。住民はエグゼクティブ・コースを無料で利用でき（とはいえ、ザ・ビレッジの全住民が施設使用料の名目で月に145ドルを支払っているが）、チャンピオンシップ・コースも割引料金でプレイできる。[12] ザ・ビレッジの生活の中心がゴルフであることは、ゴルフ愛好家に喜ばれるだけでなく、もっと重要な意味があった。ゴルフカートがどこにでもあるということだ。日々拡大するコミュニティにあって、高齢者の移動手段をどうするかという問題がこれで解決されたのだ。住民はカートに乗ってどこにでも行けるため、自動車の運転免許証を手放した高齢者でも主体的に行動できる。これもザ・ビレッジの大きなセールスポイントとなった。

現在では、ゴルフボールに飽きても大丈夫なように、プールやフィットネスセンターのそばにテニス、ピックルボール〔バドミントンに似たスポーツ〕、ボッチボール〔地面の上でおこなうボウリングに似たスポーツ〕など、多彩なボール遊びが用意されている。毎週、ザ・ビレッジの住民に公開される「今週のアクティビティ」はメニューが1000以上もあり、専属のレクリエーション部によって運営されている。[13] 夜にはホームパーティーが花盛りで、バーやナイトクラブがにぎわうさまは、皆が早めに就寝することを除けば学生街によく似ている。ワインはビールのように、ビールは水のように次々と干されるので、地下のパイプで地酒や地ビールの醸造所とつながっているレストランもある。マティーニは3ドルで飲める。

娯楽と消費を中心とするライフスタイルを誰もが好むわけではないにしろ、このコミュニティが一部の高齢者から強い共感を得ているのはたしかだ。65歳の誕生日を過ぎてもいまの仕事を続けたいとか、退職をきっかけに何か新しい仕事やパートタイムの仕事を積極的に見つけたいと話す人が増えていることを考えると、退職（リタイア）の特別感はかなり弱まっている。一方で、退職後に職に就かない人も多く、1世紀以上、退職者を悩ませてきたアイデンティティの問題はいまも続く。「仕事を辞めた自分はいったい何者なのだろう？　居間の上級副社長か？　浴槽の司令官？」自分が何者かわからないのなら、朝起きて何をするかをどうやって決めればいいのだろう。

退職によるアイデンティティ喪失の感覚は、「ゴールデンイヤーズ（老後）」という呼び方が登場した1950～60年代よりも、どちらかと言えば現在のほうがより複雑化している。1つには、昔の退職者なら考えるまでもなかったことだが、現在の「退職後も働く人」は「退職者」なのか「労働者」なのかがシーソーみたいにどっちつかずだということ。また、退職祝いの金時計を贈られてアイデンティティの危機に陥るのはかつてはもっぱら男性だったが、いまは男女機会均等の時代で男女を問わないということ。

さらに、テクノロジーの進歩や、消費者の姿勢やニーズの変化、長寿命化、宗教団体をはじめとするさまざまな組織の弱体化、家族の距離的な分散、少子化、離婚率の上昇など、老後を取りまくあらゆることが変化している。退職年齢が間近に迫ったとたん、予期せず、備えもしていなかった景色が不意に眼前に現れてうろたえるのはそのためだ。

多くの人にとって、前例のないこうした状況のなかで生きるのはつらいことだ。「知らない土地に転居した場合、孤独と不便を強いられることになりやすい」。本書にすでに登場した20世紀半ばの社会学者デイビッド・リースマンが、娯楽と消費者主義をテーマにした1952年の論文に書いている。[14] リースマンは、知らない土地での暮らしは当人にとって「なじみ深い秩序がなく、目的も見いだせなくて、居心地の悪い状況」であると指摘しており、これは、まさに現代の退職後（リタイア）の状況そのものだ。壮年時代にキャリアを築くことは街なかに住むようなものだ。どんな職に就いていようと周囲には人が大勢いて、自分の立ち位置も振る舞い方もよくわかる。しかし、街の境界から遠く離れると——退職年齢を超えてずっと長生きすると——事情は変わる。未知の場所は人がそれまで社会のなかで築いてきたアイデンティティを破壊しかねない。1週間キャンプで遊ぶだけなら解放感を味わえて楽しいが、残りの人生すべてをそこで送るとなると話は別だ。老いという未知の領域に突きだされたとき、人生に意味があると思わせてくれる場所へ駆けこもうとするのは心情的に納得できる。

だが、ザ・ビレッジがどんなふうに人生を意味あるものにしてくれるのかは、すぐにはわからない。ザ・ビレッジへの移住を検討しているある人は、住民が人生を楽しんでいて、新参者を歓迎してくれるように見えるから、それだけで決断するに充分だと言う。

一方、行き慣れない酒場に入るときにはどこかによからぬ罠が潜んでいないか探そうとするカウボーイのような人もいる。ザ・ビレッジの住民、ドナルド・スモーク・ヒックマン（以後スモークと呼ぶ）は後者だ。スモークは決して社会から疎外されているわけではないし、アメリカ海軍で少将まで昇りつめた長く輝かしいキャリアもある。キャリアの終盤では海軍補給システム司令部のトップにいて、海軍のサプライチェーンの近代化を進めた。軍人なので退役の日は周知のことであり、その日が近づくうちに彼は、軍で培った立案能力と現実主義を手に、民間人の生活に飛びこもうと決めた。

フルタイムの仕事を辞めることは「1つの目標にすぎなかった」とスモークは言う。自分がどのような人間になりたくて、手に入れたたくさんの時間を使って何をするのかが重要だった。「〝退職（リタイア）〟というゴールに達したからといってそれで終わりじゃない。次に何をするか。そして、どこに住むのか」

スモークはいま、こうした悩みを抱えた退職者たちの相談にのっている。彼自身も退役直後の10年前、自分の思いどおりにいかなかった経験がある。スモークと妻はフロリダ州ジャクソンビルの浜辺近くの家に引っ越した。すぐに思い知らされたのは、そこが退屈だということだった。「朝起きて、浜辺を散歩し、家に帰って、互いの顔だけを見て過ごし、夕方また浜辺を散歩する。毎朝毎夕、浜辺で見かけるのはいつも同じ顔ぶれ。自分の人生がこの先どれだけ残っていようと、こんな生活はもうごめんだった」

そこで夫婦はそれまでの暮らしを見直すことにした。浜辺の家から離れ、フロリダ中を旅してまわり、することがたくさんある場所を探した。「このザ・ビレッジに住む友だちにもよく会いにきたよ。そのたびに感心させられた。住居が立派だとかそういう理由ではなく——もっと豪華な建物はいくらでもある——そのアクティビティの豊富さに」。ザ・ビレッジが発行する新聞「ザ・ビレッジ・サン」には、ゲームやスポーツイベントや、愛好会の集まりなどの告知が毎朝大量に載る。一見すばらしいことずくめのようだが、夫婦は思いもよらない短所が隠れているかもしれないと心配し、失敗しても傷が浅くすむように、本来考えていたよりも小さな住宅を購入した。「ここは夢のような場所だよ」とスモークは言う。「〝いつか夢から覚めるんじゃないか〟ってしょっちゅう言いたくなるほどに」

ザ・ビレッジを胡散臭く感じる理由はいくらでもある。生活費が安すぎると映るのもその1つだ。施設使用料の月額145ドル(プラス少額の保証金)で、ゴルフもフィットネスセンターもスイミングプールもすべて使い放題だ。ハッピーアワーに飲むビールはソーダより安い。

興味本位の報道もある。もしあなたが、ザ・ビレッジがターゲットとしている年齢層よりも若いのに、すでにその存在を知っていたとしたら、それはおそらく、21世紀はじめにその地で性感染症の罹患率が急上昇したことをメディアが面白おかしく報じたからだろう。[15] ザ・ビレッジに関するテレビ番組や記事は、こうしたどぎつい裏話ばかりをつつきがちだ。性感染症の話題以外でも、にぎやかな酒場の風景や、壁に貼られた偽の歴史イベントを祝うポスターなど、派手な側面だけが取りあげられる。だが、入居検討者が入居を悩む理由はほかにもある。

たとえば、ザ・ビレッジの開発業者はテレビや新聞、ラジオなどさまざまな地元メディアを傘下に置き、ニュース以外の話題を取りあげたがる。地元メディアがザ・ビレッジの宣伝部的な位置づけにあるため、悪い情報が遮断されるのではという不安を煽る[16]*。このコミュニティに対する最も敵対的な言及はおそらく、アンドルー・ブレックマンの『*Leisureville*（レジャービル）』だろう（本章で紹介した歴史的事実の一部はこの本から引用している）[18]。この本は、ザ・ビレッジが地元の学校税を逃れていると指摘する。ザ・ビレッジについての本やニュースを見聞きした人が釈然としない印象をもつのは、おそらく「遊んでばかり」と「何も生みださない」という意味での、ザ・ビレッジの退廃的なイメージにある。

そうした懸念はあったものの、スモークと妻は10年前に、真相を見きわめるためにザ・ビレッジに引っ越した。6年後、夫婦はより新しくて前より少し広い家に住み替えると、そこに長く住む覚悟を決めた。「思いもよらない短所」があったにしても、スモーク夫婦にはそれが見つけられなかったからだ。住宅バブルの崩壊でフロリダの他の地域は低迷しているのに、ザ・ビレッジの資産価値は高いままだった。しかも夫婦が移り住む決め手となった長所は月日が経っても色褪せていない。カート専用通路はいつもきれいに清掃され、芝生は手入れが行きとどき、他の住民たちも親切で生き生きとしていた。

＊たとえば、新聞社の発行する月刊誌が2016年7月号付録の小冊子で特集したのは、シチズンズ・ファースト銀行の「地場銀行25周年記念」を祝う記事だった[17]。この銀行はザ・ビレッジの開発業者の子会社で、地域の住宅ローンの大半を扱っている。

特に重要なのは、スモークの抱えていたアイデンティティの問題に答えをくれたことだった。この地は、大事に築いてきたキャリアを手放した住民の空虚感を、ほかの何かで埋めるコミュニティではなかった。ほかのコミュニティなら過激と言われそうなほどの平等を謳い、キャリアに代わるものへの欲求を消し去る場所だったのだ。

自動車よりもゴルフカートに乗る時間のほうが多い世界では、手に入る食料品は同じで、住居も驚くほど似てくる。人に見せびらかすための消費は消えゆくのだ。ザ・ビレッジの住民にできることと言えば、誰かに気づいてほしいと願ってゴルフカートを飾りたてるぐらいだ（ここの住民なら誰でも、黄色いハマー〔GMのSUVブランド〕を忠実に3分の1スケールで再現したゴルフカートを見たことがあるだろう）。あるいは、ばかでかい〝プレミア〟住宅を買って自慢することもできるが、入居希望者のほとんどはサイズダウンを望み、単身用と言っていいくらいの小さめの家を選ぶ。

とにかく、金で買える種類のもので見栄を張ろうとしてもほとんどそのすべがない。ほかの種類の贅沢は数多く用意されているが、ほとんどが共有である。収入や貯金額の多寡に関係なく、住民は誰もがぴかぴかに掃除された道路やゴルフカート用通路、スポーツクラブ、プール、手ごろな値段でうまいものが食べられるレストランを楽しむことができる。ゴルフコースの多くがいまも無料で使え、有料のコースも住民割引で安く使える。ポロ競技場では自分の故郷出身者を贔屓にし、ときにはコミュニティ全体を巻きこんだ大盛りあがりのイベントとなる。

「ここを開発した人にはビジョンがあったの」。スモークのご近所の1人、ジェイン・ボールドリックは言う。「長年築いたキャリアがあって、年金などの社会保障を受けとれる人たちに、百万長者の暮らしをいけると断言している。別の住民は、ここでは住宅さえ所有できれば、あとは社会保障の給付金だけで暮らしていけると断言している。

何十年間も厳格な軍の上下関係のもとで生きてきたスモークにとって、ザ・ビレッジの醸しだす平等の感覚は、ここに住みつづけたいと願う理由の大きな要素だ。「みんなが同じなんだ。それがすごく楽しい」とスモークは言う。「社会的な序列がないから、〝ここに来る前はどんな仕事をしてたんですか？〟なんて誰も尋ねないし、〝私はどこそこの院長でした〟と言う人もいない。肩書きにひどくとらわれる人が世間にはいるよね。でもここでは、人がそれまでどんな暮らしをしていたかなんて誰も気にしない」

こうした平等意識の点でザ・ビレッジにいちばん近いのは、さまざまな資産階層の子弟が一緒に生活する大学の寮だろう。ザ・ビレッジには、平等とアクティビティの豊富さと、物質的な充足があるから、退職に伴う不安の多くが緩和される。金持ちとか中流とか、職業はなんだったかが意味をもたなくなる。スモークが言うように、〝どこそこの院長〟かどうかを誰も気にしない状況では、若いときのように職業で自分を定義してみせる必要がない。大切なのは、過去の自分ではなく、いまの行動といまの自分なのだ。

たいていの場合、「いまの行動」は、人が社会的に何をおこなうかを選択した結果であり、選択肢の多いザ・ビレッジに移り住んでから社会生活が豊かになったと感じる人は多い。親睦会の予定がぎっしり詰まっているのは普通だし、特別な記念日ともなれば、華やかなイベントが催される。この章で紹介したゴルフカート追跡劇のヒーローの母であり祖母であるリーは、ある年の大晦日の午後、その夜の計画を相談していた。

「よそのお宅を何軒かまわるつもりよ。それぞれが何かを持ちよって。一軒目ではその家の女主人がワインを振るまうことになっているから、私たちは空のワイングラスを手に訪ねるの。次の家では前菜を、その次の家ではコーヒーとデザートをいただいて、最後の家ではずっとシャンパン。その日は夜遅くまでご近所をうろつきまわるの。楽しいったらないわ。みんなが外で騒ぎまくるのよ。ゴルフカートに乗っている人もいる」。リーはおかしそうに笑い、話を続けた。「私たちってね、すでに一度死んでるの。人生を振り返るパーティーもやったわ。キャセロール鍋をもって歩きながら、「大草原の小さな家」みたいって思ったものよ」

住民がよく口にする「ザ・ビレッジでの暮らし」は、ご近所とのつき合い方も、何月何日には何をするのかもすべてが明確だ。つまりこの場所は、輪郭のぼやけた第二の人生に、一貫した回答を示してくれるのだ。だが本当に魅力的なのか？ザ・ビレッジの門の外の、老いるのなら住み慣れた町と家で、と考えている大多数の人は別として、退職に際して住み慣れた場所を離れようとする人たちにとって、ザ・ビレッジは実際のところ、どのくらい魅力的なのだろうか？

ザ・ビレッジとの境界のすぐ外に住むジョディ・エリオットなら、「ものすごく」と断言するだろう。エリオットと夫はいま40代半ばだ。彼女の両親はボストン郊外からザ・ビレッジに移り住んでいて、彼女もあとに続きたいと考えている。だがエリオット夫婦には、ザ・ビレッジでは訪問客（ビジター）としてしか入ることができない子どもがふたりいる。

そこで夫婦は次善の策として、ザ・ビレッジの門のすぐ外に家を建てて時機を待つことにした。夫婦の家の外観は、網戸の張られたサンルームや漆喰塗りの壁など、ザ・ビレッジの家々とよく似ている。大きな違いは、つくりが大きいことと、寝室と子ども部屋のある2階建てだということだ。

夫婦は言った。「はじめは、いい学校教育システムがあって、空港に近い場所に住む必要があると思ってた」。しかし、別荘として考えていたこの地を訪れて、即座に2人は決断した。「別荘じゃない、ここに住む！　ここに住みましょう！」現在、ジョディは自宅で子どもたちに勉強を教え、夫のロバートは在宅で仕事をしている。

「私たちは早く退職（リタイア）したいんです。何年もずっと、ケーブルテレビを契約せず、新車を買わない生活を送ってきた。退職後のために貯金したいから。そして早く退職したいから。私たち夫婦にとって、そんな贅沢品をもつより、早く退職することのほうが大事なの。いまだってけっこう楽しくやっているわ。でももし早く退職できたら、いくらでも遊べる！　何をしようが思いのままよ！」

エリオット夫妻は、住民である妻の両親のおかげでビジターパスを手に入れ、ゴルフカートに乗ってザ・ビレッジの施設を利用している。だがそれでも、夫婦は門の内側に住む本物の住民になりたいと切望している。

夫婦の下の娘は10歳になったところだ。「だから、あと9年しないうちに内側に引っ越せる。娘が19歳になるから」（19歳から55歳までの人は、ザ・ビレッジで資産はもてないものの、住むことはできる）。「あと8年と10カ月と――いま何時？――3時間経ったら、もちろん、絶対にあっちへ引っ越すわ」

ジョディは冗談めかして年月を数えたが、45歳という若さでザ・ビレッジに強く惹かれていることはよく伝わった。彼女と同じ考え方をする人にとってそこは天国の待合室以上の存在であり、最終目的地なのだ。

エリオット夫妻のような人たちにとって、ザ・ビレッジがどれほど魅力的かは強調しすぎることはない。

アップルの新製品の発売日が近づくと何日も前から並んで一番乗りで買いたがる人のように、この夫婦も正式に住民になれる日まで、敷地の外で10年以上も順番を待つのだ。

平等と対立

ザ・ビレッジの住民にとってこのコミュニティは常に一貫した理念があって魅力にあふれる存在だが、それでも私には懸念がある。ザ・ビレッジの内側での暮らしはそれでいいかもしれないが、この種のコミュニティでは門の外側にいる一般の人たちとの関係が不安定になりやすく、その傾向はさらに強まりそうだからだ。

過去の似た例をたどってみよう。アメリカ開拓史のなかで、西部の開拓地に実験的に居住したさまざまな事例は歴史に埋もれがちだが、実際には、空想的社会主義者や、超越論的〔対象そのものではなく、対象に向かう自分たちの意識のありように考察を向ける思考〕な哲学を追究する人たち、自由恋愛主義者、菜食主義者（当時はかなりの変人と見られていた）、無政府主義者など、多くの集団が開拓地で生活しようとした。ソルトレイクシティに定住したモルモン教徒のような例外もあるにせよ、大半の集団はその地で生きつづけることができなかった。仲間割れか、権力争いか、自然災害、他集団との闘争、伝染病、あるいはアメリカ社会の変化の波がじわじわと西部にも浸透してきたためなのか、その理由はともかく、開拓地での実験的集団は消滅した。結局生き残ったのは、過酷な自然と人間の本性に直面しても揺るがずにいられたコミュニティだけだった。

人生100年時代という現代の開拓地に定住できるかどうかも、西部開拓時代と同様、問題に直面しても揺るがずにいられるかどうかにかかっている。住宅メーカーが入念に計画を練ろうと、人間は常に計画どおりに行動するとは限らず、いいときばかりではない。ザ・ビレッジには長期的に生き残れるのか疑問を感じさせる影の面もある。この章の冒頭で紹介した、ゴルフカートを盗んだ少年たちに話を戻そう。

盗まれたのはケン・シニアとリー夫妻のゴルフカートで、それを捜していたのはケン・シニアの息子ケンと、孫息子のクレイグだ。クレイグはゴルフカート泥棒の大柄な少年にタックルした直後、相手のスウェットシャツをつかんでケンの車まで引きずっていった。通りかかった女性が足を止めて泥棒を叱りつけ、クレイグには「逃がしちゃだめ」と言った。ケンから連絡を受けた妻が警察に通報し、すぐに3台のパトカーがやってきた。

「1人はずっと悪態をつき、1人は出血していた」とケンは言った。3人目は逃げていたので、警官が少年の1人に3人目の外見を尋ね、町のほうへ容疑者の捜索にいった。

人違いの逮捕などのすったもんだはあったが、のちに本当の容疑者が確保された。3人組のうちの2人は兄弟で、まさにその日の朝、父親が刑務所から出たところだった。3人目の保護者は祖父だった。ゴルフカートの窃盗は、少年犯罪の流れの縮図といえる。「ああいう子たちはゴルフカートを盗み、燃料がなくなるか飽きるまで乗りまわしたあげく、湖か池かどこかに落とすの」とケンの妻が言った。

この事件の犯人となった少年たちはその日、鬱憤（うっぷん）晴らしでもしようと外にいたらしい。ケンが言うには、運転していた少年は「パンクの格好」で、警官に捕まったとき「（ゴルフカートは）もうまともに走らないさ。減速バンプを踏みつけたから」と言ったそうだ。その後、判事は被害者に謝罪の手紙を書くように申し渡したが、ケンの妻は一通も来ていないと言う。

「いい話のネタになったよ。カートを取り返したわれわれはヒーローさ」とケンは言った。そのとおりだが、1つ疑問が残る。ときに無軌道なことをしたがるのがティーンエイジャーとはいえ、この少年たちがザ・ビレッジで人を困らせたいと思ったのには、何かほかの理由はなかったか。社会経済上の問題や機能不全の家族生活など、複数の要因が考えられる。だがそれ以外に、この場所特有の要因があるのではないか。ザ・ビレッジにしろ、ほかの退職者コミュニティにしろ、設備や娯楽性は一級かもしれないが、子どもたちは二級市民の扱いを強いられるという。

ザ・ビレッジから南東方向へ車で2時間半ほど行ったところに、ウッドフィールドという名の55歳以上向けの居住区域がある。未成年者は昼間の訪問に制限はないが、夜は年間30泊を超えて滞在することが認められていない。住民の1人、63歳のバスカー・バロは、自宅でときおり4歳の孫の子守りをしながら穏やかに暮らしていたが、2013年11月にその暮らしが一変する出来事が起きた。11月14日の朝、愛車のトヨタ・カムリと妻のグレーのミニバンのボンネットとサイドに黄色いスプレーで、幼稚園児のような下手くそにくずした字で、「子どもは出ていけ（ノー・キッズ）」と、大きな落書きがあったのだ。(19)

前出の『*Leisureville*（レジャービル）』の著者アンドルー・ブレックマンも、ザ・ビレッジに広がる地元の子どもたちへの嫌悪感を指摘している。「スケボーをしようとするといっつも揉める」と、隣町の11、2歳ぐらいの男の子がブレックマンに言ったという。ブレックマンは、「〝スケートボード禁止〟という看板を見たことはないが、それでも住民は若者のスケボーを取りあげる」と書いている。(20) これは、世代分離型コミュニティに住む人たちを「子ども嫌い（チャイルドヘイター）」と決めつける単純な話ではない。実際、ほとんどの人はそうではないからだ。だが、退職者用住宅メーカーのある社員がブレックマンにこう言った。「彼らは誰かの孫がプールで小便するところなんて見たくないんだ。子どもはよごすし、騒がしい」

子どもたちも、ほかに行き場がない。ほとんどの世代分離型コミュニティがそうであるように、ザ・ビレッジも開設から17年間、学校がなかった。だが、規模が大きくなり、店やレストランや映画館が次々と建ちはじめると、運営側の業務は複雑になり、従業員の確保が問題化していった。さほど規模を大きくするつもりのない退職者コミュニティなら、従業員は敷地外に住み、そこから毎日通勤すればいい。

しかし、ザ・ビレッジほど大きな規模になってしまうと、敷地は巨大で、外部の住宅地から通うことができない。必然的に、従業員も敷地内に住むことになり、そのため従業員とその家族の暮らしを支え、その子どもたちへの教育環境を整備しなければならなくなる。ザ・ビレッジの名誉のために書き添えれば、住民はそのための金を惜しんだりはしていない。従業員の子どものために複数の特別認可型公立校（チャータースクール）を建てている。その外観はすばらしく、複数階で、光に映える美しい壁、まわりを囲む運動場。運動場の芝生は近くのゴルフコースにひけをとらないほどすみずみまで手入れされている。

こうした学校や運動場は、子どもなしで存続できるコミュニティはないという事実を示している。しかし、ザ・ビレッジで働く従業員の子どもを除けば、住民の子どもはいまだに居住を〝禁止〟されている。静かな時間と大人同士の会話を守るため、そして何より大きいのは、若者ばかりに目を向けるメディアや世間の現状を忘れていたいからだ。ザ・ビレッジの住民は、贅沢で快適な施設を共有する生活を楽しんでいるだけではない。ただ若さを称賛し、老いた人を徹底的に見下す文化から辱められないための防護に価値を見いだしているのだ。住民にとってそこは、自らの精神を保つための離島のような場所だ。しかし若者を排除することには犠牲が伴う。子どもを敵視する場所で育った子どもが周囲への反感を抱くようになるのは、不思議ではない。

退職者コミュニティにおける10代の若者の破壊行為だけを責めるのはアンフェアかもしれない。世代統合型のコミュニティでも同じように無軌道な若者の問題はあるからだ。しかし、入居差別を禁じた公正住宅法の適用除外を認められているとはいえ、退職者コミュニティは子どもがいない点で、外部の、そして過去のコミュニティと決定的に異なる。[21] 19世紀の西部開拓地で実験的につくられた町にも子どもたちはいた。不自然な社会構成から不自然な振る舞いが生まれたときに、その責任をいびつな社会構成にどこまで負わせることができるのかは判断がむずかしいところだ。

塀に囲まれた退職者コミュニティの住民と少数のティーンエイジャーとの反目について、私はそれほど心配していない。心配なのはむしろ、表出する敵意の裏で、さらに悪い何かが増殖しているのではないかという問題だ。世代間対立が深刻化し、敵（高齢者）の移動手段にゲリラ攻撃が頻発するようになった将来、冒頭のゴルフカート泥棒のような事件を、あれが前触れだったと振り返る日が来たりしないだろうか。はじめは小さかった不快感が、やがて手に負えないほど巨大化する未来が現実のものになるかもしれない。特に、高齢者の人数が拡大し、若年層の構成比が縮少する時代にあってはなおさらだ。

19世紀末から20世紀初頭にかけて、人口高齢化が検討すべき深刻な問題として初めて取りあげられて以来、「老人」は税金からの援助を受けられる点で他の年齢集団よりも明らかに優遇されてきた。時期が来れば全員がこのお年寄りクラブに加入する、つまり、税金を払う若者にとって高齢者を支えることは、将来の自分たちへの投資という意味合いもある。

だが、これを存続させるために、将来の自分たちをいまの高齢者に重ね合わせて見なければならない若者は、すぐに人口動態の不均衡さを思い知らされることになる。アメリカが「少数派が大多数を占める」国になり、似たような傾向がヨーロッパなどでも出現し、人口の伸びの大半は人口が増えて出生率も高い移民の第一世代および第二世代に限定されるようになったからだ[22]。

一方、アメリカやヨーロッパ、オーストラリアでは、白人の高齢者のほうが、同じ国に住む他の人種よりも平均寿命が長いという、*不公平な真実がある。高齢世代には若い世代よりもはるかに白人が多いのはそのためだ。将来の若者がその時代の年寄りを見たときに、見つめ返す顔の多くが自分と違う人種であるという事実に納得いくだろうか。

世代間対立を深刻化させる原因はほかにもある。人目を惹くザ・ビレッジの存在が、高齢者は金もないくせに強欲だとする世間の見方を補強する。ただ消費するだけのゴルフ好きの年寄りが、労働世代が払った税金のおかげで〝億万長者の暮らし〟を享受している、と。

もっと悪いのは、退職者コミュニティが学校税を回避できる場所と見なされるようになることだ。あるコミュニティに高齢者が増えるほど、地域の学校に使われる予算が減るという傾向がすでに明らかになっている。この傾向が特に顕著なのは、高齢者の大半が白人で、学齢期の住民がアフリカ系かラテン系のコミュニティだ[24]。こうした傾向は、本格的な退職者コミュニティの草分けとしてデル・ウェブ社の開発したサンシティでも見られた。アンドルー・ブレックマンの『*Leisureville*（レジャービル）』に詳しく書かれて

*アメリカに見られるこの傾向には1つ大きな例外がある。人口統計学者が「ヒスパニック・パラドックス」と呼ぶ、ヒスパニック系移民の第一世代が白人よりも長生きする傾向だ。この優位性は、標本抽出に偏りがあったせいなのか（健康な肉体をもつからこそ他国に移住できたとも考えられる）、生活習慣のおかげだったのかはともかく、第二世代では消失している[23]。

いるように、1962年からの約10年間でサンシティの住民は学校債の発行案を17回否決している。自治体の予算不足があまりにひどく、地元の学区は生徒の登校時間をずらし、交代制で教育せざるをえなかった。やがて学区は予算案の主導権を取り戻すためにサンシティを切り離す決断をした。

さらに、関係者全員にとって大きなストレスとなるのは、未来の巨大な老齢人口を養うのには非常に金がかかるという事実だ。人口動態がこのまま推移した場合の未来がどれほど困窮するかを、最も冷静かつ体系的に論じたのは、エコノミストのラリー・コトリコフとジャーナリストのスコット・バーンズの共著『破産する未来――少子高齢化と米国経済』（日本経済新聞社）だろう。このままの勢いで老人の数が増え、出生率が下がり、医療費が膨張していけば、2006年以降に生まれたアメリカ人は、社会保障、メディケア（高齢者向け医療保険制度）、メディケイド（低所得者向け医療費補助制度）を存続させるための税負担が2倍になるとデータをもとに論じている[25]。アメリカよりも人口動態の変化が急で国の債務も大きい日本のような国々では、税金をめぐる状況はさらに深刻だ。

そのため、年寄りへの医療行為は制限しろ、社会保障と公的年金を撤廃せよ、それが無理なら減額せよといった極端な行動を唱える人もいる。もし実現されると、集団から個々の老人へとリスクを移行する世界的な動きがいっそう加速され、壊滅的な事態となる。「リスクの移行」と言えば聞こえはいいが、かつて世界中で家族の献身によって保たれていたセーフティネットが途絶したいまとなっては、行き着く先は、人手の足りないぎゅう詰めの老人ホームやホームレス老人だ[26]。

いまのところ、「偏屈な老人」のイメージの一方で、「やさしいおじいちゃん」や「明日はわが身」、「かわいそうなお年寄り」のイメージがあり、両者はなんとかバランス保っている。しかし、人口動態と経済が懸念どおりに進めば、「何も生みださずに、子ども世代を犠牲にして自分の快楽だけを追求する高齢者」という有害なイメージが、社会に浸透するおそれがある。その結果、若い納税者が反乱を起こすかもしれない。ケン・シニアのゴルフカートを盗んだ若者もいまは全員、選挙権をもつ年齢に達している。

もちろん、高齢の有権者集団は、自分たちの便益を脅かすものに対して必死に闘う（世間の印象ほどまとまっていないのだが、彼らは社会保障やメディケアが攻撃される場面では一致団結しやすい）。第32代大統領フランクリン・デラノ・ルーズベルトが社会保障法案を通過させたときのイメージ戦略のおかげで、高齢者は社会保障を正当な権利としてとらえている。[27] しかし高齢者による自己防衛的な投票行為が積み重なるうち、いずれは内戦のような事態――兄と弟ではなく、祖母と孫が敵対する争い――が起こりかねない。

誰もが味方を増やして自陣を守ることに汲々としているので、人生100年時代という新世界をともに耕し、実らせていこうという連携が置き去りにされている。いまはまだ大っぴらな老人差別は悪というイメージがあるが、それによって老人が得ている恩恵は、若者が老人を見捨てたとたんに消失するのだ。

ザ・ビレッジのライフスタイルは、その住人にとっては一貫性があって魅力的だが、外部からの反感を買いすぎると、その先に訪れるのは、私たちが願うより貧しい老後かもしれない。現時点での政治と人口動態の現実に照らせば、ザ・ビレッジのようなライフスタイルを今後も続けられるかどうかは不透明だ。企業も、そうしたライフスタイルをプロダクトやマーケティングに反映させたり、典型的な高齢者が望むのはそうしたライフスタイルだと決めつけることは、高齢者の資金や職や他の支援を下の世代に負担させることにつながると理解しておくべきだ。

次節では、将来の高齢消費者が望む生き方を理解したい企業にとって道しるべとなりうる別のモデルを紹介しよう。このコミュニティもザ・ビレッジのように高齢者の多くの要望に応えているが、高齢者が他の年齢層と交わりながら生活しているため、高齢者を、経済的に支えられている社会から離れたがっている〝欲深じいさん〟ととらえたりはしない。この新しい老年期のビジョンは、おそらく高齢者をいたわり、幸福な老後にするための方策として最も有効なものなのに、注目度は低い。あなたの町にもすでにあって、ただ気づいていないだけかもしれない。この新しいコミュニティはボストン近辺の、私のオフィスの窓から見えるほど近くで生まれていたのに、私自身、何年も気づかずにいたのだから。

世代統合型のビーコンヒル・ビレッジ

ジョーン・ドウセットは、MITのデイビッド・H・コッホ統合ガン研究所の1階にある小さなカフェで、椅子に自転車を立てかけ、コーヒーをすすっていた。MITでは建物内に自転車を持ちこむとあまりいい顔をされないが、ジョーンから自転車を引き離すことなど誰にもできはしない。自転車のハンドルの両グリップからは幾筋かのリボンが垂れ、タイヤは白く、前カゴには黄色とピンクの花がぎっしりと入っている。75歳のこのサイクリストはまるで太陽のようだ。ドウセットはシカゴへの旅程表らしきものから目を上げ、あたりを見回した。彼女は仲間とシカゴに旅行に出るところだった。

彼女は言った。「20人ぐらいで行くのよ。川遊びをして、博物館に行って、それからロシアンティーの喫茶店へ。スケジュールはびっしり。その後、高層ビル群をまわって、何人かでフランク・ロイド・ライトの建物も見にいくの。もう忙しくって」

ジョーン・ドウセットのアクセントは、少なくとも私の耳には、1938年に彼女が生まれたイギリスのサリー州を思わせる、洗練された話し方に聞こえた。若いころの彼女は子守り兼家庭教師になる訓練を受けたあと——「当時あちこちに旅してまわれる仕事ってそれぐらいしかなかったのよ」と彼女は言う——、ロンドンのアメリカ大使館との縁があり、ハンガリーでアメリカ人外交官の家族の世話をする職に就いた。ところが、子どもの父親が亡くなり、遺された母親と子どもたちとともにマサチューセッツ州ノーフォーク郡デダムに移ることになった。「私が結婚し、子どもたちのお母さんが再婚するまで、ナニーを続けた。あの子たちもいまでは50代。私たちはずっと仲良しなの」

1970年、ドウセットはMITでのキャリアを築きはじめた。MITの図書館や、同窓生担当課、交通研究センター（現在は、エイジラボの母体にもなった交通・物流研究センター）、人事雇用担当課や経営企画部門など、さまざまな部署を異動した。25年間MITで勤めたあと、62歳で退職した。「これから毎日どうしよう」と退職後の彼女は考えた。彼女の選択は自然ななりゆきのように見えるが、結果として画期的なライフスタイルになった。

退職からまもなくドウセットと夫は、ボストンでも特に古く上品な町であるビーコンヒルのアパートメントに引っ越した。引っ越した理由の1つはそれまで住んでいた住居が狭く、職場に置いていた私物をもって帰っても置き場所がなかったからだ。引っ越し先の近辺に知人は1人もいなかったので、今後の近所づき合いを心配していたが、まもなくドウセットのもとに朗報が届いた。「ビーコンヒル・ビレッジ」に来ないかと誘われたのだ。「夫に言われたわ、〝まさにきみのための招待状だね〟って」

「ビーコンヒル・ビレッジ」は本来の意味での「村」ではない。高齢者向けコミュニティや介護施設に転居するのではなく、住み慣れた家でできるだけ長く暮らし、古い友人たちとのつき合いを続け、お気に入りのレストランに通い、地元の催しに参加したいと願うビーコンヒルの年配の住民たちの、ゆるい共同体だった。

当初、ビーコンヒル・ビレッジは住民のニーズに応えることを最優先にしていた。創設者の1人、スーザン・マクウィニー・モースはこう書いている。「私たちは皆、年をとった親戚がどんな体験をしているか、自分の目で見ている。ある母親は、フロリダにある退職者コミュニティで自分は見捨てられたと感じて孤独だった。ある父親は、介護施設で薬を過剰に与えられて放っておかれた。貯金も助けてくれる肉親もないおじさんもいた」[28]

ビーコンヒルの住民が、何かこれまでと違うものを築こうと思いたった1999年当時、アメリカの文化には1つの大きな流れがあった。年をとると、終の住処(すみか)を介護支援つき住宅や介護施設、あるいは退職者コミュニティ、福祉施設のどこにするにしても、必ずある行動が伴う。そう、転居だ。

マクウィニー・モースはこう問いかける。「いくら〝安全〟のためとはいえ、生きてきた過去、友人、アイデンティティを手放してまで、なぜ生活の基盤を愛着のあるコミュニティから別のところへ移さなければならないのか。まだ本当に必要ではないうちから、なぜ自分のライフスタイルを、既存のコミュニティに合わせなければいけないのか。なぜ、仕事と子育てに追われている子世代に自分の面倒もみてほしいと頼まなければならないのか。金銭の負担も大きい。転居を選べるのは余裕のある限られた人だけ。温暖な気候と整備された高齢者向けコミュニティが、一部の人たちにとってすばらしい選択肢であることは承知しているけれど、私たちにとっては現実的でも魅力的でもなかった」

彼らはとにかくスタートすることにした。「なんでもしてあげる」ことはできないが、ビーコンヒル・ビレッジのメンバーは、立ちあげ当初から老いとともに生じる細々した厄介ごとを互いに助け合って解決すること、大きな厄介ごとについても助け合って解決方法を探すと決めた。今日では、住民メンバーと若者からなるボランティアのおかげで、食料品の買いだしや家庭を訪問してのペットの世話、簡単な家事や修繕などを支援できるようになった。住民の健康や介護、あるいは経済面などもっと大きな問題の場合には、運営組織が信頼できるサービス供給業者をリストアップする。多くの場合、住民は割引価格で利用できる。

「何かわからないことがあったら、電話すればいいの。電話を受けた人がわからなかったら、調べてくれるし」と、ある住民は言う。彼女は自宅用にしゃれた薄型テレビを買い、自宅にもち帰ったが、いざ古いテレビと交換しようとしたら、古いテレビは吊り棚の上にあってずっしり重く、1人で下ろすことができなかった。そこでビーコンヒル・ビレッジに電話をしたところ、地元の若い女性を寄越してくれた。その若い女性が古いテレビを下ろし、新しいテレビを設置し、ケーブルを全部つないでくれた。年会費の675ドルとは別に費用がかかったが、運営組織から推薦された若い女性を信頼できると感じたので、彼女は費用も含め、そのときの体験にいたく満足している。

ビーコンヒル・ビレッジは、安全運転で信頼できる運転手の仲介もおこなっている。高齢者の送迎には、車の乗り降り以外に特別な配慮が必要なので、ウーバー全盛の時代にあってもこうしたニーズがあるのだ。ジョーン・ドウセットも言う。「食料品店まで買い物の送り迎えをしてくれるし、病院にも治療を終えたころに迎えにきて自宅まで送ってくれる。9月に膝の関節の治療をしたときにも、来てもらったわ」

だが、こうした実用的な話より、ビーコンヒル・ビレッジの最も大切な要素はおそらく、多くの人の印象とは違うかもしれないが、「楽しさ」だ。イギリスからの移住者だったドウセットにはアメリカに肉親がおらず、退職時も事情は同じだった。「ひっそりと生きるんだと思っていた」とドウセットは言う。ビーコンヒル・ビレッジからの招待状が届いたとき、彼女は医療や介護面での有用性よりもむしろ、社会的なつながりの点から心を動かされた。

ジョーン・ドウセットと夫は、ビーコンヒル・ビレッジの運営が始まった2002年にそこに加わった。当初は、十何人かの退職者がもち寄った非現実的なアイデアにすぎなかったが、ビーコンヒル・ビレッジはすぐに会員基盤を固め、地元の人たちや信頼できる供給業者、建築業者などとの関係も築きはじめた。ドウセットも積極的に運営にかかわり、彼女のスケジュールはいまも満杯だ。

「月曜日にはうちに何人かが集まって、お茶をいただいてから映画の鑑賞会をするの。毎回10人ぐらい。火曜日には隔週でビーコンヒルのレストランに集まって、お芝居や映画や好きなことをおしゃべり。ビーコンヒル版〝恐怖の火曜日（テリブルチューズデー）〟よ。水曜日にはチャールズ通りにあるレストランで食事会。このときは国際問題について話すことが多い。木曜日の夕方には夫に男性だけの集まりに行ってもらう。彼はちょっと人見知りだから、私が強引に送りだすの」。ドウセットのグループは人気があるので、彼女は別の場所に分会を設ける予定だ。「この週末にはシカゴへ行くのよ」

MITから川をはさんだすぐ向かいでこうした試みが進行していると聞いたとき、最初に浮かんだのは疑いの念だった。年をとった人たちが必要なときに助け合う暮らしと聞けばたしかに響きはいいが、現実主義者の私からすれば、そんな利他的な共同体がいつまで続くだろうと思わずにいられなかった。過去に数多くの理想主義者が先駆的な社会を築いたものの、どれも存続しなかった。年をとっても同じ場所に住みつづけたいという欲求をもつ人たちが、自らのために設立したビーコンヒル・ビレッジも、過去の理想郷と同じく、葬り去られるだろうと思っていた。

しかし数年経っても、私が予想したような事態にはならなかった。むしろ逆で、規模でも評判でも存在感を増し、毎日のように誰かが高齢者の暮らしの新しいモデルとして、ビーコンヒル・ビレッジのことを話題に出した。時間が経つにつれて私は、ビーコンヒル・ビレッジの将来を楽観するようになり、同時にそれを、これまで注目されなかった旧式の世代分離型コミュニティに対する警鐘――あるいは弔鐘――ととらえるようになった[29]。

とはいえ、現時点において、フロリダのザ・ビレッジのような世代分離型コミュニティは私の懸念を気に留めることなく、とてもうまくやっている。一方で、ビーコンヒル・ビレッジの母体であるボストンの昔からの金持ちが大切にする価値観も、順調に受け継がれている。ビーコンヒル・ビレッジのように自然なコミュニティを展開していくための全国的組織「ビレッジ・ツー・ビレッジ・ネットワーク」も設立された。同組織によれば、本書執筆時点で、ビーコンヒルをモデルにしてもとに築かれた町が、4つの州を除くアメリカ全州で190カ所あり、さらに150カ所が構築途上にある[30]。この現象は国境を越えて広がっている。MITエイジラボを訪ねてくるシンガポール、イギリス、ドイツ、中国からの客人の多くは、自国での参考にしようとビーコンヒル・ビレッジに〝聖地巡礼〟する途中で立ち寄ってくれたのだった。

過去15年間でこのようなコミュニティが次々と出現している。あるものは、「ペイ・フォワード（恩送り）」の精神で自然に生まれ、有給のスタッフはごく少数だ。フルタイムの従業員は平均1名から2・5

名程度しかおらず、コミュニティが住民に提供するサービスの大半を担うのはボランティア、しかもその大半は同じコミュニティの住民である。典型的な仕組みは、社会的なつながりを求めてコミュニティに加わった主に50~70代の若く健康な住民が、80~90代の年長の住民を必要に応じて支援するというものだ。医療やつきっきりの介助のような専門家や家族の助けが必要で負担の大きいものではなく、日常生活で直面する困りごとを、住民同士で助け合うのである。

しばしば霧に包まれるインナー・リッチモンドにあるサンフランシスコ・ビレッジの本部で熱心に活動するビル・ハスケルは、ペイ・フォワードの精神に惹かれてサンフランシスコ・ビレッジに加入したという。すぐに、思いがけない事態に陥った。「加入して30日もしないうちに、パートナーが心臓手術を受けなければならなくなった。ぼくが彼の主介護者で、ボランティアではなく手厚い助けが必要になったんだ。彼の手術は難易度が高く、結局2週間入院してから自宅療養になった。そこでぼくはビレッジに電話したんだ」。サンフランシスコ・ビレッジはビルに、信頼できる在宅介護事業者を紹介した。ビルが買い物やジムで家を空ける際にプロの介護者の予定が合わないときには、サンフランシスコ・ビレッジが自宅で患者を見守るボランティアを派遣した。「時間がなくて調理ができないときには、住民が食事を運んでくれた。顔も知らなかった人が、ぼくたちのために夕食をもってきてくれたんだ」

こうした助け合いのコミュニティには、ペイ・フォワードの魅力と同じぐらい、じつは欠点もある。宣伝しにくいこともその1つだ。フロリダのザ・ビレッジは娯楽性の高いコミュニティとして開業し、介護関係の設備やサービスはあとからつけ足されたものだった。そのため、実際にはそうであっても老いた人たちが介護を受けにいく場所とは思われない。一方、ビーコンヒル・ビレッジは相互扶助のコミュニティとして開業し、社交クラブの雰囲気はあとから足されたものなので、介護や世話に力点を置く感覚が根づいており、このことが、自分をまだ要介護者だとは考えない潜在顧客の足を遠ざけている。

シニア向け出会い系アプリを開発し、登録者を増やそうとしているスティッチ（本社サンフランシスコ）では、サンフランシスコ・ビレッジの名前が出たとたん会員の何人かが眉をひそめ、「まさか！　だってあそこは〝お年寄り〟のための場所でしょ？」と言った。50歳以上を対象にした出会い系アプリの会員が言ったこのことばがすべてを物語っている。スティッチのアプリが提供するサービスは、サンフランシスコ・ビレッジのそれと似たところがある。仲間をつくり、旅行に一緒に行ってつき合いを深め、意識的に人脈を築くこと。だから、高齢者や身体の弱った人のケアをするためのクラブの一員であると自認するのは、50歳以上を謳う出会い系サービスに嬉々として加入している人ですら、強い抵抗がある。

ビーコンヒル・ビレッジの雰囲気は、潜在顧客を惹きつける力が弱いだけでなく、退職後（リタイア）のアイデンティティという問題に対するわかりやすい解決策にもなりにくい。フロリダのザ・ビレッジの住民は、自分たちの過去のアイデンティティを捨てているが、それはザ・ビレッジが世間全体から切り離されていて、1つの特異なライフスタイルしか存在しないことを理解しているからだ。

対照的に、ビーコンヒル・ビレッジでは多彩なライフスタイルが存在しうる。住民は退職後に遊び三昧（ざんまい）でもいいし、ほかの人の世話をしたり、若い世代と交流したり、文化活動を支援したり、ボランティア活動に従事したり、働いたりしてもいい。

ビーコンヒル・ビレッジが単一のアイデンティティをよしとせず、人それぞれの多様さを受けいれたいと考えるなら、高齢者の新しい生き方を定義して広く宣伝していく役割も求められるのではないか。このコミュニティの微妙で込みいったメッセージは、フロリダのザ・ビレッジの単純でわかりやすいストーリーと競い合うのはむずかしい。

とはいえ、ビーコンヒル・ビレッジにも勝ち目はある。独自のモデルにいっそう強くこだわったうえで、サービスや活動を充実させるのだ。特に、社交を促すイベントが増えると、それまでのキャリアを離れて、晩年期にゆるやかに移行しようとする人たちにとってよい機会となるだろう。ちょっとした手作業をする場や、学びの場、クラブ、ボランティア活動が多彩に展開されれば、ビーコンヒル・ビレッジのモデルが、文字どおり丘の上のかがり火のように遠くからも見えやすくなるだろう。

だが、これだけのことを大規模におこなうには相当の障害が予想される。ビーコンヒル・ビレッジの運営委員会のメンバー、ジョアン・クーパーは、新しい住民の勧誘にはいつも苦労していると言う。「2人増えたかと思うと、4人が去ったり。もっとがっちり組織化されたところへ移るためとか、残念だけど亡くなることもある」。比較的新しいサンフランシスコ・ビレッジの住民は300人だ。運営リーダーのケイト・ホークは言う。「規模を拡大することに強い関心がある。300人の規模でうまくいっているのなら、3000人にも対応できる。国全体で見ても、こうしたコミュニティの住民はまだ数万人程度だが、本当はその10倍はいてもいいはず」。彼女は、規模を拡大できないのは、資金不足と、強烈なビジョナリーがいないせいだと考えている。さらに、アメリカやよその国でも相互扶助型コミュニティのネットワークは急速に広がっているのに、実際の住民となると思うように増えていないのは、おそらく「短期間に多くのことが起こりすぎて、基盤が整っていないため」と推測している。

彼女は正しい。従来にはない高齢者の新しい暮らしを根づかせるには、物質的、制度的、文化的な基盤を新しい観点から整備する必要がある。ビーコンヒル・ビレッジや他の類似のコミュニティでいま私たちが見ている姿は、その道程の始まりにすぎないのではないか。出だしとしてはいい線を行っていると思う。

最高のとき、最悪のとき

今日の高齢者のほとんどは、働いていても、身体が弱ったり病気を患ったりしていても、自分のコミュニティとの関係を維持しながら暮らしたいと望んでいる。ビーコンヒル・ビレッジの提供するビジョンはこれに近いが、フロリダのザ・ビレッジが提供するような明確で力強く、わかりやすい魅力を放つまでには至っていない。ビーコンヒル・ビレッジの雰囲気は、ハロルド・シュワルツが1970年代につくった、広大なトレーラーハウスのキャンプ場に似ている。巨大な可能性を秘めつつも、大勢の人を惹きつける力はまだ弱い。ザ・ビレッジは華々しい成長を実現するために無料のゴルフを旗印にしたが、相互扶助型コミュニティのネットワークは何を旗印にすればいいのかはっきりせず、住み慣れたコミュニティで幸せに年老いていく暮らし方を根づかせていけるかどうかも不透明だ。

ビーコンヒル・ビレッジも他の類似したコミュニティも完璧ではない。現段階では規模が小さすぎる。住民の絆(きずな)を強め、テクノロジー通のベビーブーマーを惹きつけるために不可欠なモバイル技術を充分に活用できていない。立地も都会に限定され、中流以上の社会階層には受けいれられやすいが、その一方で多くの人が対象からこぼれ落ちている。それでも、人生100年時代の経済にかかわる新世代のプロダクトが登場し、たんなる気晴らしや骨休め以上のことを高齢者が簡単におこなえるようになるにつれ、ビーコンヒル・ビレッジ的な何かが黎明期の混沌状態を克服していくのではないか。

最も重要な点は、長期的な安定性だ。ザ・ビレッジのゴルフカート泥棒を思いだしてほしい。別のコミュニティの「子どもは出ていけ（ノーキッズ）」の落書きも。他世代に対して身構える感覚は高齢者の風土病のようなものだが、世代分離の考えに根ざした社会は、人生の終末を過ごす場所としては安定的ではない。安定していなければ、企業は高齢層とのビジネスを展開しづらい。本来もっていた技能も知恵も壁で囲まれた区域の内側だけで浪費して何も生みださない人たち、つまり受けとるだけで与えない人たちを雇用したり、彼らに投資したりする動きは消えるので、高齢者の懐（ふところ）は寂しくなっていく。

フロリダのザ・ビレッジには「とてつもなくたくさんの能力が活用されないまま眠っている」と、住民で元軍人のスモークは言う。彼は、コミュニティの外で複数の委員会のメンバーとして活動しており、ザ・ビレッジの暗黙のルールに盲従してはいない。スモークや、地元の裁判所で未成年者の訴訟後見人を務めるキャロリン・リーブホルツのような人たちもいるが、ザ・ビレッジは概して非常に閉鎖的であるため、外部の人たちからは、内側にいる住民がそれぞれに美徳や能力をもつ個々の人間であることが見えにくい。むしろ、毎度おなじみの古くさい高齢者のイメージが刷りこまれているのだ。

2014年におこなわれたある調査では、ビーコンヒル・ビレッジ型のコミュニティの約4分の1が、高齢者へのかかわり方を積極的に改善しようとしている。運営の多くをボランティアに頼る小規模な組織にしては、4分の1というのはなかなかの割合だ。[31] また、なるべく外に出てコミュニティのよい印象を発信することで、高齢者は社会に溶けこまないという古い神話を払拭しようと努めている。

もしあなたが私のように、高齢者もその子ども世代も敵対せず、互いに尊重し、助け合い、協力して何かを創造する世界に住みたいと願うのなら、フロリダのザ・ビレッジとは対照的な、ビーコンヒル・ビレッジのような多世代の相互扶助型コミュニティが、よい道案内になるだろう。ビーコンヒル・ビレッジをモデルにして構築されたビレッジ群には、子どもに頼らず生きていきたいと願う高齢者が多い。アメリカやイギリスやドイツなどの国で豊穣な拠点を築きつつあり、多世代がともに暮らすコミュニティの実験は各地で活発におこなわれている。

たとえばドイツとスイスでは、「支援つき住宅（ヴォーネン・ヒュア・ヒルフェ）」と呼ばれる異世代ホームシェア事業が展開されている。ちょっとした手間仕事を手伝いながら高齢者の家で暮らす、一定の審査に合格した学生に賃貸料を補助する仕組みだ。[32] イギリスにも似たような「ホームシェア」という試みがある。[33] ドイツでは、高齢者の82パーセントが老人ホームへの転居を望んでいないため、同居人を置けるように住宅を整える費用として最大1万ユーロの補助金を支給し、さらに同居人には毎月200ユーロ以内の家賃補助をおこなう法律が2013年に制定された。[34]

高齢の消費者がどこに住むにしても、未来の暮らしは、世代分離ではなく世代統合的なものとなる可能性が高い。世代統合型の考えに立ってつくられたプロダクトのほうが、よりよい結果を出せるだろう。インターネット技術や共有経済（シェアリングエコノミー）の進歩によって、高齢者が外出したり用事を片づけたり、仕事をしたり、人と会ったりすることが、住み慣れた場所でもオンライン上でも昔よりはるかに簡単におこなえるようになった。あなたの会社が退職者向けの投資金融商品を売っているとして、そのコマーシャルには、浜辺やゴルフコースでくつろぐ高齢者の姿が描かれているだろうか、それとも自身のコミュニティで暮らす高齢者の様子が描かれているだろうか。

一方、あなたがそうした商品をつくる立場だとして、退職者専用コミュニティへの不動産投資をポートフォリオに含めているだろうか。そうした商品の市場は当面はもちろんあるが、長い目で見ると、住み慣れた場所で年をとる生き方の浸透によって、人口動態を数字でとらえただけの予測より小さくなるかもしれない。

注意が必要なのは、新しい老いの物語がうまく紡（つむ）がれない可能性もあることだ。10人中9人が退職者向けの専用コミュニティに住まないという事実があるにせよ、もし、企業や行政府やメディアが、晩年の標準的な生き方は、他の世代が額に汗して稼いだ金の恩恵を受けて世代分離型のコミュニティに住むことだと頑固に言いつづけるのなら、現実に反して世代分離型のストーリーが普及してしまうかもしれない。

だが、老いの現実を見据え、新しいビジョンに沿ってつくられたプロダクトなら、ストーリーは変えられる。人とのつながりも多世代共存の意識も強いこれからの高齢者世代は、文化の先駆者となって、高齢者の能力や意欲を軽んじる誤った認識を、それは誤りだと気づかせていく存在になる。高齢者は被雇用者としてもビジネスパートナーとしても魅力を増し、消費者としてももっと重要な存在になるのだ。

後続の章では、こうした高齢消費者に対する企業の向き合い方を重点的に述べたい。老いの新しいビジョンを社内でどう築けばよいかについても取りあげる。大きな時代の変わり目に立ついま、高齢者も企業も居心地の悪さを感じているかもしれないが、その状態は長く続くことはない。

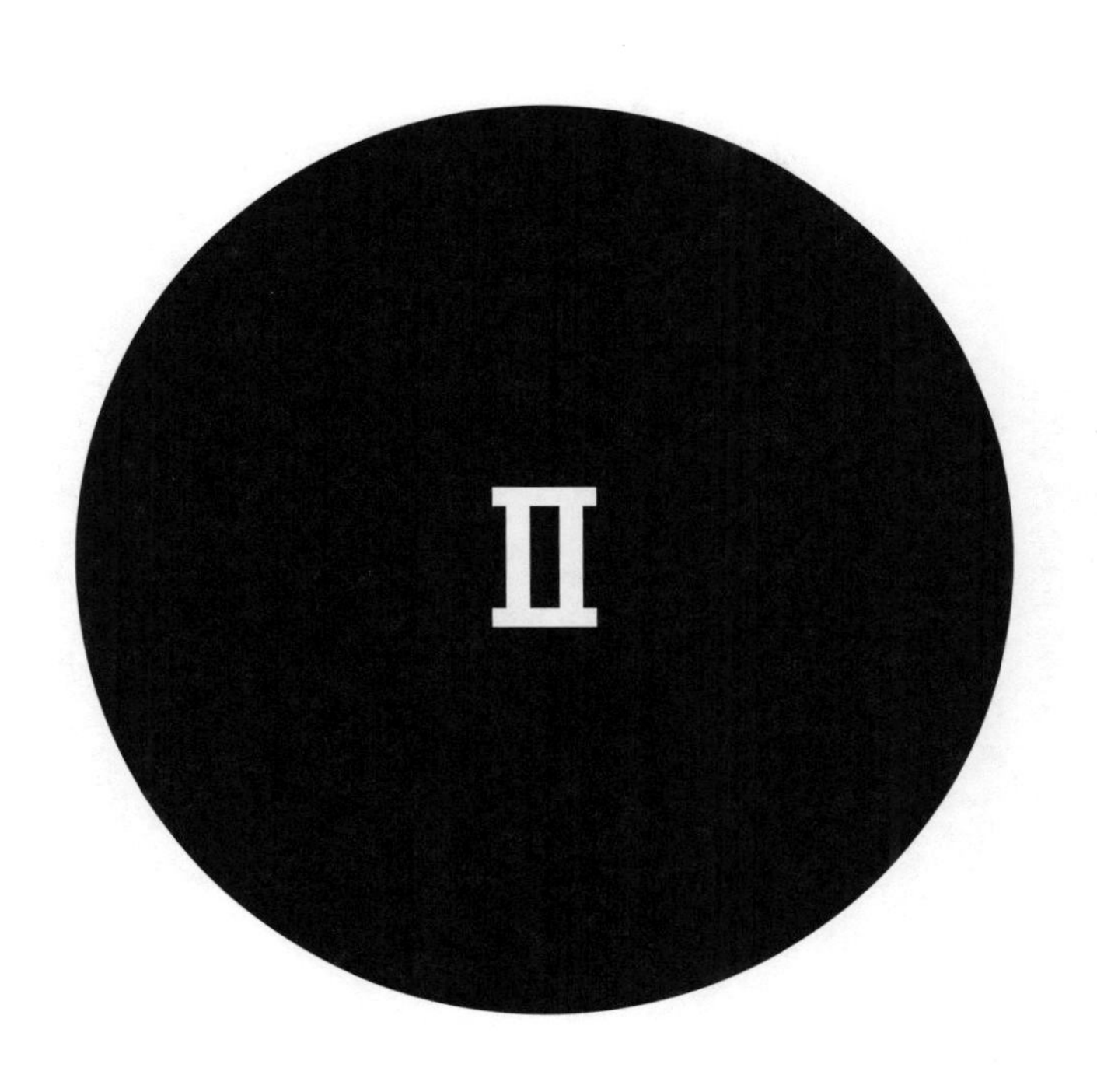
II

第5章 攻めの共感戦略と超越的デザイン

I部では老年期の新しいとらえ方の輪郭を示した。ここからは、企業がその輪郭に色を塗り、肉づけしていく方法に軸足を移そう。

プロダクトの改良版が登場すると、高齢者の生活能力は高められ、力を得た高齢者はさらに便利なプロダクトを要求するようになり、好循環が生まれる。ただし、好循環の最初の波を起こすまでには、イノベーターにしろ企業にしろ、かなりの苦労が予想される。年齢を重ねた身体や長年培ってきた経験を配慮しないプロダクトは顧客をいらだたせ、よそに目移りさせかねないし、逆に配慮しすぎても、彼らは見下されたと感じ、いとも簡単に拒絶してしまう。高齢者の暮らしにプロダクトをうまく填めこむことはときに、スプレー塗料で塗り絵を塗るくらいむずかしい。

企業に求められるのは、第3章で述べたように、消費者が解決したがっているジョブ（用事・仕事）を意識し、それを楽におこなえるようなプロダクトを提示することだ。これは決して、ばかでかいゴム製のリモコンやボタンが3つしかない携帯電話、押すだけで助けを呼べる緊急通報ペンダントのような、使い方が簡単なだけのプロダクトを意味するのではない。これらは便利かもしれないが、人を暗い気持ちにさせる。

顧客を半人前扱いするのではなく、楽しく楽にプロダクトを使いこなせるようにする道がある。プロダクト開発のこの理念を極めたかたちを、私は「超越的（トランセンデント）デザイン」と呼んでいる。超越的デザインは、人口動態の年齢区分に押しこまれることを好まず、消費者としての自分の要求に最新で最高の解決策を求める人たちに、年齢層にとらわれない強烈な魅力を発揮する。変化の乏しかった業界にも新しい命を吹きこむだろう。

従来の老いの物語（ナラティブ）のなかで情けない思いをしてきた高齢の消費者にとって胸躍る話に聞こえるだろうが、実際のプロダクトに結実するまでにはかなりの苦労を伴う。企業は顧客の欲求、ニーズ、不満、期待を深く理解することがまず必要だ。この種の深い知識を得るために、新しいチームをつくったり、社員を雇ったり、外部のコンサルタントと契約したりする方法もあるが、意図的に共感を沸きたたせて顧客の心をつかむ方法もある。それは将来、途方もない見返りをもたらすかもしれない。

だが先走りはやめよう。よりよいプロダクトを生みだす第一歩は、高齢の消費者に嫌な思いをさせないようにすることだ。これは低いハードルだが、プロダクト、パッケージ、マーケティング活動の多くはこの低いハードルすらクリアできずにいる。だから、よく切れる鋏（はさみ）かロッククライマー並みの握力がなければ開けられないクラムシェル型のプラスチック包装のような失敗例が続くのだ。

一見わかりにくい不具合もある。情報伝達の主要媒体が紙の新聞からバックライトつきのスクリーンに移行するにつれて、たくさんの色を使った微妙な配色が可能になった。だが、見栄えだけに気をとられて配色すると、高齢の消費者には色味が伝わらないおそれがある。とりたてて疾患がなくても、目のレンズは老化とともに青色の光を通さなくなり、網膜に到達する光は青の反対色である黄色として感じられる。老化のプロセスは何十年にもわたって進むため、青い色が見えづらいことにほとんどの人が気づかない。しかし症状は着々と進み、やがて白と黄色が区別しにくくなり、青と黒、緑、紫も区別しにくくなる。

もちろん、消費者のさまざまなレベルの視力、手先の器用さ、力の強さ、しなやかさに対応したからといって、それだけでプロダクトの成功が保証されるわけではない。しかし、これらの問題を解決することなく、すべての層に受けいれられる超越的なプロダクトは誕生しない。大切なのは、たんに不便を取り除くだけでなく、喜びを届けることだ。その境界線のありかを知るには、つまり、「とりたてて欠点のない」状態から、「すばらしい長所のある」状態へ移る方法を知るには、消費者の気持ちの奥深くまで理解する攻めの共感戦略が必要になる。

アグネス

高級車のメルセデス・ベンツは、富裕層を主なターゲットにしている。言い換えれば、年配の顧客が多い。ゼロ年代半ばごろ、メルセデスの親会社であるダイムラーAG（当時はダイムラー・クライスラーの一部門）はMITエイジラボのチームと協同で、高齢化した顧客層のニーズをプロダクトに反映させる方法について研究を進めていた。その一環として、ベルリンの施設で開催されたワークショップにエイジラボのスタッフと学生が招待された。ワークショップには、メルセデスの車内部品を製造していたダイムラーおよびシーメンスのエンジニア、デザイナー、マーケターが集まった。

大きく分ければ、世界の高級車には2つのタイプがある。人に焦点を当てたものと、マシンに焦点を当てたものだ。リスクを承知で単純化させてもらえば、メルセデス車は前者のカテゴリに入る。快適さのために性能を犠牲にしていると言いたいのではない。この車は、最先端の自動車技術を駆使して極上のユーザー体験をつくりあげることで知られている。

私の経験では、現場のエンジニアやデザイナーは20代か30代、あるいは40代であることが多い。大学を出て10年ぐらいの人が高齢の顧客を失望させない車をつくることと、高齢の顧客のハートに火をつけ、彼らがわくわくする車をつくることとはまったくの別物だ。ショールームでメルセデスに目を向ける顧客が求めているのは、まさしく後者の体験である。ダイムラーは、高齢層のドライバーに上質の体験を確実に提供できないかぎり、世界中のすべての技術を車に詰めこんだところで競争に勝ち抜いていけないことをわかっていた。

「群盲象を評す」の諺がある。目の不自由な人たちが象に近寄り、1人が手を伸ばして象の鼻に触れ、「木の枝のようだ」と言う。2番目の人は尾に触れ、綱（つな）のようだと言う。3番目の人は腹に触れ、壁のようだと言う。誰も象の全体の姿はわからない。

ダイムラーのエンジニアは、高齢ドライバーが車を乗り降りすることがどれだけたいへんかに注目し、ドアの重さやハンドルの位置を調整しようとしていた。一方、デザイナーは、高齢ドライバーの問題を美的感覚と機能性のトレードオフとしてとらえていた。マーケターは、フォーカスグループやフィールド観察の回数を増やせば答えが得られると考えていた。わがエイジラボの役割は、立場の異なる彼らが象の全体像を正しくとらえられるように手助けすることだった。

場をなごませ、彼らのコミュニケーションを促すため、遊びの要素も交えた実体験の場を設けることにした。若く颯爽としたエンジニア、デザイナー、マーケターの皆さんに、高齢ドライバーの苦労を身をもって知ってもらおうと考えたのだ。ラマーズ法について学ぶマタニティクラスや交通事故の恐ろしさを教える講習では、補助教材として妊婦体験スーツや飲酒状態体験用のゴーグルがよく使われている。そこで私たちは「老年期体験スーツ」を作成した。当時は、高齢者の身体感覚を体験できるツールといえば、老年学や看護の専門家のあいだでゴーグルとグローブが細々と使われている程度だったので、自動車のユーザー体験にふさわしいフルボディバージョンを自分たちでつくることにしたのだ。

おかしな見た目のそのスーツの名前はもともと「年をとることにいますぐ共感するシステム（Age Gain Now Empathy System）」だったが、幸運なことに単語の頭文字をつなげると「アグネス」（AGNES）という美しい名前になった（できすぎだ、逆にこじつけたのだろうと言う人もいたが）。

アグネス1・0バージョンはまだ名前負けしていたが、それでも、関節炎や高齢者の身体について詳しい運動生理学者[1]のアドバイスが随所に反映されていた。アグネスの黄色いゴーグルは、加齢に伴う水晶体の黄変化を模したものだ。ボクシング選手が首の強化に使うハーネスは、首を動かしにくく、直立姿勢を保ちにくくする。肘、手首、膝周りのベルトは関節にこわばった感覚を与え、グローブは皮膚感覚を鈍くし、指を動かしにくくする。

簡易版のスーツではあったが、その実験は充分な成果をもたらした。ダイムラー、シーメンス、エイジラボチームのメンバーがこのスーツを着ようとしたときには、格好がぶざまなせいで周囲が囃したて、場は大いに盛りあがった。だがもっと印象深く、多くの気づきを与えてくれたのは、そのスーツを着てツイスターなどのゲームをしたときだ。エンジニア、デザイナー、マーケターのそれぞれが、スーツを着てゲームをすることと、スーツを着てメルセデス車内で行動することの両方を経験した。彼らはそれを通じ、高齢の顧客が日々果敢に立ち向かっている困難を理解し、称え、相対的に恵まれた自分の身体機能に感謝することを学んだのだった。

各人がスーツを着脱し、感想を報告し、次の人にスーツを手渡すというプロセスを繰り返すうち、ダイムラーとシーメンスのチームは、高齢者の実態と、高齢者が彼らに求める昂揚感や喜びとのあいだの多くの軋みを明らかにしていった。特に重要なのは、エンジニア、デザイナー、マーケター、そして経営陣が、顧客の体験を同じ視点で確かめたことだ。自分たちが1頭の象にどのような角度から触れてきたのかを理解することで、何十年もかけて組織のなかに蓄積された慣性を1つのチームとして打ち破ったのだ。

エイジラボではアグネスの改良を続けた。高齢者の身体的状態の再現精度を高めることはもちろん、活用してもらう場所の開拓にも努めた。アグネスは現在、主要部分に太いゴムひもを使っている。ゴムひもを着用者の手足の主要なポイントに取りつけて、加重ベストと腰のハーネスに接続するのだ。着用者の身体の柔軟性が制限され、歩幅は小さくなり、背骨は前かがみになる。身体に固定されたヘルメットが頭を押さえつけ、首輪によって可動域が狭められる。また糖尿病性網膜症や緑内障など、目の疾患を再現する各種のゴーグルもある。詰めものをした靴は、足裏で地面をとらえる感覚を弱めてバランスをとりづらくし、[2]グローブは手指の空間把握を困難にする。[3]

アグネスの後継バージョンは、現場のエンジニア、デザイナー、マーケターだけでなく、ニューバランス、ペプシコ、ユナイテッド・ヘルスケア、シグナ、リバティ・ミューチュアル、グラクソ・スミスクライン、ゼネラル・ミルズ、ハートフォード金融サービス、レイモンド・ジェームス、トヨタ、日産など多くの企業のCEO、CFO、CMO、エンジニアリング部門トップ、イノベーション部門（近年、この部門を設置する企業が増えている）トップにも着用された。現職の知事でアグネスに袖を通した人もいるし、元運輸長官のアンソニー・フォックスはシャーロット市長時代の2013年に着用している。[4]もちろん、数えきれないほどたくさんの学部生やインターンたちも体験しており、彼らこそ、右に挙げた著名人や著名企業をしのぐ、本当にすばらしいことをやってのけるだろう。

アグネスの目的は、老いに関する情報をただ収集することではない。無機質な数字だけでなく、心の底からそうだったのかと腹落ちする瞬間を多くの人に実体験してもらうことにある。アグネスがメディアで取りあげられる場合、着用者の身体機能がどれだけ失われるかに注目されがちだが、本当の威力は、着用者の感情を揺さぶることにある。年をとるのはたいへんそうだと机上で想像するのはたやすい。しかし、何かをやろうとして失敗し、気づけば自分より50歳若い人たちに向けてつくられたプロダクトや規則に取り囲まれていたときの恐怖を心底理解するのは簡単ではない。

アグネスの体験を通して大きく変貌した企業の1つに、ドラッグストアチェーンのCVSファーマシーがある。2011年、CVSはあるアイデアを携えてエイジラボにやってきた。CVSの顧客層は、アメリカの他の小売り大手上位10社と比べて年齢が高いため、同社は高齢化する消費者という流れの最前線に立されており、それは現在も続いている。

2011年のはじめごろ、NBC制作のニュース番組「トゥデイ」をはじめ多くのニュースメディアは、視聴者が直接または間接的に経験している老化の身体的変化を報じるうえで、アグネスが格好の材料となることに着目した。アグネスの報道量が増加したおかげで、老年期体験スーツの存在は、常識とまではいかなくとも、少なくとも学者のお遊びよりはまともな位置づけを与えられるようになった。

アグネスが「トゥデイ」に2回目の出演を果たしたあと、*CVSから社内のマーケティングおよび戦略会議で話をしてほしいとの依頼が届いた。私は知らなかったが、定期的に店舗を改装しているCVSの次の改装予定が迫っていた。テレビ番組を見た同社のCMOが、店舗の設計にアグネスの知見を利用できないかと考えたのだ。

2012年11月の早朝、CVSのマーケティンググループと私のチームの主要メンバーはアグネスを着用し、ニューイングランドのいくつかの店舗で買い物の実地調査をおこなった。その後、ロードアイランド州のウーンソケットにある、CVSが新たに冒険的な店舗設計を試している施設でも同様の調査をおこなった。

店では何人かの朝の買い物客から訝(いぶか)しげなまなざしを受けたものの、同社がすでに施していた設計上の工夫は効果を発揮しているようだった。アグネスを着たCVSのマーケターは、前かがみで歩きづらいと

*当時、番組のニュース担当の1人、ナタリー・モラレスは面白半分でアグネスを着てくれた。番組のアンカーだったマット・ロウアーが彼女にシリアルの入ったボウルに牛乳を注ぐように促すと、「関節が完全に圧迫されて動きにくい」と彼女は言った。ロウアーは「よく見えないようだね」とからかった。「それはシリアルじゃないよ、ポプリだよ！」

感想を漏らしたが、CVSのトレードマークであるグレーのカーペットとは明確に色分けされた、もっと濃いグレーのリノリウムの通路が、入口から奥の薬局まで導いてくれた。店内の低い棚もまた、思うように身体を動かせないアグネスの着用者が買い物リストの最後まで到達するのを助けてくれた。

しかしアグネスはすぐに問題点を指摘しはじめた。たとえば、CVSでは多くの店のように、重い物を下の棚に置く傾向があった。そのような配置はたしかに、顧客と従業員に重い落下物が当たる危険を最小限に抑えてくれるが、逆に位置が低いほど、もちあげるのはたいへんになる。

この問題に店舗のレイアウト担当者が気づきにくいのは当然かもしれない。CVSの店舗へ自力で買い物に来ることのできる元気な高齢者なら、栄養ドリンクの6本入りパックを人の手を借りずにもちあげられるし、膝の高さの棚に手を伸ばしたり、頭より少し高いところの物に手を伸ばしたりすることもわけなくできるからだ。

厄介なのは、可動域ぎりぎりのところに手を伸ばしながら、同時に何か重いものをもちあげるという、2つの動作を同時におこなうときだ。かがんだり高く手を伸ばしたりすることで、高齢者の身体は不安定になる。その姿勢で筋肉を伸縮させながら関節部分に負荷をかけ、体重も支えなければならない。このような無理な姿勢で、2リットルのボトルをもちあげるのは、シルク・ドゥ・ソレイユさながらの妙技が必要となる。重いものは腰の高さに置くほうがはるかによいことに、CVSのチームは気づいた。同じ問題が、底が深くて手の届きにくい買い物カートでも指摘された。

ほかの問題点としては、店内のロリポップ型の標識がある。店舗の棚から通路に突きでたDVDサイズの丸い標識に商品名などが書かれた表示だが、通路の端に立つと、複数のロリポップが重なって見にくいという難点がある。そのため、敏捷に動けない哀れなアグネスの着用者は、商品がどの棚にあるかを知るために通路をとぼとぼ歩きまわらねばならなかった。

さらにミニッツクリニックでも問題が指摘された。CVSの店舗に併設されたこのクリニックでは、予約なしで訪れた患者をナース・プラクティショナー〔一部の医療行為が認められている上級看護師〕が診察し、薬を処方することができる。ところが、アグネスを装着した〝患者〟に出す処方箋の重要な部分をナース・プラクティショナーが黄色の蛍光ペンでマークしたので、老化を模した黄色の人工水晶体を通してそのマークを認識するのはほぼ不可能だった。

こうした個々の実例よりもおそらくもっと重要でありながら認知されていない問題点は、わずかでも身体に不調のある人にとっては、買い物をする店そのものが恐ろしい場所になりうるということだった。実験の場となったCVSの陳列棚は、比較的背丈が低かったが、それでも棚は峡谷のように延々と続いている。身体のバランスがうまくとれない自分のほうへ、他の買い物客が横に広がって突進してくるときに感じる高齢者の逃げ場のない恐怖を、経験のない人にわかってもらうのはむずかしい。自分のバランス感覚に問題があることやよく見えないことを相手は知らない。落ちたり壊れたりする商品の詰まった棚以外に、近くに頼れるものがないことも知らない。そこで高齢者にできることと言えば、歯をくいしばって思考を止め、彼らが通りすぎるまで何も悪いことが起こらないように祈ることだけだ。

退避スペースが近くにないとこうした事態が起こりやすいため、CVSは最終的に、通路に退避スペースを設けることにした（これについては後述する）。

顧客が買い物をしやすいように各店舗を改装するのは、CVSにとって大きな投資である。アグネスを体験したCVSのチームは改装に際してたくさんの提案をおこなったが、出費を抑えるために会社が標識の文字を大きくし、明るい色づかいに変えるといった最小限の変更しかしなかったとしても、誰もそれを責めることはできなかっただろう。

あるいはもっと悪い事態として、峡谷の壁の問題に備え、店のいたるところに高齢者のための手すりを設置するという、過度に〝シニアフレンドリーな〟ものにしていた可能性もあった。それは、高齢者を人間としてではなくまず患者として見るという、昔からの思いこみを踏襲するものだ。もしそれが実現されていたら、ハインツのシニアフードのような大惨事になっていたに違いない。

だがCVSは別の手法をとった。はじめに、うっとうしいロリポップ型標識を、道路標識のようなデザインに変え、文字も大きく読みとりやすくした。さらに、「制酸薬はここ」「プロトンポンプ阻害薬はここ」と薬の種類で分類する代わりに、「胸やけの治療薬はここ」といった具合に症状別に商品を整理した。これは標識の数を減らして重なりを抑えただけでなく、「薬が欲しいのではなく、不調を治したい」という消費者の本来のジョブ（用事・仕事）に、より効率よく対応できるようにするものだった。

消費者のジョブを中心にしたこの新しい考え方により、いくつかの商品がまったく別の場所に移動することになった。現在、ほとんどのCVSの店舗では、後期の2型糖尿病の人が使う着圧ソックスはブドウ糖の錠剤やインスリンポンプなどの糖尿病関連商品の隣に置かれている。着圧ソックスはかつて他の靴下やテニスボールの横にあり、歩行に障碍のある人に必要以上に店舗内を歩きまわらせていた。

CVSはさらに、重い商品の出し入れも容易な、小型で車高の高い買い物カートを導入した。店舗の入口付近の拡張もおこなっている。私たちは、高齢の女性が店内に入ると、買い物カートをつかんでバランスをとりながらなかにバッグを置き、いったん立ち止まって室内用の眼鏡に替える場面を何度も目撃した。若いデザイナーは気づきにくいかもしれないが、年配の買い物客が自分が通路をふさいでいるかもしれないと後ろめたく思うことなく立ち止まり、買い物の準備ができるスペースを確保することはとても重要だ。グレーの背景に黒い文字の古いクレジットカード端末機も、バックライトつきの扱いやすい機種に交換された。

こうした数々の改良のなかで私を本当に驚かせたのは、両側を陳列棚に挟まれて逃げ場のない、いわゆる峡谷問題が解決されたことだった。店内全体に手すりを取りつけるのではなく、独立したキオスク型の陳列棚を置いて長い通路を短く区切ったのだ。いまでは多くのCVSの店舗で、無遠慮に突進してくるティーンエイジャーの集団にぶつかられる前に、棚のあいだをするりと抜けることができる。歯をくいしばり、彼らが通りすぎるまで何も悪いことが起こらないようにと祈るしかなかった高齢者にとって、この改装はすばらしい福音となった。

メンタルモデル

メルセデス・ベンツの対極にあるのがBMWだ。もちろんいずれもドイツの高級車であり、マサチューセッツ工科大学とカリフォルニア工科大学、陸軍と海軍のように好対照をなす。メルセデスは、ドライバーと同乗者に与える体験の贅沢さで知られる。一方、BMWは、より精密なドライバーの制御を追求することで有名だ。いくつかのモデルでは、中央のダッシュボードが、ドライバーに向かって、助手席と反対の方向に傾いている。このデザインは多くを物語る小さな意思表示だ。

BMWのエンジニアは、ドライバーにできるだけ細かく運転体験を調整してほしいと考えている。自動車を贅沢な駕籠（かご）ではなく、同社の販売部門がよく言う〝究極のドライビングマシン〟として扱うことでBMWは成功してきた。しかし、何十年にもわたるこの制御中心の設計思想は、都市のスプロール現象さながら、スイッチやノブやボタンが土地を浸食したようなダッシュボードをつくりだすことになった。2000年には、BMWのフラグシップモデル、7シリーズのドライバーがなんらかの設定を選べるインターフェイスデバイスは117種類にのぼり、ボーイング737のコックピットかと見まごうばかりの複雑さだった。[5]

2001年、BMWは画期的な一歩を踏みだした。ノブとボタンのほぼすべてをiDriveと呼ばれるインターフェイスデバイスにまとめたのだ。1つのLCD画面に多数のメニュー項目が表示され、ユーザーは運転席と助手席のあいだに設置されたジョイスティックのような入力装置を使って操作する。この入力装置は4方向*に動き、ねじることで項目リストをスクロールし、クリックすることで項目を選択できる。増えつづけた選択項目を美しくエレガントにまとめあげる方法としてきわめて優れていた。ただ問題が1つあった——皆が嫌ったのだ。

RAC（イギリスの王立自動車クラブ）の会報には次のような辛辣な批評が掲載された。「iDriveに対するあなたの最初の反応はおそらく、〝私は運転（アイドライブ）したくない。あなた運転（ユードライブ）して。iDriveを覚えるくらいなら上級タイ語か素粒子理論を学ぶほうが簡単〟だろう」[6]。カー・アンド・ドライバー誌は、「ジェイムズ・ジョイスの『ユリシーズ』のような容易さと明快さを備えたコンピュータ・インターフェイス」と皮肉った。[7]

ナショナル・パブリック・ラジオ（NPR）のラジオ番組「カー・トーク」の伝説的なホストであるトム・マリオッツィとレイ・マリオッツィ兄弟はさらに痛烈だった。2人はウェブサイトにこう書いている。「この災いを、まだ汚されていないほかのBMWモデルに移行させる前に、誰かがBMWの人間工学部門のやつらを撃ち殺してくれないかな」。一方で、BMWの他の機能については、「優れたハンドリング、上質な内装、豊富な追加装備」と美点を掲げている。欠点はどこかって？「iDrive、iDrive、iDrive」[8]

要するに、控えめに言っても不評だった。しかもiDriveにはBMWだけが知るさらに深刻な問題があった。一般の人から嫌われただけではない。iDriveを最も嫌っていたのは高齢のドライバーだった。メルセデス・ベンツと同様、BMWの市場を支えているのはそれを買えるだけの金をもつ層、つまり主に年配の顧客だったので、iDriveの嫌われっぷりは本当に厄介な問題だった。

自動車業界では以前にもこれと似たことが起こっている。1986年、GMは革新的なタッチスクリーン式インターフェイスを導入した。このインターフェイスは、ビュイック・リビエラ、のちにリエッタに標準装備され、[9]オールズモビル・トロネード／トロフェオでは1300ドルのオプションとして提供された。[10]当時としては、画期的かつ最先端のダッシュボード・インターフェイスだったが、メニュー方式がわかりにくく、ドライバーは道路から目を離して操作するのをいやがった。[11]1990年代に入ってすぐ、

＊ドイツでのみ販売された最初期のiDriveシステムではジョイスティックを8方向に動かせたが、このモデルはすぐに製造中止になった。

GMはそのインターフェイスの販売を終了し、ボタン、ノブ、スイッチ式に戻した。悲痛な声をあげる設計エンジニアもいたが、やがて静かになった。

BMWに向けられた疑問は、BMWのエンジニアが目指すレベルを顧客にも求めようとする試みが、あまりに現状離れしており、急ぎすぎていたのではなかったということだ。もしそうであれば、途方もなく高くつく、後始末のむずかしい間違いということになる。BMWは、1990年代初頭のGMのように、雑然とした昔のダッシュボードに戻るべきなのか?

おれの屍(しかばね)を越えてゆけ——BMWは断固としてあきらめなかった。ゼロ年代半ばまで、自動車業界で伝説となるほどのかたくなさと執念を燃やしてiDriveにこだわりつづけた。もしiDriveを見限っていたら、BMWは「高齢者のためにデザインを変える」という大罪を犯していたことになる。「ついてこられない」からという理由で高齢者に最高のテクノロジーを与えず、これならあなたでも使えますね、と大きくてベージュ色で退屈なプロダクトを渡すという大罪を。

実際、高齢者はテクノロジーを理解している。ベビーブーマー世代が全員60~70代以上になるころには、彼らは歴史上最もテクノロジーに通じた高齢者集団になるだろう。現在、高齢者が技術をこわがるとか、理解できないと思われているのには、2つの理由がある。

第一の理由は、すでに言及したように、たんにタイミングの問題だ。1980年代から約20年間、職場で(のちに自宅でも)コンピュータを使用していた人たちと、ほとんど使用しないうちに退職年齢に到達した人たちとのあいだで分断が生じている(両者のあいだには微妙な温度差がある。たとえば、同じベビーブーマーでも、年配の人たちは定型業務にコンピュータを当てはめていただけだったのに対し、若いベビーブーマーのなかには、机上にコンピュータがない状態でデスクワークをしたことがない人もいる)。その結果生じた、ある年齢層以上のコンピュータリテラシーの低さは、「年老いた犬には新しい芸を仕込めない」という古い物語と合致してしまった。いまや、年齢が高くてもオフィスでPCを使いこなし、プライベートでもタブレットやスマートフォンを駆使する人が増えつづけているのに、そうした事実には目を向けず、高齢者はテクノロジーをこわがるという考えにとりつかれている人が多い。

第二の理由は、高齢者のメンタルモデルと関係がある。彼らは決まった方法で何かをすることに長い時間を費やしてきたため、解決すべき問題が生じたときには、慣れ親しんだ方法や道具をもとに解決策を考えようとする。新しいテクノロジーへ切り替える際の実質費用と埋没費用は、費用を人のもつエネルギー量として考えると、若者よりもこうした高齢ユーザーのほうが大きいのだ。だからこそ、新しく提案されたやり方にたいして魅力を感じなければ、肩をすくめ、「いらないね。試してみる価値はない」と言って去る。私の経験では、高齢者があるテクノロジーを拒絶するとき、それは彼らが学習できないからでも頑固だからでもない。テクノロジーの供給側が、高齢者を振り向かせるだけの説得力を示せなかったからなのだ。

高齢者を喜ばせ、わくわくさせるデザインは、利用者の身体的な衰えで跳ね返されたりしない。新製品を販売する際には、顧客がそれまで培ってきたメンタルモデルを自社のプロダクトがないがしろにしていないか見きわめることが大切だ。メンタルモデルへの配慮が欠けていたために受けいれられなかったとしたら、その責任は買う側ではなく、供給する側にある。

エイジラボでは、高齢者がテクノロジーを気に入らないのなら、それは高齢者のせいではなく、テクノロジーがよくないせいだと考える。機能自体に不具合がなくても、高齢者を含むすべての潜在顧客にそのテクノロジーが受けいれられないかぎり、そのテクノロジーをよいと見なすべきではない。よいテクノロジーの定義はこの方向へシフトされるべきなのである。

ｉＤｒｉｖｅの課題は、その正当性を確信していたエンジニアの視点からだけでなく、高齢ドライバーにもよいものにするにはどうすべきかだった。まずＢＭＷは、顧客がｉＤｒｉｖｅの何を気に入らないのかを把握するというむずかしい問題があった。なぜならｉＤｒｉｖｅには、人が慣れ親しんだものではないという事実以外、本質的に好ましくない点は何もなかったからだ。何が高齢ドライバーを遠ざけたのか、ＢＭＷはその理由を突きとめようと苦労していた。

２００７年、ＢＭＷはｉＤｒｉｖｅの使い勝手を徹底的に調べるために、エイジラボにｉＤｒｉｖｅのプロトタイプを送ってきた。それはダッシュボードから切り離され、ダイヤモンドや核兵器発動装置の輸送に使うような物々しいキャリングケースに納められていた。私たちはエイジラボにあるテスト車両にそのｉＤｒｉｖｅを設置し、さまざまな年齢層のドライバーが路上走行中にどのように操作するかを観察した。実際に運転したドライバーからもｉＤｒｉｖｅの長所と短所を丹念にヒアリングした。

また、ｉＤｒｉｖｅをラボのデスクトップコンピュータに設置し、簡易版のドライビングシミュレーターを操作できるようにした。それが突破口となる。(12)

路上で運転中のドライバーは、ｉＤｒｉｖｅの入力デバイスが何に似ているかをうまく説明できなかった。自動車の運転席用に改造されたジョイスティックもどき？　ｉＰｏｄのクリックホイールを3次元化し、音楽以外の多くの項目を操作できるようにした感じだろうか？　だが、デスクトップコンピュータに接続したことで、iDriveの問題点が明白になった。高齢のユーザーにとって、それは革新的なインターフェイスではなく、出来の悪いコンピュータマウスだったのだ。

言うまでもなく、iDriveはマウスではない。画面上にカーソルが出るわけでもないし、実際の操作では、入力ノブを回してメニューのなかから項目を選ぶと、その項目が強調されるようになっている。そもそも、走行中の車のなかでマウスを使うのはひどく困難だ——少なくとも、まっすぐに延びたガラ空きの高速道路以外では。しかし、無意識のうちにマウスのつもりでiDriveに接した人にとっては、画面上にポインターが出ないことも、ジョイスティックのような操作感も、どうにもしっくりこないのだ。

テストの参加者を年齢で分けた場合、年長者のほうがコンピュータマウスの使用経験が長く、なかには若い参加者が生まれたばかりの1980年代初頭から使用していた人もいた。一方、若い参加者は、コンピュータマウスを使い慣れてはいたが、全体的にその期間は短く、むしろジョイスティック、タッチパッド、タッチスクリーンをよく使っていた。多彩なデバイスに慣れた若者にとっては、iDriveは方向指示機能をもった入力装置の1つにすぎない。一方、高齢者はマウスの使用期間が長いため、iDriveをマウスとしか比較できず、マウスより使いにくいと感じたのだ。

年をとるほど1つのやり方に固執するようになる、と言ってしまうと、高齢者は精神の柔軟性に欠けるという昔ながらの批判のように聞こえるかもしれない。だが批判しているのではない。「自分のやり方にこだわる」ことは合理的である場合が多い。とはいえ自動車の場合、高齢者が、盲点警告システムのような安全技術を受けいれるまでに時間がかかってしまうのは残念なことだ（盲点警告システムを使えば、車線変更のときに、上半身の向きを変えずに後方をチェックすることができる。首を動かしにくくなった人にとってこれはじつにありがたい)。

ただし、どんなに安全性を高めるすばらしいテクノロジーであっても、万人に押しつけることはできない。もしあなたが50年間、高速道路で車を運転し、重大な事故に遭わずに生きてこられたのなら、運転技術はかなり高いと自負できるはずだ。そう考えると、車線変更の仕方についていきなりメンタルモデルを〝修正する〟ことは、特に生命の危険がある場合には、不合理と言わざるをえない。高齢ドライバーにいままでと違う運転方法に納得してもらうことは、自動車メーカー、保険会社、行政府が継続して取り組んでいかなければならない重要な課題である。

ドライバーが不満を抱く主な原因はiDriveのメニューシステムにあった。かなり込みいっていて、エアコンをつけたり、ラジオのチャンネルを変えたりしたいときには、入り組んだ運河や川やさらにその支流を航行するときのように細かい操縦が求められた。若いユーザーは試行錯誤しながらこれらのプロセスをすぐに習得するが、年配のユーザーは制御ノブの扱いになかなか慣れず、櫂(かい)をもたずに水路で迷子になってしまっていた。

そこで新しいプロトタイプには、制御ノブの周りにいくつかのショートカットボタンを配した。このうちの1つを押すと即座にトップメニューに戻るので、ユーザーが迷ったり、画面上で何度も〝戻る〟ボタンを探したりすることがなくなった。漕ぎやすい櫂をつくるところまでは到達していなくても、少なくともこのボタンは、ユーザーを荒れた川から穏やかな水域へとそっと押しやってくれた。

ほかにも変更の施された第四世代のiDriveが2009年モデルから搭載されはじめると、やがて否定的なレビューは収束していった。[13] 現在はすべてのBMWに標準装備されており、iDriveは、自動車の運転席に限ればカップホルダー以来、最も模倣された装置となった（公平を期すために言うと、他の高級車メーカーでも個別に開発・展開されている）。

模倣されるのは喜ばしいこととらえれば、iDriveはのちの改良と合わせ、全体としてかなりよいアイデアであった。強調しておきたいのは、もし、2009年モデルの改良が高齢ドライバー救済のためと世間に思われていたら、若いユーザーだけでなく高齢ユーザーにも拒絶されただろうということだ。iDriveを高齢者でも使いやすくするという取り組みが成功したのは、それがすべての年齢層のドライバーにとって使いやすいものとなったからにほかならない。

超越性をデザインする

BMWがiDriveで経験したことには、メンタルモデルの重要性以外にも教訓がある。年齢や障碍の有無を問わず、すべての人に恩恵をもたらす、直観的でわかりやすい取り組み方があるということだ。「アクセシブルデザイン」とは、障碍のある人も利用できるような設計を指す。階段の横に設けられた車椅子用のスロープは、アクセシブルデザインの一例だ。

一方、障碍のある人もそうでない人も、高齢者もそうでない人も、誰にでも利用しやすい設計を「ユニバーサルデザイン」と呼ぶ（「インクルーシブデザイン」とも呼ばれる）。その代表的な例として、レバー式のドアハンドルがある。肘や腕の一部、プロテーゼ〔身体の欠損した部分を補う人工物〕、関節炎で痛む手、さらには膝でも操作することができる。人への思いやりと機能性の両方を追求する社会にとって、アクセシブルデザインとユニバーサルデザインの特性はきわめて重要である。

もう1つ、ユニバーサルデザインと混同されがちなさらに高いレベルの理念、それが、「超越的デザイン」だ。本質的にはユニバーサルデザインと同じだが、障碍のない人にも強く熱望されるほどアクセシビリティが高く、10点満点中11点に到達したデザインである。高齢者のよりよい未来が、消費者としての高齢者のジョブ(用事・仕事)を達成しやすくすることであるのなら、超越的デザインはまさにその最先端に位置するものだろう。

超越的なプロダクトを実現するには、2つの道が考えられる。第一の、起こりにくいほうの道は、高齢者やなんらかの不調をもつ人のためにデザインされたものが、結果的にあらゆる人の暮らしを快適にするという流れである。一例を紹介しよう。

1988年のある晩、料理好きなベッツィ・ファーバーがジャガイモの皮をむいていた。*ふだんはたいして気にならない手首の関節炎も、年とともにキッチンでは悩みの種となりはじめていた。[14]スタンフォードのデブ・パトナイクが『*Wired to Care*(気配りの効用)』に書いているように、当時のピーラーは鋭い刃がついているのに取っ手は細い円筒形で滑りやすく、彼女の弱い握力では使いにくかった。妻のいらだつ様子に気づいた夫のサムは、妻に代わってジャガイモの皮をむくことにした。[15]

この穏やかな家庭の情景をいったん静止してみよう。こうしたいらだちは多くの人が頻繁に経験するが、何かをひらめいても普通は日々の疲れや雑事に紛れて、たんぽぽの綿毛のように消え去ってしまう。たとえ明確なかたちで解決策を発見したとしても、そしてそれが商業的な可能性をもった画期的なアイデアだったとしても、世に知らしめる機会はほとんどない。本書は、若い男性の考え方が優先される経済で何が起こるかを論じてきた。主に若い男性の視点から問題をとらえ、解決策が示されてきた状況では、特に女性の高齢者は並み以下の道具に甘んじなければならない。

つまりこのルールどおりなら、すでに退職（リタイア）していたファーバー夫妻がジャガイモのピーラーに失望したとしても、できることといえば、しかめ面をして自分の家事能力に不安を感じることであり、やがては料理をあきらめることであり、食事の提供される場所に転居することであり、本当に必要となる前に誰かの世話になることであっただろう。

だが、ファーバー夫妻は違っていて、アイデアの種が最も肥沃な大地に舞い降りた。夫のサム・ファーバーはたしかに退職していたが、１９６０年に設立された有名な調理器具会社のコプコの創業者でもあった。コプコでも特に有名なブランド、ファーバーウェアは彼のファミリーネームを冠したもので、つまり調理器具は彼の血肉だったのだ。

２つのすばらしいことがほぼ同時に起こる。１つは、ファーバー夫妻が、人間工学に基づいた、関節炎にもやさしい調理道具をつくろうと思いたったこと。そしてもっと重要なもう１つは、デザイナーのパティ・ムーアを協力者として迎えいれたことだ。

当時ムーアは、高齢者のための製品設計に関しては世界的な第一人者だった。その名声は10年前から聞こえており、白髪のかつら、老け顔のメイク、杖で老婆に扮し、3年間で１００以上の街を訪れた経験が活かされていた。耳栓や身体を前かがみにさせる装具、視界をぼかすベッコウ縁の眼鏡も加わって、彼女

*ジャガイモではなくリンゴだったという説もあるが、いずれにせよ、ここでの教訓には影響しない。

の偽装は完璧な領域に達していた。その格好で市バスに乗ったり買い物をしたり、タクシーを拾ったり公衆電話を利用したりするのだ。歩きづらい建物構造や進路をふさぐさまざまな物体を観察し、まごつく老婆への周囲の無関心な態度や、ひどいときにはあざ笑ったりする様子を記録した[16]。

MITが開発した老年期体験スーツのアグネスは、ムーアのこうしたエスノグラフィー的な研究方法に大いに助けられている。ムーアの潜入調査によって、老人が社会でどんなふうに扱われるか、また、本人がどんな思いをするかという実際のデータを集めることができた。

たとえば店先で転んだとき、けがをしなかったかどうかという心配に加えて別の感情も湧き起こる。人前で転んだことの恥ずかしさ、厄介者だと思われたのではないか、他人に無視されたり嫌われたりするのではないか。ムーアが公共の場所や店舗などを高齢者に配慮したかたちにするように提案したのは、高齢者の身体的な安全を守るためだけではない。危険な場所をなくすことで、転んだら恥ずかしいという不安から高齢者を解放しようとしたのだ。

ムーアとデザイナーのチームはファーバー夫妻の見守るなか、指の関節の動きを制限する手袋をはめて夕食をつくる実験に臨んだ。うまくいかないことだらけだったが、それこそが実験の目的だった。既存の調理器具では対処できない数多くの問題点が明らかになり、その1つひとつがチャンスにつながるものだった。

ファーバーウェアの調理器具は、大きな楕円形の取っ手がついていて、関節炎を患った握力の弱い手でつかんでもぐらぐらしなかった。読者の皆さんの年齢を問わず、あなたのキッチンにはこうした調理器具が置いてあるはずだ。なぜならこのハンドルは高齢者だけでなく誰にとっても使いやすいからだ。ファーバーがこうして設立したＯＸＯ（オクソー）社は大成功を収め、同社のプロダクトは、使う人を選ばない、直観的でユーザー志向のデザインと同義になった。[17]

私はＯＸＯの調理器具が超越的デザインであると考えているが、デザインの専門家のなかにはこの見方にとまどう向きもあるかもしれない。同社のプロダクトは、誰にとっても使いやすい、ユニバーサルデザインの代表例としてよく引き合いに出されるので、なぜ「ユニバーサル」に別の要素を追加するのだろうと不思議に思うかもしれない。

ユニバーサルデザインの価値を軽視するつもりは毛頭ない。ユニバーサルデザインは、高齢者や障碍をもつ人など、あらゆる人の生活をよりよいものに変えている。レバー式のドアハンドルの例に話を戻すと、ドアノブのある場所であれば、電子式以外のドアは、ほぼ例外なくレバーハンドルになっている。障碍のない人にとってもこれはメリットがある。ドアの取っ手がノブだろうがレバーだろうが1年のうち３６４日は気にも留めないかもしれないが、ある日、重い箱を運ぼうとして初めて、肘だけで開けられるレバーのありがたさに気づくのだ。

それでも、レバーハンドルとＯＸＯの調理器具には違いがある。ドアノブからレバーへの切り替えは、絶対に必要とならないかぎり、人を率先してホームセンターに向かわせる類いの動機とならない。レバーハンドルはすばらしく、すべての人の役に立ち、たいした欠点も見当たらないが、皆が切望するものではないからだ。現実的な言い方をすれば、役に立つというだけでは、明日の暮らしを変えるプロダクトの上位には来ない。

だがＯＸＯの展開したジャガイモのピーラーのようなプロダクトはそうではない。友人宅の玄関がレバーで開いたとしても、ほとんどの人は気づきさえしない。しかし、滑りやすい円筒形の木製のピーラーに慣れた人が、人間工学に沿ったピーラーを友人宅で使えば、これが欲しいと思わずにはいられない。ものごとのやり方を変えていくプロダクトとして私の心に浮かぶのはこうしたものだ。いまやゴム製の楕円形の取っ手がついていないピーラーを見つけるほうがむずかしくなった。ジャガイモの皮をどうむくかなんて、些末なことだと思うかもしれない。しかし人類が長く続けてきた行為が近年の発明によってわずかな期間で大きく変わったのは事実である。

一方、超越的なプロダクトが生まれる第二の道は、イノベーターが人の暮らしを快適にしようとして何かを発明した際、いわば副次効果のかたちで、高齢者や障碍をもつ人たちが以前にはできなかったことをできるようになる場合だ。

たとえば電動のガレージドア開閉装置(オープナー)。20世紀前半にフォードの大衆車、モデルTが巻き起こしたブームのおかげで、多くの家庭でガレージが必要になった。初期のガレージはそれまで納屋だったことが多く、大きな開き戸があった。だが開き戸は、風に吹き飛ばされやすく、開けるときに場所をとり、自動車が多くの家庭にとって最も値の張る所有物であることを考えると防犯性にも乏しくて、理想的とは言いがたい。

デトロイトの発明家、C・G・ジョンソンが頭上に向かって開くロール式のガレージドアを提案したのは、まさにそのような時代だった。ガレージドアの発明によって開き戸の問題は解決されたが、当初このガレージドアはがっしりした木製で、重量があり、今日のようなバネのアシストも備えていなかったため、1人で開けられないこともあった。そこで補助装置が必要なことに気づいたジョンソンは、電動のガレージドアオープナーを開発した。

ジョンソンが設立したオーバーヘッド・ドア社は現在も存続している。彼の発明した、〝頭上（オーバーヘッド）に向かって開く〟ガレージドアと電動のガレージドアオープナーも、第二次大戦後に郊外の住宅地が出現し、一般家庭で自家用車をもつようになったことに伴って普及に弾みがつき、以来、現在も生き残っている。

この2つの発明品が必需品となったのは、リモコンによる遠隔操作機能が加わってからだ。当時のドアオープナーは、私道の入口に設置した制御盤をドライバーが運転席から操作するようになっていた。だがはじめは力の弱い人向けだったテクノロジーが、ある日を境に、楽をするためのものになり、誰もが買い求めるようになる。制御盤と、のちに登場する無線式リモコンは大いに評判を呼び、ガレージドアオープナーはすべての家庭にとって当たり前の存在になった。この装置のおかげで高齢者もガレージを開閉できるようになったが、今日、ガレージドアオープナーに〝力の弱い人を助ける装置〟の色合いはない。

よく似た話に電子レンジがある。独り暮らしの高齢者にとって最大の発明品とも言える電子レンジは、大学生や多忙な親たちをはじめ、ほぼすべての人にとってなくてはならない家電品になった。ここでもやはり、身体が思うように動かなくなった高齢者ではなく、楽をしたい人や忙しい人が使うツールと見なされたことで、電子レンジは誰からも嫌われずにすんだのだ。*

一方で、手が震えるなどの身体の不調があって、コンロから熱いものを動かすときにけがのおそれのある人は、毎日電子レンジの恩恵を得ている。キッチンの他の熱源よりも家を焼き尽くす可能性がはるかに小さいという利点もある。さらに重要なのは、インスタント食品業界の隆盛を招いたことだろう。電子レ

*電子レンジが「シニア用煮炊きコンロ」として売られていたら、あなたは買っただろうか。

ンジがなければ毎晩のようにグリルチーズサンドイッチを食べていたであろう人が、バランスの取れた夕食をとれるようになった。

近年、最も大きな影響力を放つ超越的デザインは、この瞬間にもおそらくあなたの手もとにあるタッチスクリーン式の超小型スーパーコンピュータ、すなわちスマートフォンだ。アクセシビリティの点ではまだ多くの問題があり、むずかしくて使いこなせないと感じる人がいることもたしかだ。それでも、視力の弱い人がメールを拡大表示したり、照明の暗いレストランのメニューを照らしたりできるほか、最近の機種はタッチ入力とほぼ同等の速さで音声入力できるので、手に震えのある人も活用できる。聴覚障碍のある人は、呼び出し音の代わりにバイブレーション機能を使い、電話の代わりにメールを送っている。最近のテクノロジーのなかで、携帯電話のメールメッセージほど聴覚障碍者にとって大きな福音はない。

特筆すべきは、スマートフォンが、高齢ユーザーを疎外したり、区別したり、子ども扱いしたりすることなく、これらすべてを可能にしたことだ。初代iPhoneで世間に広まったこの超越的デザインは、あらゆる年齢層の消費者にとって、過去20年間で最も生活を変えたテクノロジーの1つとなった。さらに、スマートフォンが生んだ新しい需要が多くの下流産業を生みだした。スマートフォンの普及によって私たちの暮らしがどれだけ変わったかは、枚挙にいとまがない。

わがエイジラボチームの約半数はドライバーの行動調査に従事しており、あらゆる年齢層のドライバーがさまざまなテクノロジーをどのように使いこなしているかを研究している。私たちは最近、エルゴノミクス誌に掲載された自動車用ディスプレイの書体に関する資料を手に入れた。あなたは、「e」という文字のかたち——真ん中の空白部分が丸くて大きいか、小さくて角張っているか、また横棒が真に水平か、わずかに傾いているか——が、人命にかかわっていると考えたことはあるだろうか。

車のダッシュボードのインターフェイスは、正しく設計されていれば、ドライバーがそれを見るのにほとんど時間はかからない。だが、画面の識別に時間がかかってしまうと、ドライバーが道路を見る時間はそれだけ減るので、ダッシュボードのディスプレイの内容はコンマ何秒かで読みとれるものでなければならない。

書体のデザイン会社として世界有数のモノタイプ社と協力し、私たちはある実験をおこなった。視線追跡装置を着けたさまざまな年齢のドライバーに運転シミュレーターに座ってもらい、2つの異なる書体で記された表示を読みとる時間を測定したのだ。1つはヒューマニスト系の書体、もう1つはスクエアグロテスク系の書体だった。

「実験に使用したヒューマニストとスクエアグロテスクの書体は、デザイン哲学において対極的なものだ」とエイジラボのジョナサン・ドブレス研究員は言う。「スクエアグロテスクは均一で直線的、多くの文字と数字が互いによく似ていて、〝o〟や〝e〟の空間部分も文字の間隔も狭い」。このようなデザインは科学的で未来的な印象を与え、1960年代のSF映画やテレビ番組でよく使われた[18]。それとは対照的にヒューマニスト体は、「白部分が広く、バラエティに富んだ字形をもつので、多くの印刷技術者が判読しやすいと感じるナチュラルさがある」

「多くの印刷技術者」のこの感覚は正しかった。曲線的なヒューマニスト系の書体のほうが、実験に臨んだドライバーが道路から目を離す時間が数ミリ秒短かったのだ[19]。ドブレス研究員はこの実験結果をもとに、さらに掘りさげることにした。新しい実験では、参加者にコンピュータスクリーン上の6つの文字を一瞬だけ見せる。参加者は、正しい単語の「garden」だったのか、ひっかけの「erdang」だったのかを即答する。表示時間が長いと全員がなんなく判別できたが、時間が短くなるにつれて読みとりはむずかしくなり、やがて読みとれなくなった。特に高齢になるほど、一瞬で読みとることがむずかしかった。それでも、ヒューマニスト系の書体のときには、スクエアグロテスク系と比べて参加者の成績ははるかに高かった。[20]

多くの車のインターフェイスにはいまでもグロテスク系の書体が使われている。映画『ブレードランナー』のような格好よさを意識してのことかもしれないが、書体がもたらすリスクが増えることで、今後その流れは変わる可能性が高い。とはいえ、一方でヒューマニスト系の書体が、高齢者の安全のために必ず使用すべき「高齢者向け書体」と認知されることの副作用はないだろうか。「高齢者の車」のようなアプローチは、若者にも高齢者にもそっぽを向かれたのではなかったか。

書体による読みとりやすさの違いは、統計的に見ると、50代や60代ではなく、30代から著しくなるため(私たちの実験では重大な影響と記録するほどまでではなかったが、実際には20代にも影響があると推察される)、書体の選定についてはそっぽを向かれる副作用の心配はないだろう。老化、とりわけ目の老化は、多くの人が思うよりもはるかに早く始まる。誰だって安全に運転したい。すでにアメリカと欧州の自動車会社がエイジラボの調査をもとに車のインターフェイスに使う書体を変更しており、日本のある企業も近々この流れに続く予定だ。

高齢者を含むすべての人に役立つデザインは、これからの数年間で、人生100年時代の経済に大きな影響をもたらすだろう。超越的なプロダクトは、新型船であろうと、何十年ものあいだ嵐の海に勇敢に立ち向かってきた旧式の船であろうと、すべての船を隆起させる満ち潮のようなものだ。

本書を読み進む読者の皆さんには、若い船と古い船の両方を隆起させるテクノロジーの可能性を常に意識してほしい。そうしたテクノロジーとして、特にスマートホームで威力を発揮するＩｏＴ（モノのインターネット）、自動運転車、オンデマンドの共有経済（シェアリングエコノミー）などが挙げられる。

テクノロジーのもつ壮大な力は、私たちの晩年の生活を大きく変える可能性がある。先進の常時ネットワーク接続技術の恩恵を最初に享受したのは若者だったかもしれないが、生活に浸透したときにいちばん恩恵を得るのは高齢者だ。次の巨大なハイテク市場をつくるのは高齢者であるという事実を理解してデザインできる企業が、真っ先に果実を手にするのだ。

第6章 健康と安全と発想の転換の勝利

「さっさと死ね（ハリーアップ・アンド・ダイ）」。サメの泳ぐプールの上に吊されたジェームズ・ボンドに悪役が言いそうな台詞だ。あるいはヘビメタバンドのボーカルが荒ぶる観客を挑発して、あるいは時間をもて余した子どもが虫眼鏡の先にいる歩道のアリに向かって。

もしくは、世界一の高齢化先進国の財務大臣が、社会保障制度改革国民会議の場で言う台詞。財務大臣という肩書きだけでは、発言者の麻生太郎大臣が日本政治においてどれほど重要かを言い表すことはできない。本書執筆時点で副総理にして内閣府特命担当大臣（金融担当大臣）であり、安倍晋三総理大臣の経済政策「アベノミクス」の要を担うデフレ脱却担当大臣でもある。２００８～09年にかけては彼自身が総理大臣だった。彼の行く先々に記者が集い、口を開けばメモを取られる。

２０１３年1月、麻生大臣が、年寄りの病人は早く死んだほうがまし、というニュアンスの発言をすると、冒頭のひとことだけがフォーカスされ、そのニュースはまたたく間に海外メディアを駆けめぐった。具体的な発言内容は「いいかげん死にたいと思っても生かされてしまう。しかも政府の金で（治療を）やってもらっていると思うと、ますます寝覚めが悪い。さっさと死ねる（ハリーアップ・アンド・ダイ）ようにしてもらわないと、この種の話は解決しない」だったと伝えられている。[1]

大臣は当時72歳、かつて自力で食事を摂れなくなった患者を「チューブの人間」と呼んだことがあり、日本では高齢化についての辛辣な意見の持ち主と見なされている。総理大臣時代も、急増する高齢層についてこう述べている。「67、68歳になって同窓会に行くと、医者にやたらにかかっている者がいる……たらたら飲んで食べて、何もしない人の分の金をなんで私が払うんだ」[2]*

彼の発言を聞いても驚きはしなかった。老年期の1年は20歳や40歳の1年と比べ、はるかに価値がないとするこの種の考え方は、多くの文化圏で一般的なものだからだ。とはいえ、こうした考え方の寿命は長くはなさそうである。人生100年時代の経済、特に健康と安全に関する分野では、消費者の要求が変化し、思ってもみなかった方法で、しかも多くは費用を削減しつつ、その要求を満たす新たなテクノロジーが生まれている。今後は高齢者からもたらされる価値のほうが、彼らを支えるコストよりも高い伸びを示すだろう。だからこのコストは利回りのいい投資のようなもので、賢明な国はなくそうと躍起になったりしないし、国民はその好循環に加わろうとする。

高齢者の健康と安全にかかわる業界は、この好循環の波に乗らなければ、いずれ消えてしまうだろう。

---

*彼は若年層にも厳しく、2014年、札幌での演説でこう述べている。「（高齢化が進み）高齢者が悪いというようなイメージをつくっている人が多いが、子どもを産まないのが問題」[3]

本書がこれまで、高齢者の望み——マズローの欲求段階説の高次の欲求——を満たすことがイノベーターの成功につながると述べてきたのは、現代社会では高齢者を過度に病人扱いし、過度に問題視しているせいで高齢者の生きがいや幸福の追求がなおざりにされているが、そこにこそ大きなビジネスチャンスがあると考えたからだった。だが、低次の欲求に向き合うイノベーターも、第3章で取りあげた消費者の「ジョブ（用事・仕事）」を意識し、リードユーザーに注意を払い、第5章で紹介した超越的デザインを生む戦略から大きな利益を得ることができる。その結果として生まれたプロダクトが近い将来、高齢期の生き方の基盤をつくり変えることになるだろう。

いま高齢化は危機として受けとめられている。高齢者に対する大臣の辛辣さには理由があり、高齢者にかかる日本の財政的負担はたしかに重い。日本は人口の4分の1以上を65歳以上が占めており、この比率はどの主要国よりも高く[4]、高齢者がここまで多い国は歴史上存在しなかった。日本の悲観論者は国の経済的苦境を長いあいだ高齢化のせいにし、やがて高齢化により社会は崩壊すると予測してきた。

しかし日本は、実際には高齢化に伴う費用増加にかなりうまく対処している。医療費はGDPのおよそ10パーセントで、先進諸国の平均よりやや低く、アメリカの17パーセントに比べるとかなり低い[5]。社会保障制度も比較的つつましいものだ。15歳未満と64歳以上の人口を生産年齢人口で割った従属人口指数は高いものの、日本の労働人口を注意深く見てみると、状況はそれほど悪くない。高齢者の労働力参加は高い水準にあり、出生率の低下と女性の労働力拡大を加味すると、日本の労働人口に対する非労働人口の比率は2032年には好転する見込みだ[6]。

だが、高齢化を悲観的にとらえる人たちにこのような数字を示しても無駄だろう。それは日本だけに限らない。著名なガン専門医(オンコロジスト)にして生命倫理学者、医療費負担適正化法の立案者でもあるエゼキエル・エマニュエルも、アトランティック誌の特集記事「75歳で死にたい理由」(2014)のなかで、年をとったらさっさと死にたいと述べている。[7]個人としても公的支出の面でも、75歳を超えた人生にはたいして価値がないと論じたのだ(記事の題名が誤解を招きかねないので注記しておくと、彼の考えは、75歳になったら積極的に安楽死を求めるのではなく、緩和ケア以外の治療を拒むということだ)。

彼がそう思うに至ったのは、平均寿命が延びても、補助器具なしでは立ちあがれなかったり、階段がのぼれなかったりなどの身体的制約が出てくれば、それに対処するための平均時間が寿命の延びを上回るからだという(これはおおむね正しい。だが、彼の言う平均値は人間の多様性を見えにくくしている。たとえば裕福で教育水準の高い人ほど、健康寿命はより長い)。[8]だらだらと衰えていくことを望む人はいない。ほとんどの人は「短い有病期間」、すなわち病に苦しむ期間はできるだけ短く長生きしたいと願う。医療費の請求書を処理する世界中の関係者も同じだ。だがエマニュエルが指摘するように、すべての人が有病期間の短縮の恩恵を得られるわけではないし、むしろ得られない人のほうが多い。

さらに厄介なのは、アルツハイマーなどの認知症の脅威が当面解決されそうにないことだ。「多くの専門家が、近い将来に治療法が見つかるどころか、津波のように押し寄せる認知症の脅威を警告している。2050年には認知症のアメリカ人はいまの4倍近くになる見込みだ」と、エマニュエルは述べる。ただし認知症患者が増えるのは、高齢人口が増加した場合のみだ。実際、高齢人口だけを見れば認知症発症率はわずかに下がる傾向にある。[9]

だが、たとえ認知症と診断されなくても、脳の処理速度は年齢とともに徐々に遅くなっていく。[10]エマニュエルは「人は年をとると創造性ががた落ちする」と述べているが、これは彼の見解のなかで最も論拠の薄い部分である。[*] 彼の考え方では、老後とは結局、退屈でフラストレーションのたまる地味な生活でしかない。「能力が衰えていくのがわかるから、負担の少ない活動ばかりを選ぶようになる……バードウォッチング、サイクリング、陶芸など。やがて歩くのがつらくなり、関節炎の痛みで指をうまく動かせなくなると、部屋に引きこもって本やオーディオブックで〝読書〟し、クロスワードパズルをして時間をつぶす」。さらに彼は、高齢者には助言者や祖父母として重要な役割があることを認めつつも、80歳を超えると、運悪く介護の負担を負わされた子どもたちの生活のじゃまになると主張する。

つまりエマニュエルが言いたいのは、当人、その家族、国、世界のすべてにとって、高齢者は問題の種ということだ。どこかで聞いたことがあることばかもしれない。それもそのはず、20世紀初頭に社会全体が「高齢者は解決すべき問題」と認識して以来、ずっと続いてきた考え方だからだ。何かを問題視することは、そこに負の価値があって、世界からなくなったほうが好ましいと考えるのと同じである。

こうした見方が定着しているとすれば、高齢者の死を求めることに不思議はなく、むしろ、現在の老いの物語(ナラティブ)にとって自然な帰結となる。〝高齢者〟問題という概念が登場してまだ日の浅かった1905年にしてすでに、エマニュエルも記事で言及しているウィリアム・オスラーという著名な医師が冗談交じりに、「60歳を超えた人は静かに人生を振り返ったあとでクロロフォルムによる死が与えられるべきだ」と言ったという記録が残っている。[13]

苦労しながら生きている90歳の老人を見た若者は、あんなにしてまで生きる価値があるのかと軽く言うが、いざ自分がそうなってみると、私たちのほとんどは延命の道を選ぶ。MITの有名な経済学者ポール・サミュエルソンの用語を借りれば、多くの人の「表明選好」は「病気に苦しみながら生きるより死んだほうがまし」だが、「顕示選好」すなわち自分自身や愛する人のために実際に選ぶ行為は、ほとんどの場合、「なんとしてでも生き延びたい（生き延びさせたい）」なのだ[14]。その「なんとしてでも」にかかるコストは、エネルギーや時間、医療費と介護の費用の点で、かなり高くつくこともある。

「年をとってからの人生に価値はない、あってもごくわずか」という考え方と、「財産のすべて、あるいはそれ以上を支払ってでも生きていたい」という考え方のあいだには大きな乖離があり、医療や介護など高齢者の基本的欲求に税金が使われると、私たちは不当に搾取されたような気がしてしまう。世界の高齢化問題が常に危機と呼ばれ、決して好機とは呼ばれないのはそのためだ。支払った分に見合う結果が得られていないと感じつつも支払うしかないのは、そうしなければ高齢者が、ひいては将来の自分が、衰弱して死ぬしかないからだ。

世界の高齢化への対処方法については私自身、多くの答えを知っているわけではない。高齢者が亡くなる直前の1カ月の医療費——エマニュエルやほかの研究者の指摘によると、人生最後の1年にかかる医療費のうち最後の1カ月にかかる費用が全体の3分の1を占めるという[15]——をテクノロジーで抑制する方法も知らなければ、アルツハイマーの治療法も、老化のプロセスを遅らせる方法もわからない。加齢とともに

*エマニュエルは、ノーベル賞を受賞した物理学者が、受賞のきっかけとなる発見をした平均年齢は——受賞した年齢ではない——48歳であることを、高齢者よりも若者のほうが豊かな創造性をもつ証拠として記している。だが、この数字を算出した研究者にとっては、48歳という平均年齢は第一線の科学者に深遠な創造力がいかに遅く訪れるかを示すものだった。彼らにしてみれば、「若く優れた頭脳が偉大な発明をなし遂げるという典型的なイメージは、1920～30年代の物理学界には合っていたが、より一般的な〝年齢と創造性〟の観点からは、また現代の物理学界の実情に照らしても、適切な表現とは言いがたいのだ」[11]。しかも、ノーベル賞級の発見がなされたときの平均年齢はじつは上がっている[12]。

に遅くなる脳の処理速度を回復させる方法も知らない（あなたに〝脳を若返らせる〟という触れこみで何かを売りつけようとする人たちだって本当はわかっていない[16]）。

だがそれでも、健康や安全に関するプロダクトの自動化が進み、量販化されるにつれて、高齢者にかかるコストは下がるだろう。さらに重要なのは、まだ存在しないプロダクトや、便利そうだがいまはまだ必要でないプロダクトが、慢性病をもつ高齢者の暮らしを劇的に改善するかもしれないことだ。近い将来、需要の急拡大が予想されるそうしたプロダクトは、高齢期についての表明選好を顕示選好に近いものに変えていくだろう。私たちの〝不当に搾取された〟感じがやわらぐにつれ、高齢化を危機と見なす感覚も弱まるはずだ。

今日の悲観主義者は、かつて自信に満ちていた世代が老いて疲弊し、やりがいのある仕事に就けなくなる未来を描く。正直なところ、身体機能の衰えは生物にとっての宿命なので、この見方はある程度正しい。だがそれは、人の助けがなければ生きていけない状態と完全に自立した若い盛りとのあいだにあるさまざまな段階を無視している。こうした中間段階では、自分に何ができるかを決めるうえで、私たちの信じる物語の力が同じくらい重要な役割を果たす。その物語が前向きなものなら、自分もそう思えるからだ。

家でクロスワードパズルばかりしているご婦人たちのうち、もっと有意義な活動ができないのは何人いるだろうか。技術システムも職場への移動手段も文化的に期待されている役割も、何もかもが高齢者の社会参加に不利に作用する現状のなかで、本来できることまで抑えつけられている人はどれくらいいるのだろうか。健康や安全に関するプロダクトが改良されて安価になるにつれて、そうした高齢者の力が解放され、人生１００年時代の経済に投資が呼びこまれ、高齢者に有利な社会へと変化していくだろう。

魔法の機械

老いを学際的に考察する老年学会で、金を使いすぎずに高齢者の医療や介護の効果を高める方法について議論すると、ほとんどの人はテクノロジーを有力候補に挙げる。しかし、具体的にどんなテクノロジーかと尋ねると、介護ロボットか薬の飲み忘れ防止器という答えしか返ってこない。本書でこのあと述べるように、高齢者関連のテクノロジーの分野は実際には、この2つのカテゴリよりもずっと幅広いのだが、介護ロボットや薬の飲み忘れ防止器は目的がわかりやすく、現在の老いの物語とも合致するため、頭に浮かびやすいのだ。

これらの分野に日々取り組んでいる有能な技術者を非難するつもりなどない。驚嘆すべき進歩も遂げられつつある。高齢者に限らず、忘れっぽい人たちが薬を飲んだかどうかを追跡するシステムのなかでは、おそらくバイタリティ社の「グロウキャップ」が最もわかりやすい。グロウキャップは、私の友人でMITの同僚でもあるデイビッド・ローズが開発したものだ。ローズはテクノロジー・デザイン分野の「魔法の品」シリーズで知られ、天気予報が雨になると柄(え)が光る傘や、株式市場に重要な動きがあれば知らせてくれる水晶玉などを世に送りだしている。グロウキャップも同じように単純な商品で（内在する技術はかなり複雑だが）、薬を飲む時間になると薬のケースの蓋(ふた)が光る仕組みだ。

薬の飲み忘れ防止器の別の例としては、表面上はローテクに見えるが非常に高度なバックエンド処理を利用しているピルパック社［2018年にアマゾンが買収］のオンライン薬局がある。薬の種類ごとではなく服用する時間ごとに薬をビニール袋に小分けしてくれる。先に処方された別の薬がある場合の調整がむずかしいという欠点はあるものの、忘れっぽい人にとってはシンプルだが効果的な解決法だし、旅行するときにも便利である。

グロウキャップやピルパック社のようなイノベーションで薬の適切な服用を後押しすることは、たしかにすばらしい。服用者の健康管理につながり、保険会社の支出を節減でき、製薬会社の売上を増やすこともできる。だが浮かれすぎは禁物だ。そうしたシステムは目先の問題を解決するだけであって、生活の質そのものが改善されるわけではない。

一方、ロボット介護には、介護方法や生活の質を劇的に変える可能性がある。食事や排泄、入浴、更衣、移動、規則正しい生活を助けるロボット介護者は、いわゆる〝介護危機〟の状況を終わらせるかもしれない。しかし残念ながら、そのようなロボットが今後10～15年のあいだに商品化される可能性はかなり低い。洗濯物をたたむような細かい作業はかなり上達しているが、そうした細かい動きを、実際に体力の弱った人たちとロボットが協力しておこなうのは、おそらく乳幼児の世話の次にむずかしい。いつどのように風呂に入れるか、排泄をどう手伝うかなどを自律的に判断できる装置が登場するのは、人間の身体との接触の少ない家庭用ロボットが安全に利用できる実績を長く積んだあとだろう。

とはいえ、一刻も早い実現のために企業や政府は努力している。もし、高齢化社会で介護ロボットが当たり前の存在になるとしたら、最初にそれが起こるのは、おそらく日本だ。日本は２０２５年にはプロの介護士が30万人不足すると言われており、日本政府は２０１５年、社会保障制度と医療保険制度の予算に加え、地域の実情に応じた介護事業資金として７２４億円を計上した。[17]

同年、ロボット研究開発予算の3分の1にあたる53億円が、介護・医療分野のロボット開発費用に振り分けられている。[18] 介護に特化したロボットで興味深いのは、理化学研究所（理研）のロベアだろう。ロベアは、ベッドに寝ている人をやさしく抱えあげて車椅子に移動させることができる。[19] 残念ながら市販されてはいないが、これは開発理念を示すためのものだからだ。

当分はないかもしれないが、もしこうしたテクノロジーの安全性が確認されたとしたら、私はロボットによる介護を全面的に支持したい。介護ロボットに必ずついてまわる懸念は、ディストピアふうの未来に対する不安だ。各所に点在する老人ホームで機械が老人を起床させ、トイレに行かせ、着替えさせ、食事や薬を与え、老人は自分以外の人間に会うこともなくやがて死ぬという未来だ。

そのような未来には当然警戒すべきだが、すでに進行している別のかたちのディストピアもある。アメリカ、EU、日本など、ほとんどの主要経済大国では大部分の高齢者介護が非公式経済のもとでおこなわれている。働き盛りの若者や、共働きの夫婦、自身も高齢でいわゆる老老介護を担っている人たちなどは、介護によってどれだけの損失を被っているだろうか。シンクタンクのランド研究所が労働統計局のデータをもとに計算したところ、その費用はアメリカだけで年間5220億ドルにのぼった。[20] しかも現時点の高齢者介護の機会費用であるこの数字は、長期的なキャリアを築けない損失や、女性に偏っている負担を説明していない。従業員が介護に時間をとられることによる企業の負担も加味されていない。

こうした従業員の疲弊や介護と仕事の時間調整の軋み(きし)は、常習的な欠勤(アブセンティーズム)だけでなく、さらに悪い不調を抱えながらの出勤(プレゼンティーズム)も引き起こす。従業員が勤務時間中にこっそり医者の予約を取ったり、職場のパソコンで親の送迎の手配をしたりするのだ。高齢者介護に伴うこうした仕事への悪影響が企業に与える損失は数値化しにくいが、ある推計によると、常習的欠勤の10倍程度、アメリカだけで年間数千億ドルにのぼるとされる。[21]しかもこれは非公式経済に限った介護コストだ。専門施設であれ、自宅への訪問介護であれ、公式経済のもとでのプロの介護サービスには、アメリカで年間2200億ドルかかっている。[22]

介護は尊い。愛の労働なのだから、少なくとも尊くあるべきとされる。「介護の自動化」というテーマになると、多くの人が反対するのはそのためだ。MITの著名な研究者シェリー・タークルは、話題の書『つながっているのに孤独』（ダイヤモンド社）のなかで、「長い目で見て、私たちは本当に子どもの親離れを望んでいるのだろうか」と問いかけている。[23]彼女の批判は主にコンパニオン・ロボット（あとでまた触れる）に対するものとはいえ、身体的なケアをするロボットにも同じ懸念が当てはまる。

そのような介護ロボットが、人間の代わりではなく、あくまで人間の介護者を補助する存在として利用されるのなら、ロボットを倫理的側面から問題視する必要性はあまりないだろう。それでも、介護ロボットへの依存が強まれば、少なくとも一部の場合において、人間同士の交流が減る事態は充分に考えられる。これまで蓄積されてきた高齢者介護の枠組みに照らせば、その流れはほとんど不可避だとタークルは主張する。「高齢者に割けるリソースがほとんどないことがすでにわかっているのだとしたら、あとはロボットしかない[24]」

タークルには敬意を表するが、私はむしろ、現在の悲観的な老いの物語のなかでは、「介護するのはロボットか愛あふれる人間か」という選択ではなく、「あらゆるテクノロジーを駆使した効率的で満足のいく介護を受けられる社会」か「老人と弱者を見捨てる悪夢のような社会」か、という選択になることを危惧している。

エゼキエル・エマニュエルのような有識者の言動に照らせば、高齢期の人生は費用をかける価値が乏しいということになる。エマニュエルは高齢者の欲求を社会の重荷だととらえている。「子どもの世話と両親の介護に挟まれたいわゆるサンドイッチ世代の多くは、金銭的にもケア労働的にも重い負担に苦しんでいる」。エマニュエルは間違っていない。高齢者の介護が個人と国の時間、費用、労力にとって大きな負担であることは事実であり、しかもその負担は増大しつづけている。愛する家族が最高の医療を受けるために喜んで自宅を抵当に入れる人でも、見知らぬ高齢者を税金で支えるという話になれば喜びはしないだろう。

私たちはいま、むずかしい選択を迫られている。若い世代には、歴史上最も過酷な老人介護に束縛されることなく楽しい人生を生きてほしい（そして経済を盛りあげてほしい）と願う一方で、やがて自分に介護が必要になったら、温かく世話してほしいと願う。

この葛藤を、介護の自動化が緩和できるかもしれない。非公式な経済の介護者にとってはストレスが軽減され、介護のプロにとっても能力の増強剤として役立つ。だがそれは、「おばあちゃんは人間よりロボットが好きなんだ。だからおばあちゃんのところにはあまり行かなくていいんだよ」という、理論上正当化されたネグレクトと紙一重でもある。

ならば、ロボットほど派手でなく倫理的問題も抱えていないテクノロジーが介護のやり方を一変させることができれば、喜ばしいことではないだろうか。

見えないテクノロジーと見えない技術者

介護技術としてのロボットの最大の問題は無機質さにある。どんなに愛らしくデザインされていても、人の手の代わりに仕事をするのは冷たく正確な機械であり、人の心の代わりに仕事をするのは数学的アルゴリズムだ。だが、〝技術(テクノロジー)〟ということばには、たんなる配線や基板にとどまらない精神が込められている。介護にテクノロジーを導入するにあたって、人間を排除しなければならない決まりはどこにもない。

テクノロジーへの依存を強める私たちは、インターネットとその接続装置だけでなく、グーグルの誇る検索アルゴリズム、アマゾンやウォルマートのサプライチェーンなど、驚くほど綿密に構築されたプラットフォームに日々頼りきっている。こうした革新的技術のほとんどは消費者の目からは見えず、たいして意識されないが、世界中の人の日常生活を完全に変えてしまった。

同じことを介護に当てはめて考えてみれば、プロの介護から人の手の温もりをなくすことなく、見えないところでテクノロジーを駆使し、高齢者の健康と安全を守る方策をすっかり変えることができても不思議ではない。〝介護危機〟とも称される財政問題の緩和にもつながるはずだ。

サンフランシスコのポトレロヒル地区の一画に、目立たないドアがある。事務所に改装された倉庫の壁に並ぶ地味なドアの1つで、どこにも社名を掲げていない。ドアの向こうの会社は、秘密活動をしているわけではないが、あまり手の内を見せない経営スタイルをとっている。会社の名はオナー、在宅介護界のウーバーと評されている。

ドアをくぐって鉢植えの観葉植物が置かれた狭い通路を抜けると、大型のモニターが幾重にも連なる洞窟のような共有オフィスに通じている。見た感じに反して、音はあまりうるさくない。会話は囁き声で交わされ、オフィスで飼われている犬のジェシーも静かに挨拶をしてくれる。部屋の奥にある窓からはすりガラスを通して日光が差しこみ、くすんだ色合いの木材を2×4（ツーバーフォー）工法で組んだとおぼしき天井が、同色の細い柱に支えられている。引き潮のときに桟橋の下をさまようような、現実離れした感覚を味わいながら見わたすと、大勢の技術者が黙ってキーボードを叩いている。

オナーの共同創業者兼CEOのセス・スタンバーグは、引き締まった体躯のサイクリストだ。30代後半だが、シリコンバレーの基準で言えばすでに古株である。2005年、スタンバーグはいまのビジネスパートナーであるサンディ・ジェンと、もう1人の共同創業者とともにミーボ社を立ちあげた。ミーボの主力商品は、AOLインスタントメッセンジャー、MSNメッセンジャー、フェイスブックチャット、グーグルトークなど、さまざまなインスタントメッセージング・アプリケーションをまとめるブラウザベースのサービスだった。2012年、グーグルに1億ドルで買収されたあと、スタンバーグとジェンは解決すべき問題を——たんに新しい問題ではなく、新しい種類の問題を——探しはじめた。

スタンバーグの案内で私はランチ用テーブルについた。濃い色の厚板で、この地域なら家賃を取れそうな大きさだ。

「シリコンバレーではつくりやすいものをつくっているだけだ。人がそれを欲しがるかどうかは考えない」とスタンバーグは話す。最先端のテクノロジーを使い、ありもしない問題のための、誰も買わない解決策をあっさりつくって売ってしまう。こうした傾向のなかで成功を収めるプロダクトは、〝7つの大罪〟的な、人の奥深い欲望を満たすものになりやすい。たとえば、淫蕩なら出会い系アプリのティンダー、怠惰なら用事代行サービスのタスクラビット、傲慢ならツイッター、これらすべてに怒りと虚栄心を足せばフェイスブックという具合に。

技術が先にあって、それで解決できる問題を探したときにどうなるか、私はよく知っている。オハイオにあるプロクター・アンド・ギャンブル（P&G）の試験場での体験もその1つだ。糖尿病患者が低血糖負荷食を簡単に見定められるようにするバーコードスキャナーをテストしたのだが、どんなにすばらしい性能でも、消費者が最も知りたい情報、つまり値段を教えてくれないものに成功の目はなかった。

スタンバーグとジェンは、新しいプロジェクトを見つけるうえで、これまでとは逆のアプローチをとることにした。解決すべき問題をまず見つけ、それから技術の力でどう解決したらいいかを考えることにしたのだ。「いくつか重要な基準を設けた。身近で、人の生活を根本的によくするものであること」

2013年、彼らはついにそれを発見した。スタンバーグがコネチカット州ウエストハートフォードにある両親の家に飛行機で帰ったときのことだ。母親が最寄りのブラッドレー国際空港まで迎えにきてくれた。「子どものころ、母はよくスピード違反に引っかかっていた。制限速度が80マイル〔約130キロ〕のモンタナ州に旅行したときでさえね。車をかっ飛ばすことが大好きだったんだ」。だが、空港に迎えにきた母親の運転はかつてより慎重だった。「〝なんでそんなにゆっくり走ってるの？〟って訊いたら、〝このごろ運転するのがたいへんなの〟って」

この出来事はスタンバーグに5年後や10年後の母親の生活を想像させるきっかけになった。いずれ来る介護への心配が芽生えたのだ。「〝母さんにはそろそろ施設に移ってもらわないと〟と言いたくないとしたら、自分に何ができるだろうと考えた」。彼は在宅介護の業界を調べはじめた。そして興奮した。

在宅介護業界は、小規模な事業所や個人事業主で大半が占められ、やや大手のフランチャイズが若干加わっている程度だとわかった。業界を代表するような有名企業はなく、規模の利益をどこも受けていない。介護士に1時間来てもらいたかったら、通常、交通費や諸経費も加味して3時間分を支払わなければならない。大きめの事業所でも抱えている介護士が少ないので、スケジュールの調整がつかず、特に被介護者が特別な要望をもっていると、それに適した介護士を派遣するのは至難のわざだった。ことばが通じないとか、性格が合わないといった問題もしばしば浮上する。

私にはむしろ、スタンバーグの説明は控えめなように感じられた。私は、介護のストレスで疲弊した子どもたちから、親に合う介護士が見つかるまでの苦労話をさんざん聞いてきた。苦労話が明るい調子で終わるのなら、ぴったりの介護士が見つかったということだ。「ああ神様、メアリーが来てくれて本当によかった。彼女に出会えるまで事業所を3つも回ったわ。彼女がいなかったらどうなっていたかわからない」

スタンバーグはまず、入院先から自宅に戻るときの世話という、介護の小さな部分に焦点を当てた。退院が急に決まり、家まで送り届けてくれる介護士の手配が間に合わないことはよくある。朝に退院した高齢者が、迎えの家族の到着を夜まで待ちつづけることもあるそうだ。カリフォルニアに住むスタンバーグは、母親がコネチカットの病院に入院したら駆けつけることすらままならない。家族間の地理的距離はどの国でも広がるばかりなので、同じ問題に多くの人が悩んでいる。スタンバーグはこうした経緯から、退院の決まった患者に、ただちにプロの介護士を向かわせる方法を模索しはじめた。

「まず移動手段をどうするか。ほかにも家の中は患者が生活できるような状態になっているか、階段はのぼれるのか、薬は手配されているかなど、検討事項は山のようにあった」。メディケア（高齢者向け医療保険制度）の患者のうち、20パーセントが退院後30日以内に再び病院に戻っているが、退院後の自宅生活がうまくいかなかったこともその一因だろう[25]。

スタンバーグとジェンは、介護提供者の人数を充分に確保でき、技術的インフラがしっかりしていれば、退院を迅速かつ安全に支える介護サービスをつくることは可能だと判断した。そこから新しいアイデアが広がった。在宅介護のさまざまな要望に、1カ所で応えられるオンラインショップをつくったらどうだろう？

スタンバーグとジェンを含む4人が共同創業者となって設立したオナーは、いまではサンフランシスコのベイエリアとロサンゼルスの大都市圏で事業を展開している。2度の資金調達で集めた6200万ドルには、シリコンバレーで最も強い影響力をもつベンチャーキャピタリストからの投資も含まれている[26]。オナーはもともと秘密主義で、顧客や介護士の人数を開示しないが、順調に増えているらしい。スタンバーグによると、応募してくる介護士の95パーセントは不採用にするという。この厳選主義は応募人数の多さをうかがわせる。一方、雇い入れた介護士に対する手厚い処遇が評判だ。介護士は個人事業主として会社と契約するのではなく、全員が会社に直接雇用されていることもそれを裏づけている。

さらに、オナーの顧客は1時間単位で介護を受けることができる。最低3時間からという業界基準に比べると、このシステムははるかに使い勝手がいい。オナーが人件費増と介護提供時間短縮を両立できているのは、規模の利益と強力なデータ処理能力を得て効率が高まったからだ。たとえば、現場に出る大勢の介護士たちがいまどこにいて、次にどこへ移動するかを会社が細かく把握していれば、移動時間などのコスト要因をアルゴリズムで最小化できる。ウーバーやフェデックスのような業界ではありふれたことかもしれないが、介護業界では画期的な取り組みであり、これまでかかっていた大きな間接費を減らせるようになった。

介護の本業面で特筆すべきは、スタンバーグが「ケアプロ」と呼ぶ自社の介護士と顧客をマッチングさせる精度の高いシステムだ。たとえば、あなたの母親にプロの介護が必要になったとしよう。だが母親は標準中国語（マンダリン）しか話さず、複数の猫を飼っている。そうなると、介護士は中国語を話せなければならないし、猫アレルギーであってはならない。このマッチングを軽んじると、「ケアプロはずっと鼻をぐずぐずさせる羽目になり、母親にとってもケアプロにとっても不快な体験となる」

規模の利益とデータ解析力のおかげで、オナーはたんに日程だけでなく、言語や共通の趣味という要素によって顧客とケアプロのマッチングを実現できている。ただしこうしたことは、古い会社でも充分な時間と表計算ソフトがあれば実現できるだろう。

それよりももっとむずかしい問題がある、とスタンバーグは言う。「あなたの母親のために訪問介護人を雇うことになったとしましょう。高度なスキルをもった人と、人当たりのよい人、どちらを選ぶ？」

できればそんな決断は迫られたくないし、思わず「両方」と答えてしまいそうだが、スタンバーグには明確な答えがあった。もし母親が「ちょっとした手助けを必要としているだけなら、スキルのことはあまり気にしなくていい。人当たりのほうが大切だ。でも、母親が重度の認知症を患っていて、散歩に連れだすことすらむずかしいとしたら」――たしかに、そうなると話は変わってくる。「重度の認知症の母親を散歩に連れだすスキルがあるかどうかが重要になる。人当たりより何よりスキルが最優先事項だ」

高齢者介護を初めて経験する人は、そのような決断をしろと言われても、どう答えればよいかがわからない。「しかし、うちの会社なら膨大なデータを入手し、解析し、知見を示すことができる」。オナーは1人ひとりのケアプロを細かい基準で査定しているので、最も適したケアプロを顧客に紹介できるのだ。

オナーが在宅介護業界で先行他社と明確に異なるのは、テクノロジーをいかに目立たせないかに細心の注意を払っているところだ。迫りくる介護人材不足をロベアなどのロボットで解決しようとする試みに比べると、まったく派手さがない。もちろん、スマートフォンアプリも用意しているが、顧客は固定電話からでも同じくらい簡単にケアプロを予約できる。

だが、オナーが紛れもなくテクノロジーのスタートアップと言えるのは、効率のよい移動経路や、被介護者とケアプロとのマッチングを瞬時に決定できるデータ解析能力を有するからだ。その能力は、顧客にもケアプロにも見えないところで、そう、本社オフィスの桟橋のような天井の下で技術者たちが静かに磨いている。

医療というドラゴンを倒せるか

高齢者の健康・安全に関するプロダクトをどうすれば安い値段で充実させられるかを考えるとき、私の頭にはこのオナーの例がすぐに浮かぶ。この会社は急速に成長しているので、先に紹介した規模や調達資金、拠点などの情報は、本書が出版されるころにはすでに古くなっているかもしれない。オナーの成功が、高齢消費者の市場は投資に値すると、起業家や社内ベンチャーが気づくきっかけになってほしい。

効率化を重視したテクノロジーのイノベーションが、医療分野ほど求められているところはない。政府の支出は増えつづけているが、医療業界は、音楽や宿泊や飲食など、ほかの業界が浴びたシリコンバレーからの攻撃に屈していない。テクノロジー系企業がこれまで医療業界を避けてきたのは規制が多すぎるからだ。オナーは業務を在宅介護に絞ったことで、食品医薬品局（FDA）や、患者の健康情報を保護する「医療保険の相互運用性と説明責任に関する法律（HIPAA）」の規制を受けずに済んでいる。

音楽を聴けて電話もかけられ、補聴器のように自然音を増幅できるスマートイヤホンを製造していたドップラー・ラボ社も、規制の緩い場所を選んでいた。同社のCEOは2016年9月、ファスト・カンパニー誌のインタビューで、「医療機器が本当に必要なら、（当社の製品ではなく）補聴器を買ってほしいというのがうちの立場だ。誰が医療機器を必要とし、誰がそうでないかを決めるのは規制当局だ」と語っている。

だがインタビュアーのマクラッケンは、「補聴器と競合する商品ではないと強調する割には、ドップラー・ラボ社は難聴の人に自社のテクノロジーで何ができるかをずいぶん研究していますね」と食い下がった。[27] 実際に同社は2017年のはじめ、伝統的な補聴器市場に参戦するのではなく、超党派の議員グループと組んで、聴力補助の分野に新たな規制緩和エリアを設けるように働きかけていた〔同社は2017年11月に廃業〕[28]。

規制に縛られる医療業界に大胆にも漕ぎだそうとしたスタートアップがなかったわけではないが、多くは警告と戒めのことばで語られるようになる。最新の情報技術で武装した冒険家は、医療分野は簡単に倒せるドラゴンのようなものだと思って近づく。こんな簡単なことを、なぜいままで誰もできなかったのかと立ち止まって考えることなく、ファクスがいまだに活躍している業界など怖れるに足らず、と。しかしいま、その冒険に出ようとする者は、焼け焦げたたくさんの骸骨を目にすることになるだろう。骸骨の多くは比較的新しく、冒険に乗りだした当初は盛大なファンファーレを浴びた者たちだ。

たとえばDNA解析サービスの23アンドミー社。情報開示が不充分で、遺伝子検査の正確性について充分な証明ができなかったことを理由に、2013年にFDAから主要サービスを中止するよう通告を受けている。[29] 2年後に復活したが、高価で狭い範囲のサービスしか提供できず、[30] FDAの認可を得てようやく疾病リスクの遺伝子検査を再開したときには、さらに2年が経っていた。[31]

1滴の血液から数十種の疾病を検査できると謳ったセラノス社は、信頼性の低さを理由に、2016年、規制当局によって臨床検査の停止と研究所の運用停止を命じられた。[32] 数カ月後、セラノスは研究所を閉鎖し、従業員の半数近くを解雇している。[33]

同年、企業向け健康保険仲介サービスの目玉商品として無料の業務管理ソフトを提供しているゼネフィッツ社のCEOが、業務の遂行に必須とされる52時間の研修を従業員に受けさせずにいたという理由で、引責辞任に追いこまれた。[34] こうした規制との闘いに大惨敗した数々の事例から、テクノロジー業界は、マーク・ザッカーバーグがかつて言った「素早く行動し、破壊せよ」的な挑戦を好むイノベーターは、医療界から徹底的につぶされることを学んだ。それを物語るかのように、CEOが追放されたゼネフィッツのモットーは、「構えろ、撃て、狙え」から「常に誠実に」へと変更された。

規制当局による攻撃をかわせている医療イノベーションも、規制当局と同等かそれ以上の力をもつ医師たちとの衝突には巻きこまれやすい。データの管理責任を過剰に負わされたり、診療行為よりも病院や保険会社の利益を優先したり、さらには患者とのコミュニケーションを断ち切ったりするテクノロジーに、医師が恐怖と反感を抱くのは当然のことだ。

2016年、全米医師会の年次総会講演で、会長のジェームズ・マダラは医療に関するたくさんのプロダクト——無用な電子カルテ、消費者に直接販売されるデジタル健康管理商品や怪しいアプリ——の価値に疑問を投げかけた。ロボット手術や高度放射線治療のような真に優れた進歩の裏で、「先進のデジタル技術と称しながら、実際には適正なエビデンスに基づかないものや、うまく作動しないもの、あるいは治療を妨げ、患者を混乱させ、われわれの時間を無駄にするもの」*があふれていると指摘した。

マダラの懸念は、デジタル技術の進歩が必ずしも有効に活用されていないところにある。複数の機器が接続され、患者の健康に関するあらゆるデータを数値化しているのに、アルゴリズムは安定せず、医師は疲弊しきっており、数値から意味を抽出することができない。医師や看護師は、視覚と聴覚に訴える警告に四六時中さらされているので、重大な情報に気づかずに致命的な見落としを引き起こしかねない[35]。

今日の集中治療室は、マダラによると、「リリリリ、ピッピッ、ビービーの音がどろどろに溶けた原始の海のよう」で、さらに電子カルテが自分を読めと追い討ちをかける。あなたのフィットビット〔心拍数などを計測する時計型ウェアラブル端末〕やハイテクなスマートホームがいっせいにアラームを鳴らし、文字やら画像やらを表示するところを想像してみてほしい。

医師と規制当局にとってさらに悪い事態は、最新式のデータが大量に流入し、医師が完全に蚊帳の外に

*平均的な医師の1日のうち半分が、電子カルテへの大量のデータ入力に費やされている。マダラは嘆く。「アメリカの医師は地球上で最も高給のデータ入力要員になった。なんと無駄なことか」

追いやられることだ。MITメディアラボの元所長で、メディアラボ内にニュー・メディア・メディスン・グループを立ちあげたフランク・モスが2011年、ニューヨーク・タイムズに次のような論説記事を書いている。

（次の大きな医療革命は）〝デジタル神経システム〟だろう。身に着けたり家に設置したりする目立たないワイヤレスセンサーが常にバイタルサインを監視し、階段の昇降数や食事内容など、健康に影響を及ぼす日常的な活動を記録する。リストバンドが覚醒度合いや注意力、不安感のレベルを測り、包帯は傷が感染症に冒されていないことを確かめ、洗面所の鏡は心拍数、血圧、酸素濃度を測定するだろう。

ソフトウェアがデータを分析し、具体的な助言を送る。自身の行動がどう健康に影響するかを理解させ、病気予防のための行動を教えるのだ。医療費を削減する最も効果的な方法だ。[36]

だが、こうしたアイデアが生まれてわずか数年間で、医師を蚊帳の外に追いやってはうまくいかないことを示す証拠が山ほど出てきた。DNA検査キットを販売する23アンドミー社がFDAの処分を受けたことはすでに述べた。なかでも最も懸念されていたのが乳ガンリスクの検査だった。2017年にFDAが同社に対して再承認した検査キットでも、患者が本来必要でない予防手術を求めるおそれがあるという理由で、[37]乳ガンリスクの検査は復活していない。[38]

セラノスも似たようなビジネスを試み、しかも消費者に直接、血液検査の結果の一部を提供できるようにアリゾナ州の法律を変えることに成功したが[39]、のちに規制当局とトラブルになった（公正を期して言っておくと、2016年にセラノスが破綻しかけたのは、直販ビジネスから閉めだされたことより、むしろ血液検査の精度が低かったことのほうが大きい[40]）。

マダラの意見は規制機関のそれと一致している。「判読できないほど小さな文字で〝娯楽目的の使用に限る〟と書かれた、消費者に直販するデジタル健康機器」と、「使いにくい電子カルテ」と、耳障りなアラーム音を足し合わせると、「デジタル医療のディストピア」ができあがる。マダラにとっては迷惑な新しいプロダクトの開発に献身的に取り組んでいるのは、フランク・モスのような情報技術者たちだ。マダラの批判は止まらない。「彼らは、デジタル医療が近い将来、医師の介在を不要にし、自己治療用アルゴリズムに従ってほとんどのことを患者自身でできるようになると予測している。だが、さまざまな調査結果から、そうした未来がまやかしであることが明らかになった。バラ色に見えたけど実際はそうじゃなかったと[41]」

＊＊＊

医療をドラゴンに見立てて退治する冒険譚では、騎士が次々に命を落とし、生残者もことごとく医療業界の外に押しやられている。読み物ならおもしろければそれでいいかもしれないが、現実の社会では、医療の非効率性というドラゴンがいまだに人々を苦しめている。将来、ドラゴンはやはり死ななければならない。もしくは、せめて翼をもぎ取る必要がある。

求めるべきはおそらく、医療界の利益構造にもう少し敬意を払える新しいタイプの参入者だろう。何十年にもわたって〝医療業界を正す〟と約束してきたテクノロジー企業が抱える根源的な問題は、医療に関係するすべての消費者の要求をまったく考慮してこなかったことだ。ここで言うすべての消費者とは、患者だけでなく、医師、病院の管理部門、保険会社、FDAなども含まれる。これまでは、病院と保険会社の思惑ばかりが優先されて医師の仕事を増やしたり、医師の役割を限定したりしてきたため、規制当局があわてて修正に走ることもあった。

だが、ニューヨーク・タイムズの論説記事から5年後、フランク・モスの見解には変化が見られ、「医療業界はほかの業界とは違う、特殊な獣だ」と語るようになった。実際、医療分野独特の妨害がなかったとしても、医療分野のテクノロジーは約束してきたことすべてをなし遂げることはできそうにない。

2016年のスクリップス・ヘルス社の調査によると、ウェアラブル端末や健康関連のスマートフォンアプリは医療費全体の削減に効果を発揮していない[42]。やがてフランク・モスは、慢性疾患の患者と医療従事者（健康コーチ）をオンラインで結びつけるトゥワイン・ヘルスという会社を立ちあげたが、健康コーチの役割は、テクノロジーを通じて収集した患者のデータを追跡し、主治医のために数値の推移をまとめ、患者が治療計画を守っていないときには改善を指導する程度にとどまっている。

理想に燃える技術者は聞きたくない現実かもしれないが、少なくとも当面は、医療分野で情報技術の力を充分に活用するには、こうした補助的な役割に徹するしかない。しばらくは、医療の意思決定やフィードバックのあらゆる場面に人間が、二重安全装置の意味しかない場合も含めて常に介在する必要がある。

一方、最新のウェアラブル端末やスマートホームのテクノロジーが成熟すればするほど、高齢者は独力で生活しやすくなる。生活をよりよくするためのオプションではなく、生命と暮らしを支える必需品としてのテクノロジーの位置づけが強化されていくだろう。

さまざまな機器やアプリにつながった環境で暮らす、近未来の高齢者を想像してみよう。家事がらみの全般を取り仕切るスマートホーム装置に、食材の備蓄管理や配達依頼から、外出時の車の手配、緊急通報まで、なんでも指示することができる。社会保障の給付金は当人の銀行口座に振りこまれ、出費も自動的に引き落とされる。服薬管理システムが薬を飲む時間を知らせ、薬を処方し、ウェアラブルな血圧・ブドウ糖値測定器、スマートトイレ*などの測定値に基づいて適宜用量を調整する。スマート体重計が体重を朝晩記録し、変動がないか見守る。

スマート体重計に注目してみよう。これまで挙げたテクノロジーのなかでは、最もSF感が薄い。ゼロ年代初頭、エイジラボは大手の医療機器メーカーと組み、体重に警戒すべき変動があった場合にコールセンターに通報するスマート体重計の実地テストをおこなっていた。鬱血性心不全を患い、ループ利尿薬を服用しているような患者にとっては、一定の体重を維持することは命にかかわるほど重要だ。鬱血性心不全は、心臓が身体中に効率よく血液を循環させられないため、肺や肝臓などに水がたまる。利尿薬によって腎臓に多く水分を排出させ、体内の総水分量を減らすことで、この症状を食い止めることができる。定期的に利尿薬を服用していれば体重はほぼ変化しないが、服用を1回忘れると水分の排出が滞り、重要臓

＊スマートトイレは世界でも認知が高まりつつあるが、特に日本でよく見られる。本書執筆時点では、尿量や尿流率などを測定できるモデルが販売されていた。日本で普及しているトイレ機能の1つに便座一体型の温水洗浄機能があり、パーキンソン病や協調運動障害の人の悩みの解決に大きく貢献している。

器に水がたまってしまうため、急激に体重が増加するおそれがある。

その医療機器メーカーは自社の体重計の成功を信じて疑わなかった。しかし応用科学者なら誰でも知っているとおり、研究所の外では予期しない変数が入りこんでくる。実際の使い勝手を調査するため、メーカーが患者10人の自宅に体重計を取りつけ、私の院生もその作業を手伝うことになった。患者は全員、毎朝利尿薬を服用し、毎日朝と夜の2度体重を計る。朝の服用を忘れれば、その日の夜には体重に変化の兆しが現れ、翌朝にははっきりと増加するものと私たちは予想していた。

だから、ある年配女性の体重が夜にはかなり増加しているのに、翌朝には元に戻っているという事態は誰も予想していなかった。夜から朝のあいだに4～5キロがどこかに消え、翌日の夜にはまた増えているなんてまったく筋が通らない。そこで院生が調べにいったところ、体重計にはなんの問題もなく、女性の心身は安定しており、規則正しく薬を服用していた。夜尿症でもなかった。院生は、寝る前の彼女の習慣について尋ねた。

「毎晩同じよ。夕食をつくって、食べて、猫に餌をやって、体重を計るの」

ちょっと待った。最後のところをもう一度。

「猫に餌をやって、体重を計るの」

2つの動作がつながっていることが判明した。猫がキャットフードを食べおわると、彼女は抱きあげて、すたすたと体重計へと歩き、猫を抱い、、、たまま乗るのだ。朝は、自分だけで体重を計る。この体重の差はスマート体重計の理念も有効性も吹き飛ばした。これこそまさにメーカーが懸念する、研究室では絶対に起こらない類いの誤動作だった――研究室にはペットはいないから。

スマート体重計やスマートトイレ、その他のスマートホーム装置満載の自宅に住む老婦人が、さっきの猫の例と同じことをしたらどうなるか想像してみよう。最悪の場合、何が起こるだろうか。

スマートホーム装置は正常に動作し、服薬管理システムもFDAに承認されるくらい充分に信頼できるものと想定する。だから、体重が増えたからといっていきなり投薬量を5倍にするような無茶な設計にはなっていないという前提で話を進める。

老婦人が猫を抱いたまま体重計に乗ると、まず、スマートホーム中に警告メッセージが送られるだろう。医師に診てもらうようアドバイスし、ウーバーの手配を申しでるに違いない。だが老婦人はそうしない。代わりに、やかましくて煩わしい通知を切る。

同じころキッチンでは、すぐにナトリウムの摂取量を減らすようにとのメッセージが表示され、スマートホームが食事宅配サービスの減塩ランチを手配する。その減塩食があまりに味気なかったせいで、彼女は電話を手に取り、ふだんの習慣を破って夕食にファストフードを注文する。塩気の強い夕食を大量にとったあと、なんとなくいつもの利尿薬を飲まないほうがいい気がして飲むのをやめる。すると突然、彼女の健康は真の危険にさらされる。彼女のまわりに、寝る前の習慣について問い質す人がいなかった――あるいは猫を飼っていないか訊く人がいなかった――せいで。

この例では、危険が生じた理由は、あらゆる事態への備えが不充分だったこと、そして運の悪さによるものだった。では、そこに悪意が絡むとどうなるか。コンピュータシステムで対処する範囲が広がれば広がるほど、招かれざる客が入りやすくなる。すでに2013年には、技術系ブロガーのあいだでスマートトイレの脆弱性が話題になっている。スマートフォンで操作できる4000ドルのスマートトイレ「マイ・サティス」が、ブルートゥース規格の接続範囲内なら誰でも、つまりトイレにいる当人以外でも、便座を開閉したり洗浄水を噴出したりできることが明らかになった。[43]

これだけなら笑い話で済むかもしれない。だがもし、操作するのが水栓ではなく誰かの銀行口座だったら？　水ではなく人の金を放出できたとしたら？　笑い話ではなくなる。介護を支えるスマートホームの少なくとも初期段階では、この種の問題が起こらないように人を見張りにつかせれば、無菌の研究室では決して起こらない不具合を見つけるのに役立つだろう。あまりに特殊な状況はアルゴリズムも異常を認識できるようになっており、たとえば、あなたのクレジットカードでマルタ共和国の倉庫からゴム製アヒルを1万個買っていたなら、カード会社は本当にあなたが購入したのか不審に思う。だが、スマートホームがいったん生命維持の役割を担ってしまうと、何か疑わしいことが起こったとしても停止することはできない。このため、システムが下す判断には当面、家族や友人、介護のプロなど、人の関与が求められるだろう。

電子カルテの世界でさえ、人の手を再導入するよう望む声がある。膨大な組み合わせのなかから薬剤間の危険な相互作用を検知して知らせるのには有効だが、電子カルテに入力するデータは医療記録だけなので、医療記録以外の情報は拾えず、最適ではなかったり不充分だったりする治療を奨励することがあるからだ。

たとえば、喘息の子どもに適切な薬を勧めることは電子カルテでもできる。だが、その子の親の服についた煙草の匂いに気づき、親に禁煙を促したり、せめて外で喫うように助言したりできるのは、人間だけなのだ。

「このような観察は診断アルゴリズムを改善できる可能性があるが、コンピュータのデータを見ているだけではなかなか気づけない」と、スタンフォード大学医科大学院のチームが、ジャーナル・オブ・ジ・アメリカン・メディカル・アソシエーション誌で論じている[44]。

史上最強のチェスのグランドマスター、ガルリ・カスパロフは、人間とコンピュータがチームを組んで対戦するスタイルを提唱した。人間は高度な創造的決断を下し、コンピュータはそのプロセスを計算能力の馬力で支えるこのスタイルのほうが、人間だけ、あるいはコンピュータだけで戦うよりも高いパフォーマンスを発揮するという。介護に当てはめれば、ハイテク技術と人の感性を連携させることで、どちらか片方よりも高い成果を挙げられる可能性を秘めている。先に紹介した、退院時の付き添いを担うオナー社もその手法を介護に活用していた。同じことが医療界でも起こるだろう。医療費の削減につながるかどうかはまだわからないが、健康寿命を延ばし、高齢者が望みどおりの生き方を長く送れるようになるかもしれない。

ハリー・ポッターとエメラルド

テクノロジーが医療や介護にもたらす明るい未来を知らない人だったら、エマニュエルのような高齢化社会のとらえ方に引きずられても仕方ないかもしれない。外からちらりと見るだけでは、老いをいやがる気持ちと前向きに受けとめる気持ちの差をテクノロジーで埋められるとは思えないし、介護ロボットのような派手な技術はSFの絵空事のようだ。オナーが示したような、本当に役立つ技術は、現時点では、ほとんどが見えない場所でひっそりと実行されているにすぎない。

だがそのあいだにも、科学者や技術者は基礎研究を続け、あらゆる技術分野を前進させている。何をいつまでにとは確約できないにしても、嬉しい驚きにきっとつながる。生き方や年のとり方をより幸せなほうへ変えてくれるものが出てくるだろうし、その時期は予想より早いかもしれない。

ある蒸し暑い夏の日に、同じMITのキャンパスを横切り、電気工学・コンピュータ科学の教授であるディナ・カタビに私が会いにいったのも、スマートホーム技術の可能性とテクノロジーの進歩を知るためだった。MITのレイ・アンド・マリア・スタータ・センターの9階にある彼女のオフィスに入るとき、ドアの下枠につけられたプレキシガラスの板につまずかないようにと注意された。それは階下の機械工作施設で特別にカットしたもので、簡単にまたぐことができるが、彼女が飼っている小さなヨークシャーテリアのミーカが部屋の外に出られないだけの高さはあった。ラボのなかには、ペット可のところもあるらしい。

カタビは、電波が互いに、あるいは電波以外のものと、どのように作用し合うかという問題に関する、世界有数の専門家だ。かつてホワイトハウスでオバマ大統領に「正しく理解すれば電波はすばらしい生き物です」と述べたこともある。電波の性質を教えてもらううち、彼女にとっての電波は、私たちにとっての動物と同じように具体的なものであることがはっきりとわかった。犬のミーカが隅で丸くなっていたのは、何度も聞いた話で退屈だったのだろう。

カタビと私は、全世代にアピールしうるスマートホーム技術について話し合った。全世代にアピールするとは、あらゆる年齢層を暮らしやすくする過程で高齢者にも大きな恩恵のあることがわかった、一種の超越的(トランセンデント)なプロダクトを指す。やがては家中の機器に指令を出すことになる中央コンピュータとして私が真っ先に思い浮かべるのは、人工知能のアレクサが搭載された、声で操作するアマゾンの「エコー」だ。音楽を流したり、ウィキペディアの記事を読みあげたり、通勤所要時間を予測したり、照明や空調を操作したりと、さまざまなタスクを実行できる。おそらく最も重要なのは、アレクサのできることが増えつづけている点だ。似たような機能をもつ競合品としては、マイクロソフトのコルタナ、アップルのシリ、グーグルのグーグル・アシスタントなどがある。

カタビは私のとりとめのない話にほほえみを浮かべてこう言った。「たしかにアレクサにはいろいろなことを頼めるし、実際にできることも増えている。けれど、単純そうに見えてむずかしいこともある。たとえば、目覚ましのアラームを設定したとしましょう。アレクサはいつアラームを鳴らせばいいかはわかるけれど、どこで鳴らせばいいかはわからない。〝朝8時に起こして〟と言えば、アレクサは朝8時にアラームを鳴らすでしょう。でも、あなたがベッドから出たか、まだベッドにいるかはわからない」

これまで目覚まし時計に次元認識が必要だと考えたことがなかった私は、不意を突かれた。だが、言われてみればそうだ。目覚まし時計は人に設定されて時刻を把握し、アレクサの場合ならさらにインターネットとつながっているが、自分が家のどこにいるのか、あるいは時刻を知らせるべき相手がどこにいるのかを知ることはできない。いつか完全に統合されたスマートホームが登場したときには、家のなかのどこに何があって、誰がどこにいるのかを認識しているはずだ。

場所について語るのなら、私たちが会話していたその場所より魅惑的なところはMITにもほとんどない。かつてアーサー・C・クラークは、高度に発達した科学技術は魔法と区別がつかないと言ったが、彼女のオフィスのあるスタータ・センターこそまさにそうだ。建物は、プリツカー賞受賞の建築家、フランク・ゲーリーによって設計され、MITの誇るコンピュータ科学・人工知能研究所（CSAIL）もあって、キャンパス内で最も奇抜な雰囲気をまとっている。もし、この建物がコンクリートとクロムではなく木と藁でできていたら、巨大な〝隠れ穴〟――『ハリー・ポッター』に登場するハリーの親友ロン・ウィーズリーの住む家――を思い浮かべるかもしれない。箱を重ねたり並べたりしたかたちで、ところどころ傾いていて、見えない力によって支えられているような感じがする。

J・K・ローリングが書いたハリー・ポッター・シリーズでは、ハリーは〝忍びの地図〟を通じて先生たちの居場所を確かめ、見つからないように夜の学校を歩くことができた。カタビの技術もそれに似ている。エックス線をいっさい放出することなく、複雑な空間のなかでも、壁越しであろうとも、人の動きを感知できる。

シリアのダマスカスで医者の家系に生まれたカタビは、電波の魔術師ではなく、父、祖父、おじおばたちのように医師になることを期待されていた。高校卒業前の試験でシリア国内で6位という好成績を収めたのち、ダマスカス大学医学部に入学した。最も優秀な者しか入れない、誰もがうらやむ学問の最高峰の場でもすぐにクラスのトップになった。このためカタビが突然、医学から電気工学へと専攻を変えたとき、皆は仰天した。自分の人生にはもっと数学が必要だと感じたそうだ。両親も「カンカンに」怒ったという。周囲を嘆かせた理由の1つは、シリア政府が医学系の仕事以上に工学系の仕事に監視の目を光らせていたからだ。「自分の人生を自分でコントロールできる仕事は、シリアでは医学系しかなかったの」

カタビは第三の道を選んだ。卒業と同時に、修士号と博士号を取得するためMITに進み、コンピュータ科学を専攻した。発電所の効率を上げるために使われる制御理論をコンピュータのネットワークに応用し、インターネット上を効率的に情報が流れるようにする新しい理論を発表した。彼女の指導教官だったCSAILの上級科学者は、MITテクノロジーレビュー誌に、「(カタビは)この場所で論文を発表する際の基準を変えた」と語っている。[45] カタビは有線および無線ネットワークで情報を転送する方法の研究を続け、まもなくMITの教授になった。

彼女の研究の基礎であり、現代の電子機器全般にとっても重要な数学理論としてフーリエ変換がある。複雑な信号を形成している個々の波形を分離するために使われ、たとえば、誰かの声の特徴を決める音のパターンを抜きだすことができる。通信の信号処理やストックオプションの価格算定、磁気共鳴映像法(MRI)など非常に用途が広いが、コンピュータの負荷が重くなりがちという欠点もあった。カタビは、MITのコンピュータ科学部門の同僚とともに、フーリエ変換をコンピュータで扱いやすくする方法を突きとめた。[46] フーリエ変換にとってこれほど画期的な発見は1965年以来とされる。[47] やがてカタビは、複雑な電波に隠された貴重な情報を何かに使えないかと考えた。たとえば、家のなかで人の居場所を特定することはできないだろうか?

電波を対象物に当てて跳ね返らせ、その時間経過から距離を測ることは何十年も前から可能だった。だが、電波探知機(レーダー)であれ、音波探知機(ソナー)であれ、対象物を感知するには、飛行機の飛ぶ大空や潜水艦のもぐる大海のように、ある程度の広さが必要だ。地中探知機も1980年代半ばには商業化されたが、人の多い住宅のなかを探査するレーダーの実現は困難だと思われていた——少なくともカタビが現れるまでは。

彼女の計画では、WiFi的信号(WiFiと同じ周波数帯に属するが、構造が異なり電波もずっと弱い)

を住宅内に送る必要があった。人体に当たって跳ね返った電波の時間経過を計ればその居所がわかる。だが、人体はほとんど水分でできているため、壁やテーブルなど硬いものに比べて反射しにくいという弱点があった。

ここでポイントになるのは壁やテーブルは動かないということだ。ティラノサウルスの視力は動きに頼っていたという説がある。映画『ジュラシック・パーク』でサム・ニール演じる科学者が子どもたちに「動くな。やつには動くものしか見えない」と警告するシーンがあったのを憶えておいでだろうか？　計画上は、カタビの装置も似たような仕組みだ。ＷｉＦｉ周波数の電波信号を室内に放つと、さまざまな形状からの反射をセンサーが感知する。誰かがセンサーの範囲内を歩いたときには、壁やテーブルからの反射とは違って、人体から反射した信号は時間とともに変化するので、その人物の身体から跳ね返る反射だけを区別できる。だからカタビは、動くものと動かないものを区別すれば、人の居場所を測定できると考えた。少なくとも、じっと座ってテレビを見ているのでなければ。

ところが、学生たちと一緒に装置のテストを始めると、期待以上のことが起こった。位置データは線グラフなどさまざまなかたちで可視化するようになっており、学生がセンサーの前を歩くと、距離や高さなどを表す線が変化するのは予想どおりだったが、驚いたのは、学生がじっと動かずに立っているときの線の動きだった。線は波のようなパターンを描き、だいたい5秒おきにピークを繰り返した。カタビは学生に息を止めるように指示した。謎のピークは水平になった。それが意味することは1つしかない。装置は想像していたよりも精密で、呼吸のときの腹部の動きを感知していたのだ。

さらに、はじめは呼吸の動きに隠れてわかりにくかったが、もっと小さな、間隔の短い波が連続していた。学生はまばたきも呼吸も我慢して動きを止めたままだ。考えられることは、そう、心拍だ。カタビの装置は、家具を挟んで部屋の反対側にいる人も壁の向こうにいる人も、動いていても静止していても、その位置を感知できるだけなく、バイタルサインまで測定できたのだった。

次の問題は、それを使って何をするかだ。

軍事的利用価値があるのは明らかだったが、スマートホームの機能としても大きな可能性があった。カタビのチームはすぐに身振りで部屋の照明をコントロールする装置をつくった。部屋に人がいないときに照明を消したり、住人が外出したことを感知して電力消費量を節約することもできた。家全体を使って遊べるビデオゲームについて考えたこともある。自宅を「コール・オブ・デューティ」〔戦争をテーマにしたシューティングゲーム〕の舞台にして、走りまわって侵入者を撃退する拡張現実（AR）ゲームのような。

装置名の候補には一時、〝忍びの地図〟も挙がったが、あまりに空想的すぎると却下したそうだ。最終的に「エメラルド」に決まった。

2013年、カタビはマッカーサー基金の「天才賞」を受賞した。「類いまれな独創性」を発揮し、「創造的探求」に邁進している人たちに、無条件で利用できる多額の奨学金が贈られる賞だ。受賞者は研究資金を得るだけでなく、世間の注目も浴びる。殺到する取材をこなすなかで、カタビは自分の研究をスマートホームだけでなく病院でも応用することにした。

そして、よくあることだが、彼女自身の人生とも交差した。祖父が転倒してけがをしたという知らせを受け、まもなく彼女の教え子である大学院生の祖母にも同じことが起こった。幸い、2人ともすぐに家族に発見されて大事には至らなかったが、家のなかで起こりうる事故のイメージがカタビの頭から離れなくなる。カタビがのちに自身の技術を活用する会社を立ちあげたとき、その使命は住居内で転倒が起こらないように予防し、監視することだった。社名は装置名と同じ「エメラルド」にした。

2015年、ホワイトハウスに30組のスタートアップが招かれた。「誰も排除されない起業家精神(インクルーシブ)」のもと、人種や性別や障碍の有無を超え、若い白人男性以外の起業を後押しすることが目的だった。この催しの場でカタビは、オバマ大統領にエメラルドの技術を実演する機会を得た。エメラルドの能力について熟知している私にしても、この実演を撮影した映像は見ていておもしろかった。

大統領がメディアに囲まれながら、1つ前の実演者のテーブルから歩いてきて、カタビとふたりの大学院生の助手と握手を交わす。カタビはデモを始めた。「エメラルドを紹介します。高齢のかたのための健康ガイドです。家のなかで安全に健康でいられるように手助けします」

そのときオバマ大統領が何を考えていたかを知ることはできないが、高齢者のための安全なテクノロジーの話を聞き飽きていたなら、きっと頭のなかで腕時計を見ていたことだろう。業界では、感圧性床パッドや、装着型加速度計などで転倒を感知するセンサーが試作されているが、商業的成功にはほど遠く、有効性が疑わしかったり、利用者の要望に沿っていなかったり、値段が高すぎたり、プライバシーの侵害や子ども扱いを嫌われたりで、ほとんどは生産ラインにもつかない状態だった。大統領は内心そう思っていたとしても、口には出さなかった。カタビは彼に招かれた客なのだから。

実演が始まった。院生の1人がわざと転び、カタビはその転倒が壁越しにどう見えるかを大統領に説明する。大統領の興味を惹いたようだ。

そこでカタビは、エメラルドがずっと院生のバイタルサインを追跡していたことを明らかにする。オバマ大統領に呼吸の動きを示す波線を見せたあと、院生に息を止めるように指示し、今度は心拍を表す波線を見せる。大統領は感嘆の声をあげた。「ワオ」

カタビは心拍感知機能の説明に熱中するあまり、院生が息を止めたままでいることを忘れていた。もう1人の院生がそのことを彼女に指摘せねばならず、オバマ大統領の笑いを誘った。「気の毒に。顔が青くなるところだったね」。大統領は続けた。「転倒についてはかなり大きな動きだから理解できる。でも、こんな距離から（呼吸や心拍などの）小さな動きまで高感度に検出できることに驚きました」

実際には、このシステムには高感度でありながら漠然としたところもある。複雑な環境で繊細な動きをとらえる能力はビデオよりはるかに優れているが、画像を形成する能力はほとんどない。これは不具合ではなく特性なのだ。エメラルドは、身長の高低や座っているか立っているかのような大雑把なことはとらえられても、顔つきや体形などの画像をつくりだすことはできない。この点はプライバシーの観点では好都合だが、それでも、高齢者が誰にも知られたくない多くのこと――たとえば、土曜日の夜の寝室で起こっていること――を感知できてしまう。

これはエメラルドの欠点の1つにすぎず、もっと大きな問題は、ペンダント型通報ボタンなど個人用緊急応答システム（PERS）全般と共通するものだ。つまり、誰も〝老人用〟の技術は求めていないということである。カタビは言った。「こういうコマーシャルをご覧になったことがおありだと思います。〝転んじゃって、起きあがれないの！〟」

「ペンダントですね。私の祖母は1人で暮らしていますから、家族がいつも心配していることです」

「高齢者にとっては、ペンダントを忘れずに着けることがすでにむずかしいのです。着けていても、いざというときにボタンを押せないこともあります」とカタビは言った。

「そうですね。もしくはただ気に入らないのかもしれない。彼らはなんというか、こんな感じでしょう」。大統領は、わざと不機嫌そうな声を出した。「そんなものいらないんだ、ほっといてくれ」

ジョークではあるが、洞察に満ちたことばだった。1つ私がつけ加えるとすれば、プライドを傷つける技術には誰もが不機嫌になっていいということだ。エメラルドは身に着ける機器ではないため、ペンダント型通報ボタンのような、利用者が毎朝、それを着けるかどうかを自分で決めなければならないという装着型機器の欠点を回避している。だが、エメラルドが〝老人用機器〟という烙印を押される可能性はやはりあり、これは将来ビジネスとして成功するうえで大きな脅威となるだろう。

カタビと私は、エメラルドのような装置が年齢に関係なく受けいれられ、たまたま高齢者の健康にも役立つと思ってもらうにはどうすればいいかについてずっと話し合ってきた。すばらしい発明の未来を決めるのは彼女だが、一般論として、このようなシステムを年齢に制限されない当たり前の家庭用技術にする方法を考えておく必要がある。

いくつか考えられるが、その1つに、システムをスマートホームに組み入れ、住人が手振りと声を組み合わせて家電などを制御できるようにする方法がある。手振りと声のように複数の伝達手段をもたせることは、人にもシステムにも、正しく命令を伝え、受けとるうえで2度のチャンスが与えられ、新しいシステムを実地で使いながら学ぶときに都合がいい。住人が電球を指差して、「電球、点けて」と言えば、スマートホームは（1）どの電球を点灯してほしいのかがわかり、（2）その真後ろにあるテレビの電源はオンにしなくていいことがわかる。

あるいは、近い将来、人や特定の物体を表示する〝忍びの地図〟が家のなかにあることが当たり前になるかもしれない。無線自動識別装置（ＲＦＩＤ）対応の小さな追跡タグとエメラルドを組み合わせれば、家のなかのどこに何がある（いる）かを簡単に判別できる。ＧＰＳ対応の地図が出現したおかげで、屋外で紙の地図を広げて自分がどこにいるのかに悩む時代は終わりつつある。家のなかはどうか。家の鍵を探しまわったり、子どもたちがどこにいるのか心配したり、値段が高いわりに1つの目的しか果たせない目覚まし時計を買ったりすることはなくなるのだろうか。カタビの大学院生たちは、自宅でエメラルドのプロトタイプを使ったり、防犯用の警報機として旅行先にもっていったりしているそうだ。

年齢を問わないこうした機能に加え、エメラルドは、重要な情報を介護者に伝え、家のなかで高齢者の安全を確保するという本来の目的も推進する。プライバシーに関する懸念はつきものだが、どこまで感知してよいかを、介護する側ではなく、される側が決めることで部分的に対処できる。最もオープンな設定では、高齢の親がいまどの部屋にいるか、食事をしたかどうか、歩き方はいつもどおりか、ふだんの習慣と違うところはないかなどを、子どもは知ることができる。

逆に、最もプライバシーに配慮した設定では、ハリー・ポッターに登場する別の魔法に似てくるかもしれない。ロンの母親のウィーズリー夫人がもっていた、家族9人の居場所や状態――「仕事」「家」「学校」「移動中」「迷子」「牢獄」「命が危ない」など――を針で示す時計のような感じだ。これでもオープンすぎると感じる人には、「命が危ない」と「問題なし」だけにすればよい。介護者の多くは、家族の誰かが命の危機にさらされている（たとえば、床で動かなくなっている）ことを知らせてくれる機能があれば歓迎するだろうし、家族全員にこの手段を講じれば、「老人向け」のイメージを弱めることになる。誰だって家に1人でいるときに転倒して頭を打ったり、食べ物をのどに詰まらせたり、アレルギーのあるものをうっかり食べてしまったりすることはあるのだから。

つまり、健康や安全といった重大な問題を扱う最先端技術であっても、「老人向け」というイメージをうまく消せるはずなのだ。むしろ、健康や安全にかかわる技術こそ、アーサー・C・クラークの言う「魔法のような」楽しいものにできるはずだ。そのような超越的(トランセンデント)なテクノロジーの登場は、高齢者の健康と自立性の両方を高めてくれる。より幸せな晩年の生活を実現し、長寿を〝危機〟から〝好機〟に変えることになるのだ。

とはいえ、プライバシーに話を戻すと、エメラルドのようなシステムでは、本人以外に見せる情報の量を最小限に絞ったとしても、ある程度はプライバシーを傷つけることは避けられない。自立した生活を望む人はそれを嫌うだろうか?

じつのところ、高齢の人たちは読者の皆さんが思うほどは気にしていないようだ。日本の通信大手の協力を得て、エイジラボは2011年に、薬の容器を識別して重さを量り、決められたタイミングで薬が減っているかを確認するシステムをつくり、調査をおこなった。この装置は単体でも使用できるが、高齢者の家と成人した子どもの家をつなぐビデオチャットおよびメール機能も組みこまれている。後者の場合、親が薬を飲み忘れたときには子どもにすぐに通知が行き、地理的に離れた2つの家庭のコミュニケーションを密接にするという効果もあった。

調査に参加した高齢者はおおむね、システムを「とても満足」と評価した。特に強調すべきは、単体で使用した人よりも連携モードで使用した人のほうがシステムを好ましく感じたことだ。薬を服用し忘れたかどうかを子どもに知られても高齢者は気にしなかったのである。[48]

高齢者が介護テクノロジーを押しつけがましいと思っているとしても、逆に、プライバシーを守るためにむしろ介護テクノロジーを望む日も来るかもしれない。将来、私たちが直面する選択は、「テクノロジーの恩恵を受けるか、それなしで生きるか」ではない。「テクノロジーの恩恵を受けるか、引っ越すか（子どもの家や介護つき住宅、老人ホームへ）」になる。入居者の安全を守るために介護施設でおこなわれている細かい監視に比べれば、淡々と健康をチェックしてくれる電子システムのほうがうるさくないはずだ。介護ロボットにも同じことが言える。非常に個人的な、恥ずかしさを感じるような世話を、無機質なロボットと、噂好きな介護者のどちらにしてもらいたいだろうか。多くの人がロボットを選ぶに違いない。いまでさえ人は無意識にそうした決断をしている。ドラッグストアであまり人に見られたくない品を買うときのことを考えてほしい。人間が応対するレジを選ぶだろうか、それとも自動レジを選ぶだろうか。少なくとも私は自動レジで済ませることが多い。

在宅介護をロボットが引きうけるようになるのはまだかなり先だが、その前段階として、機械による監視が、人間の介護者による好ましくない介護から被介護者を守る方向に変わっていくだろう。たとえばエメラルドは、ベビーシッターに確実に仕事をさせるためにも使えるとカタビは言う。「赤ちゃんを子ども部屋に放置してずっとテレビを見ているようなベビーシッターには、次の仕事は頼みたくないわね」。

同じことが、あなたが仕事で不在のときにキッチンの水栓修理に訪れる業者にも当てはまる。業者が寝室に忍びこんだりしていないことを確かめられるのだ。監視カメラは大げさすぎるから設置したくないと感じる人は多い。しかも役所の多くは誰かを撮影するときには本人に事前に告げることを求めている。だが、監視カメラではなくても、もっと効率的に、しかも人に嫌な気持ちを与えずに、同じことを達成できるテクノロジーがあるのだ。

在宅介護のオナー社を創業したセス・スタンバーグは、彼の会社が介護業界の監視方法をどのように変革したかを教えてくれた。「起業してすぐに、信じられないほど多くの不正がこの業界にはあることを知った」。それを聞いても、私は残念ながら驚かなかった。在宅でも施設でも、介護がよくない方向へ行ってしまった事例はたくさんある。どこの世界でもごまかしは横行している。

オナーの就職希望者は全員厳しい身元調査を受け、指紋まで取るそうだ。それでも、創業まもないころ、ケアプロが被介護者の家まで車で行き、オナーのアプリに業務開始をチェックインしたあとで介護をせずに走り去ったことがあった。被介護者は深刻な認知症を患っていて、誰も来てくれなかったと報告することができない。だが、GPSがすぐにその不正行為を暴いた。

「うちではそうした不正を100パーセント見つけられる。で、その人物をすぐに排除する」とスタンバーグは言った。そのシステムは同時に、依頼者側からケアプロを守ることにも貢献している。「依頼者の家族から、〝母が誰も来なかったと言ってる〟という電話がしょっちゅうかかってくる。だが、GPSのログを確認して、〝たしかに訪問しています。何時から何時までいました。お母さまはただ憶えていないだけですよ〟と言うことができる」

高齢者を対象にオンラインのビジネスを考えている企業は、セキュリティ強化と不正・詐欺防止対策は絶対になおざりにできないことを理解しておくべきだ。最近の調査によると、アメリカの高齢者が詐欺で失う金額は年間365億ドルにのぼる。人数で割れば1人あたり約750ドルとはいえ、実際には被害者の7パーセントが1万ドル以上を失っている[49]。このような詐欺の大半は電話経由だが、ほかのあらゆることと同様にインターネットへと移行しつつある。

オナー本社の角を曲がると50歳以上限定のデートサイト「スティッチ」の本社がある。創業者のマーシー・ロゴは、オンラインデート界も詐欺の問題に悩まされていると話す。彼女が会員から聞いたところによると、高齢者限定のものも含めた他のデートサイトのなかには、詐欺師ばかりが集まるところもあるという。サンフランシスコ・ベイで開催されたスティッチのイベントに、のちに詐欺で逮捕された人物が参加していたこともある。デートサイトで嫌な気持ちにさせられる要因の1つは、〝若く魅力的な異性〟からの常軌を逸したアプローチだ。そうした場合、相手は本人が言うとおりの人物ではない。

スティッチでは会員の安全のために、エアビーアンドビーのものと似た多要素認証を設けることにした。すべての詐欺師を締めだすことはできないが、入会者が自身の情報に嘘をつかないようにすることはできる。これは会員を安心させるうえで大きな効果があり、創業者のロゴが期待した以上に会員同士が快適に会話するようになった。

当初、スティッチに電子掲示板を組み入れる計画はなかったが、ある日思いつきで、定期イベントの案内の一部にコメント欄を導入したところ、他の会員から見えるところで、しかも会ったことのない人ばかりだというのに、皆が認証をパスしているという安心感から、会員たちは気楽に、そして礼儀正しく、会話を楽しみはじめた。これにヒントを得て自由に会話のできる雑談掲示板をサイトに加えたところ、こちらも大当たりだった。

ロゴは掲示板の1つを私に見せてくれた。テーマはベジマイト。野菜をイースト菌で発酵させた、オーストラリアのちょっと変わった食べ物だ。「もうびっくり。これがいちばん人気の掲示板なのよ」。そこではベジマイトについて調味料なのか、食べ物なのかと大勢が集まって自説を披露している。ロゴが講じた厳格な安全対策のおかげで、ベジマイトに詳しいオーストラリア出身者もそうでない者も、ああだこうだと楽しげに議論を続けられるのだ。

楽しい魔法とこわい魔法

身体的欲求や安全への欲求に焦点を当てたハイテク商品であっても、消費者を動かすのは結局、恐怖ではなく楽しさ、不安ではなく希望なのだ。自分のしたいことをして、目標を叶えて、人生を楽しんでいく高齢者の能力を充分に引きだしながら、生命に直結する欲求にも応えていくにはどうすればよいだろうか。

オンラインのセキュリティは必要だが、強制収容所のような感じを与えてはいけない。ベジマイトの珍妙なうまさを安心して議論できる場所をつくるべきなのだ（疑問に思っているかもしれない読者のために言い添えると、ベジマイトは、パンに塗るようなスプレッドに近い）。転倒感知システムにしても、あらゆる年齢の人がわざわざ買いに行きたくなるような楽しいものでなくてはならない。在宅介護の会社も、利用者がいちいち言わなくても、被介護者と同じ言語を話し、必要とされるスキルを有した者を派遣できなければならない。

高齢者の楽しみや快適さや夢を重視したプロダクトのすべてが未来的でハイテクであるとは限らない。たとえば、病院ではなく店で買える医療サービスが増えれば、患者は患者として生きることが人生の目的ではないと気づきやすくなる。誰にも会わない場所で治療を受けて帰ってくるより、透析に行く途中のカフェで友だちとおしゃべりするほうがきっと楽しい。*

健康関連のプロダクトが消費者の肯定的な自己イメージを損なわないようにするもう1つの方法は、病気を軽減する効用ではなく、性能のすばらしさを強調することだ。忙しくて食事もろくに摂れないITエンジニア向けの栄養ドリンク「ソイレント」と、高齢者向け栄養サプリメント「エンシュア」の最大の違いは売り方にある。

介護つき住宅や老人ホームのような最も手厚い高齢者介護の現場でも、高齢者の基本的欲求だけでなく、高次の望みも重視することは可能なはずだ。そのような施設は入居者の幸福よりも健康の数値を優先するとよく言われる。現役医師のアトゥール・ガワンデが人生の終わりを論じた洞察に満ちた書『死すべき定め』（みすず書房）には、次のように書かれている。「人が生きる手助けをする施設が何をもって成功しているかを測定する適切な基準はない。反対に、健康・安全については明確な基準がある。したがって、施設の運営管理者が何に注目するかは容易に想像がつく。父親の体重が減っていないか、薬を飲み忘れていないか、転倒していないかなどであり、父親が寂しがっていないかではない[51]」

*この考えが行き着いた1つのかたちが予約なしで簡単な診察や投薬を受けられるミニッツクリニックだろう。このクリニックはもともと、連鎖球菌性咽頭炎（病名は重々しいが、子どものよくかかる扁桃炎の一種）の簡単なテストを受けるだけなのに、なぜわが子が救急処置室で2時間も待たされなければならないのかに疑問を感じた父親によって発案された。2006年、全米大手薬局チェーンのCVSに買収されたが、これは、リードユーザー（第3章参照）のつくった破壊的な発想力をもつ小企業に、いかに既存の大手企業が接触し、取りこんでいくかの好例と言える。CVSは競争相手になりかねない企業を排除したのではない。取りこむことによって、両社に大きな利益をもたらす相乗効果を生みだしたのである。予約なしの手法には欠点もあるのだが、予約のいらない同じようなクリニックが薬局チェーンのウォルグリーン、スーパーマーケットチェーンのウォルマートやクローガーなどあちこちに誕生している事実に照らせば、模倣されるミニッツクリニックがいかにすばらしかったがわかる[50]。

一方で、高齢者の望みを最優先に考えている場所もある。第4章に登場したビーコンヒル・ビレッジも優れた例の1つだ。どこを探せばよいか知っていれば、ガワンデの言う、「本人の望みはまったく顧みられず、ただ安全のことだけを考えて設計された[52]」ようなところではなく、尊厳をもって穏やかに過ごせる場所を見つけることができる。

だが、そうした施設には長い順番待ちの列ができている。需要に対する供給不足は本来、自由市場経済が解決すべき類いの問題である。まだ解決できていない大きな理由は、老いに対する否定的な物語がなくならないからだ。だから、楽しみ、喜び、ときめきといった肯定的な感情を動かすプロダクトが生まれず、生きがいや刺激や満足を得る生活を手に入れられずにいる。こうした光景を目にした人は、年をとったら生きる価値がないとたやすく思いこんでしまう。

だがこれからは、ベビーブーマーが自分たちの要望を周りに理解させ、優れたプロダクトの登場と展開を後押しし、高齢期の価値を具体的に高めていくだろう。それは高齢者の人生にとって有益だが、経済がその変化に追いついていけるかは定かでない。個人の資産管理について識者に訊くと、業界で最も先進的なアドバイザーですら、より活発で前向きな新しい高齢者像にふさわしい資産管理策を考えることはほとんどないそうだ。

たしかに、昔ながらの介護を、必要なものだけを選んで利用するオンライン方式に変えれば、介護費は節約できる。だが、節約した介護費の受け皿となる高齢者向けの流動性の高い貯蓄商品は、まだつくられていない。昔であれば、母親には週に2回、買い物と医者通いのために車での送迎が必要だった。いまは自分でウーバーを呼び（すぐに自動運転ウーバーになるかもしれない）、毎日ボウリング場に通うことができる。当人にとって生活の質（クオリティ・オブ・ライフ）はすばらしく向上しているが、何年か前は計画すらしていなかった出費が増えることでもある。若いころの母親が貯金しはじめた時点では、ウーバーもリフトもSFの世界のものだったからだ。

金銭面で言えば、すばらしい機能の分だけ値の張るプロダクトが開発されたときのことも考えておきたい。美しいデザインの高性能電動車椅子のような既存品の高級化に加え、まったく新しいカテゴリのプロダクトが生まれたときに何が起こるだろうか。

エイジラボとつながりの深い例として、日本のアザラシ型ロボット、パロを紹介したい。日本の産業技術研究所の主任研究員でMIT客員フェローの柴田崇徳が開発したパロは、乳幼児ほどの大きさのアザラシで、頭やひれを動かしたり、鳴き声を出したり、まばたきしたりできる。光、音、温度、自身の姿勢を感知するセンサーがついており、撫でられたり褒められたりすると、そのとき何をしていたかを記憶して繰り返す。乱暴に扱われた場合にも、関連する行動を記憶してその動作を避けようとする。つまり、パロは躾けることができるロボットなのだ。放っておかれると、周りの関心を惹こうとして騒ぎだす。

エイジラボにはパロが2匹いるが、誰も躾けなかったため、常に電源を切っておかなければならない。パロが犬や猫ではなくアザラシなのは、アザラシのことはあまり知られていないため、私たちが本物のように感じやすいからだ。認知症患者にパロがもたらす好影響は世界各地で報告されている。なかでも、感情の揺れを少なくしたり[53]、アルツハイマー患者によく見られる夕暮れ症候群〔夕方になると落ち着かなくなる症状〕を緩和したりする効果がある。

パロは実際に市販され、日本、アメリカ、イタリアやフランスなどのヨーロッパ諸国の施設や家庭で広く利用されている。一体数千ドルするので、個人はレンタル利用することが多い。次世代のパロやほかのコンパニオン・ロボットが普及するにつれて、一部の最高価格帯を除けば価格は低くなるだろうが、それでも高価な出費である。ごく最近まで、コンパニオン・ロボットは家庭の介護費の予算には含まれていなかった。だがこうしてコンパニオン・ロボットが登場し、高齢者の穏やかな日常に役立つことがわかったいま、買わずにいることはむずかしくなる。*

結果的に母親を長生きさせたり、生活をよりよくしたりできるのなら、政府も保険会社もその存在を無視することはできない。パロや類似のロボット以外にも、いまはまだ存在していなかったり、効用が認められていなかったりする新しいプロダクトが、パロと同じ役割を果たすようになるだろう。それらはあまりにも便利で、高齢者の生活に深く組み入れられ、それなしで生きろというのが奇妙に、あるいは残酷に感じられるようになっていくはずだ。

医療分野以外でも似たような変化が起こっている。たとえば、いまはインターネットへのアクセスを国民に禁じる国は国連人権理事会の非難の対象となるが、かつてインターネットは生活の必需品ではなかった。そんなテクノロジーが、時を経て、人権にかかわる重大なものとして認識されたのだ。(54)

さらにこの傾向は、自分の資産管理について考え直すよいきっかけにもなる。テクノロジーの進歩によって、安全で自立した年月が長くなるとしたら、その時間をどう使うかは高齢者自身が決めることだ。おそらく、その上位には「仕事」が来るだろう。

時代遅れの物語にとらわれていた高齢者にとっては、目の前に急に地平が開けたように感じられるかもしれない。しかも、高齢者のことを親身に考えて設計されたプロダクト――『ハリー・ポッター』の本から抜けでた魔法のようなものもある——が探検をサポートしてくれる。そのようなプロダクトは、高齢者の健康と安全を守るだけでなく、自立や幸福、生きがいを応援してくれる。そうなると、〝さっさと死ねるように〟という考え方は不合理になる。年をとっても経験できることはまだたくさんあり、そのためにはより多くの時間が必要なのである。

このような未来では「何をするか」が最重要の問いとなる。自由な時間が長くなったとしたら、あなたはいったい何をするだろう？

*コンパニオン・ロボットについては、『つながっているのに孤独』（ダイヤモンド社）を著したシェリー・タークルらが、重大な倫理上の問題を提示している。最大の懸念は、コンパニオン・ロボットの存在が認知症患者を混乱させるというものだ。また、タークルが述べているように、ロボットは機械であって赤ん坊でもアザラシでもないと理解している人たちでさえ、結局は名前をつけたり話しかけたりするようになることが多い。このような親愛の情は、本物の人間——たとえば孫とか——だけに与えられるべきではないか？ 年老いた親に会いに行けない子どもの罪悪感がコンパニオン・ロボットによって緩和され、いっそう子どもの足が遠のくのではないか？ そもそもこれは誰のために存在するのか——親のためか子どものためか。誰かにコンパニオン・ロボットを与えるかどうかというジレンマは、有料の介護サービスや老人ホームを利用するかどうかを迫られる家族の悩みと似ている。コンパニオン・ロボットは万人向きではないかもしれない。だが、家族の選択肢が増えるのはよいことだし、高齢の親の人生になんらかの喜びを与えられるのなら、子どもが罪悪感を抱えこむ必要はないだろう。

第7章 幸福の追求

健康や安全に関するプロダクトはこれからも進化し、私たちは昔の人より長くしかも自立して生きられるようになる。手にした時間で何をするかは、自分で見つけなければならない。古い老いの物語(ナラティブ)はいまも残り、高齢者は健康であっても、世間から眉をひそめられないように、趣味や買い物やボランティア活動や家族団欒だけをしてひっそりと暮らしている。

だがまもなくベビーブーム世代が中心となる新しい高齢者は、そうした時間つぶしだけでは満足しないだろう。働いて収入を得、ロマンスに胸をときめかせ、社会的野心を追求し、文化的な活動にも携わろうとする。こうした新しい動きはまだ始まったばかりだ。人生100年時代の経済のなかで企業が成功するには、高齢消費者が何をしたいと思い、そのためにどのようなツールを必要としているかを見越して、意識的に先まわりしなければならない。

その過程で企業は、高齢者がアブラハム・マズローの、より高次の欲求段階をのぼる手助けをすることになる。マズローの欲求段階を、アメリカ独立宣言に記されている3つの基本的権利、すなわち生命、自由、幸福の追求になぞらえてみよう。

現在、高齢者のためのほとんどのイノベーションは、〝生命〟にかかわる低次の欲求を対象にしている。私たちは、老いたあとの権利はこの低次の欲求しかないと思いこんできた。しかしまもなく、高齢者の自意識を傷つけずに健康と安全を支えるプロダクトが登場し、「生命」から「自由」の段階へと向かう後押しをする。年をとっても自分はまだ元気だと感じ、たとえ糖尿病や心臓病などの慢性疾患を抱えていたとしても、実際にやりたいことの多くを実行することができるのだ。

では、生命と自由の欲求を満たしたあとに、3番目の「幸福の追求」をどうやって実現することができるだろうか。次の世代に何かを遺すには？ 生きる意味を求めるには？

退職者相手の資産アドバイザーは、次のような質問を顧客に必ずおこなうそうだ。

「退職後（リタイア）の目標は何ですか？」

「そうだな、金の心配はしたくない」

「はい」

「できるだけ長く健康でいたい」

「なるほど」

「それから……のんびり（リラックス）*したい」

「いいですね」

「あと は……わからない」

心配しなくていい。答えられる人は多くない。

私はよく、人生を8000日ずつの塊で考える。生まれてから学校を卒業するまでが、誤差はあるにしても約8000日、そこから「中年の危機」と呼ばれる心身の変化に遭遇するまでの8000日、さらに退職までの8000日だ。

そのあとにもう1つの8000日がある。90歳か100歳まで生きるなら、1万6000日か1万6000日にまで延びるかもしれないし、そうなる可能性は年々大きくなっている。最後の8000日はそれ以前の塊とは異なっていて、その年齢に達していない人には最後の塊のなかにいる人たちが何を目指して生きているのか、想像すらできない。退職日を迎え、最後の塊に達した人も、自分がこれから何に刺激を受けて、何を望むのかわからない。まずは職場からもち帰った荷物を解き、旅行することを考えるかもしれない。だがその幸福な期間が終わったあとは、何をすればいいのか。

ここで先の見えない状況に陥るのは、本書で何度も言及した従来の老いの物語のせいもある。教育期間を終えて何十年にもわたって生きる原動力だった仕事を定年退職で手放したあと、その欠落を埋めるものはこれまでほとんどなかった。その理由の1つに、一定の年齢で退職する制度は1世紀以上前から存在するのに、長く健康に生きられるようになったのはごく最近というずれがある。

寿命の長さと老年期の健康の点で、女性は男性に勝(まさ)っている。健康寿命が70歳を超えていたのは1990年には日本とアンドラの女性だけだったが、今日では、40カ国の女性がこの水準に達している(男性で達しているのは日本とシンガポールだけだ(1))。

健康に過ごせる年月が延びて新しい世界が開かれたが、そこにはどう生きるべきかを若い人たちに伝える文化的指標がない。私たちが若かったころ、楽しみにしていた人生のステップは、卒業や結婚、親になり、いい仕事に就いて出世することだった。だが、娘をエスコートして教会のバージンロードを歩き、孫の洗礼式に出席すると、その後はそうした節目がいっさいなくなる。子や孫ではなく高齢者自身が祝われる最後のセレモニーは退職パーティーだ。「皆さん、彼はこれからの人生をまるまる手にいれました。なんとうらやましい！　さあ盛大な拍手を！」とは誰も言ってくれない。

実際、若い人たちが身近な家族以外の高齢者とかかわりをもてる機会は限られている。たいていは結婚式や洗礼式のような行事の場で（もちろん、葬式のときもある）、若い人たちが主役となり高齢者から称えられる状況のほうが多い。つまり若い人たちは、高齢者が自分の目標を設定し、努力している姿を見る機会がない。高齢者が目標をもたないからではなく、視界に入っていないのだ。

若者と高齢者の接触が少ないのは、高齢者が退職していて職場にいなかったり、若者のいない特別なコミュニティで暮らしていたりするからであり、買い物や食事に出かけるのは平日の昼間が多く、時間的なずれがあるせいでもある。かつては異なる世代が集っていた宗教施設や市民センターでの交流も減り、世代間の隔たりは大きくなるばかりだ。

現代社会を溶液化学の実験の場に例えると、試験管の上部で驚くべき化学反応が続いているのに、高齢者は分離して底に沈んだままだ。そんなときに資産アドバイザーから、溶液のなかから出て何をしたいか

＊「キャリア終了後の生活」ということばからイメージする語に関する調査では、「退職（リタイア）」の次に多かったのが「リラックス」だった。

訊かれても答えられなくて当然だろう。先のような質問をする資産アドバイザー自身が有効なアドバイスをもち合わせていないこと自体、多くを物語っている。

高齢者を対象とした業界以外では、人生最後の８０００日以外の期間を狙ってビジネスを展開し、あなたの人生にはこんな目標がふさわしいと語りかけてくる。たとえば私たちが車を買うとき、車そのものだけでなく、それに付随するイメージも買っている。同じことが、家にも清涼飲料水にも衣服にも、キャリアについてさえも言える。そもそも私がほかならぬＭＩＴで働くようになり、いまに至るのは、ＭＩＴで研究を取り仕切り、ＭＩＴで学生を指導する立場になりたかったからでもある。

資産アドバイザーや、いわゆる退職ビジネス業界で働く人たちでさえ、老年期にどんな夢をもつべきかを助言できないのは、高齢者には願望などないと長年刷りこまれてきたからだ。老年期の成功とは何かを誰も知らないので、道しるべがどこにもない。人生の延長期間で多くの自由を手に入れるとしても、それには碇（いかり）を下ろさずに漂う不安が伴う。最も自由に動ける宇宙遊泳中の宇宙飛行士でも、宇宙ステーションにつながる命綱が切れてしまったら、その自由には意味がないのだ。

２０１４年２月のある日、私は、世界最高の自由人と呼ぶにふさわしい集団のなかにいた。退職したＣＥＯたちである。かつて超空の覇者（マスターズ・オブ・ジ・ユニバース）として君臨した彼らは、普通の高齢者を代表する存在ではないが、ある種の実験材料にはなってくれる。制約から解放された恵まれた高齢者の行動を、すなわち高い教育を受け、まったく生活に困っておらず、いくらでも高度な医療を受けられ、仕事の責任をいっさい負わない高齢者の行動を知りたい人にとって、彼らほどぴったりの観察対象はない。

そのとき私は、退職したＣＥＯがアメリカでいちばん多く住む街と称されるフロリダ州ネイプルズで毎年開催される、イマジン・ソリューションズ・カンファレンスという会議に出席していた。会議の共同設立者の1人は、元CEOたちは「いまも多くの非営利・営利団体の理事の地位に就いている。議員たちにも顔が利くから揉めごとの解決にうってつけだし、何より彼ら自身がそうしたことに慣れている」と語る。[2]だからこの会議は、そうしたCEOたちの多く住むこの街を開催地に選んだのだ。

私の講演は土曜日の午後に予定されていたので、午前中の数時間をつぶさなければならなかった。練習すればもっとゴルフがうまくなれるという妄想を抱いていた当時の私は、早起きしてホテル近くの練習場へ向かった。いかにもアメリカらしいチェリーレッドのインパラ・コンバーティブルのレンタカーで駐車場に入り、ドイツやイタリアの高級車が並ぶ列に車を駐めた。バケツ一杯のボールとゴルフクラブをもち、打席に向かった私が目にしたのは、20人ほどの男たちが一列に並んでいる光景だった。

大げさに思わないでほしいのだが、彼らは皆、『ボールズ・ボールズ』でテッド・ナイト演じる判事にそっくりだった。年のころは60代後半~70代前半、銀髪でポロシャツを着て、白いグローブをはめ、カーキ色のズボンを穿いている。彼らがいっせいにゴルフクラブを振る姿はクローンにしか見えず、もっと衝撃的だったのは、どのゴルファーの後ろにも妻が控えていたことだ。ほとんどが夫より10歳ほど若く、サンバイザーを着け、キンドルを手にしていた。

駐車場に駐まっていた車種からもわかるように、皆が相当な資産をもつ人たちだ。彼らの半分の距離しか飛ばないボールを打ち終えたあと、私はコーヒーを手に腰かけ、リクライニングの椅子でくつろいでいる1人の女性と話した。彼女は、相変わらずボールを打ちつづけている夫は退職したCEOなのだと言った。カツン！　打席にいる男たちのほぼ全員がさまざまな企業の元重役だと教えてくれた。カツン！「これは同好会ですか？　週に1度ここに集まっているんですか？」私は訊いた。いいえ、と彼女は言った。毎日ここに来ているの。

カツン。

世界最高の自由人。健康で教養があり、時間と金を充分にもち、どこにでも行けて、なんでもできる人たち。彼らは、私には飛ばせない白球を、好きな方向へ打って過ごしている。さらに嘆かわしいのは、高い教育を受け、有能であるはずの妻たちが、毎日夫にくっついてきて時間をつぶしていることだ。なんという能力の無駄づかいだろう。しかもこれは、高齢者が想像力や成長意欲を失っているからではない。そもそも私がネイプルズに来た理由、イマジン・ソリューションズ・カンファレンスは、かつて重職にあった人たちが、社会にかかわりつづけ、学びつづけたいという思いから設立された。つまり彼らは想像力も成長する意欲ももっている。共同設立者の1人が言うように、「ゴルフもワインもちょっとやれば充分。あとは、社会に役立つ何かを見つけたくなる」ので、その意欲を受けとめる場所として設立されたのだ。だが、このような組織を設立する必要があったという事実自体、退職した重役たちにとって生き方の選択肢が不足していることを証明している。裕福であろうとなかろうと、高齢者は、社会から退いてどこかに落ち着くべきだという強烈な期待が世間にあるからだ。非常に富裕な人たちですら時間をどう使えばいいのかわからないとしたら、ほかの人にはどんな希望があるのだろうか？

何十年ものあいだ、研究者たちは、年齢とともに自分の世界が縮んだように感じる理由を説明しようとしてきた。さまざまな文化において、オンラインに限らず高齢者の社会的つながり（ソーシャルネットワーク）は若い人たちよりも小さい[3]。また、長く生きるほど、意義を感じられない不要な活動を遠ざけようとする傾向もある[4]。こうした傾向に関する研究分野では、老年心理学者であり、スタンフォード大学高齢化センター所長であるローラ・カーステンセンの名がよく知られている（老年学界ではロックスター的存在だ）。カーステンセンの著名な業績に、社会情動的選択性理論がある。彼女は、人生の残り時間が少なくなると人は自分の安心できるものにリソースを投入すると論じたこの理論を用い、加齢とともに世界が小さく感じられる現象と、ネガティブな情報よりポジティブな情報に気持ちを向けやすい傾向――「ポジティブ効果」という――を結びつけようと試みた。[5] ポジティブ効果は100以上の調査結果によって裏づけられており、年をとるにつれて人生に対する幸福感と満足感が増す理由として広く知られている。[6]

社会情動的選択性理論によると、ポジティブ効果の発生と、社会との接点の減少には、根底に共通する理由がある。年をとると、意義の感じられることに優先的に触れ、経験したくなるのだ。[7] この先の4分の3世紀が靄（もや）の彼方にある若いころは、現在よりも未来を見越して広範に目配りし、知識を蓄えようとする。カーステンセンは言った。「若い人は、さまざまなものを集めたがる。経験を集め、知識を集め、視野を広げ、手に入れたものをみんなバケツに入れておく。これからの人生で何が重要になるのかわからないから」

しかし、残りの時間が少なくなると目標は変わる。新しいものを探そうとはせず、安心して自分の時間を割けるもの、すなわち愛する人たちや自分が満足を得られる活動を重視するようになる。「これまでの人生でバケツは満杯になった。いま、それを使うときが来た」と。

この現象は、年齢よりも人生にどれだけの時間が残されているかに関係がある。ガワンデが『死すべき定め』で指摘したように、たとえ若くても、1990年代のＨＩＶ／エイズ患者のように致死性のある病を患う人は高齢者と同じような選択をする[8]。9・11後のニューヨークやSARSの感染が拡大していた香港では、この傾向があらゆる世代に見られた[9]。未来の保証を感じられないときに、人は新たな発見の旅に漕ぎだそうとは思わない。意義があるとわかっているものを重視するのだ。

加齢に伴う社会的つながりの縮小について説明する理論はほかにもある。その1つは、私たちが選択的になるのは、年齢を重ねるにつれ、何をするにも努力や労力が以前より必要になるからだと説く。そのため、願望を達成可能なレベルに落とし、意義のある人たちとの交流に限定するのだ。この理論とカーステンセンの理論は両立する。どちらの理論も、人は年をとると一緒にいて心地よい人と多くの時間を過ごし、幸せになろうとする現象を説明する。

一方、目の前のことだけを重視する姿勢には犠牲が伴うという別の見方もある。『死すべき定め』にガワンデはこう書いている。「数十年という、若者にとって永遠にも等しい未来が広がっているとき、彼らはマズローの欲求段階の最上位にある自己実現欲求を強く望む。だが、未来を限りある不安定なものとして見るようになると、目の前にある日々の喜びや身近な人たちをより大切に思うようになる[10]」。

この考え方では、マズローの階層の上位にある他者からの尊敬や自己尊重などの欲求は、年齢とともに重要度が下がり、あまり欲しくなくなる。死期の迫るトマス・ミジリーが演壇で誦(じゅ)した詩「目はかすみ、髪は白くなるばかり／夜をさまよい歩けば、昔の大望は跡形もなく」のように[11]。

だがもちろん、晩年に何を大切に思うかは一様ではない。香港の中国系市民と欧米の高齢者を対象におこなわれたポジティブ効果に関する調査を比較してみよう[12]。参加者にさまざまな表情を浮かべた複数の顔写真を見せ、視線の向きを視線追跡装置で測定したところ、欧米の高齢者は幸せそうな表情に長く視線を注ぐという結果が出た。つまり欧米の高齢者はポジティブな刺激に好意的に反応する。これは予測していたとおりの結果であり、欧米の高齢者が幸福に高い関心を抱いていることを表している。

だが、香港の調査では逆の結果が出た。ネガティブな表情を浮かべている写真のほうに長く視線が向けられたのだ。調査担当者はこう記している。「社会集団に適応し、他者の負担になっていない状態を心地よく感じる相互依存的な文化のなかにいる人たちは、社会的に好ましくないとされる恐怖や怒りの感情のほうに、むしろ興味を惹かれるのかもしれない」

生きる意味の探求は普遍的な行為だが、何に意味を見いだすかには文化が色濃く影響し、特に高齢者ではそれが顕著である。ここで次のような疑問が生じる。生きる意味の定義は変わるのだろうか？　新しい意味へ続く新しい道を社会は認めることができるだろうか？

70代女性の連続起業家がいるとしよう。親しい家族と過ごしたいと望む一方、すばらしいアイデアをもち、そのために新たに起業したいとも考えている。どちらの目標のほうが大切かと尋ねれば、「両方」という答えが返ってくるだろう。だが、実現の可能性が高いのはどちらか？　１００万倍、家族のほうが高いだろう。

家族や友人のそばで穏やかに暮らしたいという基本レベルの欲求より高次の欲求をもたない人は多い。彼らにとって「生きる意味」の物差しになるのは、一緒に食べた料理や、共通の記憶や、語り聞かされた話や、丸めたミートボールなのだ。これが本心なら幸運なことだ。古い物語のままで、生きる意味を求める衝動が満たされ、意味が見つかり、世間からも受けいれられるのだから。

だが、家族を大切にしつつ、機会さえあれば、それ以外の人間関係や成功を追求しようとする人たちも大勢いる。

このような人たちにとって、その機会はすぐには来そうにない。愛情に満ちた人間関係だけでは物足りないが、ほかの道、たとえば仕事や出世や高い社会的地位や教養や運動競技での成功や次世代に何かを遺すことや、さらには性的行動を通じて幸福を追求する道は閉ざされている。高齢者がこうした行動に打ちこむのは奇妙だと思われてしまう。ゴルフの腕前を上げること以外で、老年期に野心を抱いても奇異に受けとられない分野は、おそらく政治の世界くらいだろう。

2016年の大統領選挙に臨んだ当時、ヒラリー・クリントンは69歳で、ドナルド・トランプは70歳だった。70代で国を治めたいと考える人は珍しくはない。だが、同年齢の人がたとえば昆虫学の博士課程に進もうとすればそれは異様であり、地元紙の記事になる可能性もある。時間も金もたっぷりある高齢者が毎日ゴルフの打ちっ放しに行き、遠くまでボールを飛ばしているのは、世間に受けいれられる選択肢が不足しているからだ。

それでも、高齢者が意味や幸福を探求する別の道がいつまでも閉ざされたままだと考えるのは誤りだ。物語はすでに変わりつつあり、彼ら自身も、産業界や科学やテクノロジーの支援を得てできることを模索しはじめている。やがて、高齢者の願いに叶うプロダクトが生まれて、その産業は爆発的に成長するだろう。古い〝幸福な高齢者像〟にとらわれた企業は置いていかれる。企業が競争力を得るには、新しい生きる意味への道をいくつも備えておく必要がある。その道には大勢の高齢者が列をなすはずだ。

明日も働く

高齢者の抱く願望のなかで、あらゆる業界に影響を及ぼしそうなのは、退職後(リタイア)も有意義な仕事をしたいという願いである。

財政担当者は、高齢者の話題になると彼らが充分に働いていないことを問題視し、国の社会保障制度(ソーシャルセキュリティ)の受給可能年齢を引きあげようとする。これは納得できる面もある。1935年に社会保障法が議会を通過したとき、アメリカの人口における65歳以上の割合は現在の半分だった[13]。ヨーロッパ諸国で年金制度が制定されたのはさらに昔であり、制度の基礎となった人口統計はいっそう時代遅れになっている。

しかし、退職年齢を槍玉に挙げても問題は解決しない。財政的な観点では、アメリカでは社会保障の受給可能年齢を引きあげるよりも、医療費を抑えることのほうがはるかに急務だ。60代半ばの何百万人もの人たちから生活のための収入を奪うより、もっとよい方法がある（なお、社会保障を削減すると、アフリカ系アメリカ人、ネイティブ・アメリカン、低学歴・低収入の白人層などにしわ寄せがいき、現在の苦しい状況にさらに拍車をかけることになる）。極端な手段に走る前に、働きたいと望んでいる50～80代の働き口を用意する努力をするべきだ。彼らを求人市場に送りだすのに年金を減額する必要などない。欠けているのは働く意欲ではなく、彼らにふさわしい仕事なのだ。

高齢の求職者は年少者に比べ、はるかに多くの時間を費やして仕事を探さなければならない[14]。2011～16年にかけて、アメリカでは50歳以上の4分の1が仕事を探したが、そのうちの3分の1は求人市場の厳しさに直面して断念している。[15] 特に60歳以上の人は仕事が見つからないと、「自分は失業者ではない。退職しただけだ」と言うことがよくある。彼らは厳密には退職者ではなく失業者に分類されるべきだが、従来の労働指標には反映されない。ある大規模な調査によれば、自らを退職者と称する人たちの40パーセントが本当は働きつづけたかったと言い、30パーセントがいい仕事があればまた働きたいと答えている。[16]

失業中の高齢者が直面しているこうした苦境は、悲劇の第一幕にすぎない。第二幕は、働く側でなく雇う側に起こる。各界の最も熟練した労働者たちが、退職年齢に達し、日々職場を去っている。この傾向は、高齢化の進む日本をはじめ、ドイツ、イタリア、フィンランド、デンマークなどヨーロッパ諸国の産業界の悩みだ。

アメリカで、こうした熟練者の退職によって脅かされているのは、電気、石油化学、国防、医療、土木、農業、投資顧問、商業生産、鉄道などの業界であり、目がかすんで職務に耐えられなくなった航空管制官など重要な職責にあった公務労働者も該当する。[17] 意外なところでは、道化師もここにあてはまる。ニューヨーク・デイリーニューズ紙の記事に「2004年以降、国内最大の業界団体である世界ピエロ協会の会員は、約3500人から2500人に減少している。〝跡を継いでくれる若者が見つからない〟と、協会長ディアナ・ハートマイアーは語る。会員のほとんどは40歳を超えている」と記されている。

有能な人材の消失は、各業界や経済全般にとって深刻な問題だ。これは以前からわかっていたことだが、はっきりと認識されるようになったのは2016年の終わりごろだ。

エコノミストは長いあいだ、高齢化によって人口全体に対する労働人口の割合が縮小するため、国内の経済生産活動に影響が及ぶと考えてきた。もちろんこの見方は正しいが、続きもある。全米経済研究所が

2016年に発表した調査結果が、それまでの認識をくつがえすことになった。高齢化によるGDPの損失のうち、労働人口の縮小に起因するのは3分の1のみであることが判明したのだ。残り3分の2は、高齢化によって若年労働者も高齢の労働者も含めた全体の生産性が低下したことによる。

この調査で重要なのは、すでに起こった事態に着目し、1980年以降、全米各州でどのように高齢化が進んできたのかを示すさまざまな数字に基づき結論を導きだしたことだ。州をまたぐ転居といった要素も考慮に入れて研究者が出した結論は驚くべきものだった。60歳以上の人口規模が10パーセント増えるごとに、1人あたりGDPの年間成長率は5・5パーセント低下するというのだ。1980〜2010年にかけて、アメリカでは1人あたりGDPは平均1・8パーセントの伸びを示したが、この考えに基づくと、高齢化がなければ2・1パーセントの伸びだったことになる。

今日、高齢化はますます進んでいる。研究者の推計によれば、2010年代のGDPの成長は、高齢化がなかったと仮定したときに見込まれる数値の3分の1強にすぎない。2020〜30年にかけては高齢化の影響はいくらか弱まるが、GDPの成長は依然として高齢化によって制限され、本来の3分の2の伸びにとどまると見られている。アメリカの現状でこうなので、高齢化が加速する諸国では、国の生産力により深刻な影響が及ぶはずだ。

高齢化によって労働人口の生産力が落ちる理由について、メディアでは2つの解釈がなされてきた。1つは嘆かわしいことだが、責任を高齢者当人に負わせるものだ。人気ポッドキャスト「ザ・ウィーズ」で、経済ライターのマット・イグレシアスはこう断言した。「まあ、わかりやすい言い方をすれば、年寄りでいっぱいの国は元気がなくなり、創造力も減って、人の言うことを聞かない頑固者ばかりになるということ。仕事はできない、新しいことは覚えない、たぶんあんまり健康でもない」。イグレシアスは、「全米経済研究所の調査から見えてくる結論」は、「労働力の効率が落ちていくことは認めても、年をとると人間の質が悪くなるという事実を認めようとしない人たちがいることだね」と言い放つ[18]*。

もう1つの解釈は、高齢者が企業の発展を妨げているのは、〝若い人ほど仕事ができない〟からではなく、重要な地位に高齢者が多く残っているため、彼らの退職が企業にとって痛手となるから、というものだ。この研究をおこなうニコール・マエスタスによると、「そもそもこの全米経済研究所の調査は2つの対立し合う解釈に優劣をつけるためのものではない。どちらが正しくてどちらが間違いだとは言えないし、どちらの理解にも一理ある」

私はイグレシアスのポッドキャストでの発言に憤慨したが、業界や労働の種類によっては、高齢化により生産性が損なわれる面はたしかにある。熟練のわざをもつ自営業者や一部の製造業のように肉体を酷使する仕事は、高齢化によって大きな損害を被りかねない。しかし、思考力や仕事上の問題解決力は、かつては加齢によって著しく低下すると信じられていたが、新たな研究では、こうした見方が覆えされつつある。

かつてさまざまな世代集団を調査した研究では、認知症を患っていなくても、年齢とともに認識力が自然に低下することは避けられないとされた。ところが2011年、この見方を覆す革新的な研究成果が発表された。人口を横断的に切り取ってサンプル抽出するのではなく、2000人以上を対象に、年をとっていく様子を16年間追跡調査したところ、調査開始後すぐに認識力が低下した人たちはのちに認知症と診断される割合が高い一方、他の多くの人たちは、調査終了時期でも認識力に本質的な衰えは見られなかった。つまり、健康な高齢者の認識力を解明しようとしていた研究者たちは、数十年ものあいだ、研究対象に初期の認知症患者を含めてしまっていたことになる。そのため、認知症ではない加齢による自然な認識力低下は、従来よりはるかに小さいと推察できるのだ。[19]

高齢化とともに生産性が低下する主原因が加齢による認識力の衰えでないとしたら、原因は高齢者の退職にあると考えて間違いない。高い教育を受け、長い経験を積んできた生産力の高い労働者は、退職年齢を過ぎてからも働きつづけたいと言うが、[20]マエスタスは、生産力の高い労働者のほうが、同世代で生産力の劣る労働者よりも先に退職するという事実を発見した。つまり有能な労働者は、年をとっても働きたいと言いながら、自ら率先して職場を去ろうとしているのだ。いったい何が起こっているのか。

1つには身体面の問題が挙げられる。肉体的に過酷な業務であれば、長く働きたくても膝の痛みなど身体的な問題であきらめざるをえない。年金積立が充分でない人は、痛みに耐えながら働きつづけるだろうが、かつてほど力を発揮できない。

身体的な理由で職場を離れるのはデスクワークの人も同じだ。終日座ったままの姿勢は身体によくないという指摘は以前からなされているが、人間工学に基づく環境を整えている職場は少なく、デスクワークは脊柱湾曲、血行不良、筋萎縮、椎間板ヘルニア、インスリン反応低下などの問題を引き起こしやすい。若いころは大したことでなくても、年をとっていくつかの症状が一気に出てくると耐えがたくなる。金銭

*イグレシアスの話を聞き終えたとき、呆れて耳から湯気が出そうだったが、同時に悩ましくもあった。ふだんの彼はどんな話題でも公平な態度をとる人物だと知っていたからだ。ポッドキャストで語られた彼の意見からは、従来の老いの物語が、公平な人たちのあいだでさえ、いかに深く刷りこまれているのかがわかる。

的事情が許せば退職してゴルフ場かハイキングコースで身体を動かすことができるが、それが無理なら職場で苦しみつづけるしかないのだ。

身体に痛みはなくても、働くのが苦しければ同じ結果になる。「仕事にまったくおもしろ味がない、あるいは職場の人間関係がぎくしゃくしていたら、そんな環境にとどまりたいとは誰も思わないだろう」とマエスタスは言う。誰かの世話をしている人や、健康問題を抱えながら日々の予定をなんとかやりくりしなければならない人にとっては、スケジュールの都合をつけられない環境は不便だ。経済的に働く必要がないなら辞めたくなるのは当然だろう。

経済的余裕があり、生産力の高い高齢労働者が、事情に合わない仕事や職場のせいでいなくなれば、取り残されるのは生産力の劣る高齢労働者だ。1人あたりの労働生産性が低下するのはおそらく、彼らが健康問題を抱え、苦痛に耐えながら働いていたり、勤務時間をやり繰りしてひそかに治療したりしているからだろう。社内の人事評価が低くても、蓄えがないので退職する余裕はない。最も生産性の高い人が労働人口から去り、そうでない人が残れば、全体の生産性は停滞し、GDPの成長も鈍くなる。

また、労働人口にとどまった高齢労働者が、若い人向けにつくられた物理的環境や社会構造ではベストを尽くせないことも、高齢者全体の低評価につながる。ここに昔ながらの年齢差別も加わり、本来は高い生産力をもつはずの高齢者でも、影響力のある重要な役割に就くのはむずかしいと思い知るのだ。

高齢労働者の退職が経済的生産力の損失につながるのなら、万能の解決策は、有能な高齢労働者の不快要因を取り除き、満足度を高め、退職を防ぐことだ。マエスタスは「高齢労働者を手放さないことが雇用側にとっても働く側にとっても利益が大きい」と指摘し、一部の業界には特に大きな恩恵があると見ている。腰痛から過密スケジュールまで職場で感じるさまざまな苦痛を軽減することで、優れた労働者の能力を引きあげ、長く貢献してもらうことができる。これは平凡な労働者の能力向上にもつながるだろう。

とはいえ、日々業務に追われる現実世界では、高齢労働者の苦痛を軽減するのは、対応が面倒で不経済な作業のように映る。ハードな肉体労働の仕事には昔から高齢者の身体問題はつきものだ。解決策はあるのだろうか?

新しい膝

ドイツの自動車メーカーは問題を抱えている。高級車の製造に携わる熟練労働者が急速に高齢化しているからだ。自動車製造には世間のイメージよりはるかに高度な技術と知識が必要であり、緻密に設計された高度なプロダクトでは特にその傾向が強い。博士号レベルの専門性の高い知識が求められることもある。製造ラインが止まりかねないミスをどう防ぐか、正しく取りつけられた部品の絶妙なフィット感、といった知識は教えて身につくものではなく、経験によって本人が体得するしかない。完璧に作業できるまでに10年単位の時間がかかることもある。ベテラン労働者を未経験の若者と入れ替えることができないのはそのためだ。

一方、製造ラインのなかには、訓練をあまり必要とせず、加齢による生産能力の低下が少ない工程もある。ダイムラー社の製造ラインを対象としたある大規模な調査によれば、高齢労働者は若手に比べてミスをする頻度はわずかに多いものの、重大で致命的なミスの数はむしろ少なかった。[21] ここから導きだされる結論は実にシンプルだ。ＢＭＷもフォルクスワーゲンもダイムラーも、自動車部品を製造するシーメンスやボッシュも、なんとしても高齢労働者に働きつづけてもらう必要があるという事実である。

ドイツの自動車産業の悩みは、高度な製造業を経済基盤とするドイツ全体の状況と似ている。労働人口は急激に縮小し、２０２０年代にはその速度は日本を上回ると見られている。国内の平均寿命が上昇傾向にあるうえ、出生率もヨーロッパ諸国の下位で低迷しているからだ。第二次大戦後の強力なベビーブーム世代の登場がアメリカより10年遅かったため、ドイツはまだ高齢化に足を踏み入れたばかりだ。ドイツのベビーブーマーには相対的に子どもが少なく、ベビーブーマーの高齢化とそれを支える労働人口の少なさの影響が表れるのはまだこれからだ。

ドイツ連邦銀行の総裁は、２０１４年にフランクフルトで開かれた経済フォーラムの場で「ドイツの出生率は数十年間低下の一途をたどり、本来ならそろそろ子どもをつくろうかと考えているはずの世代が、生まれてすらいない」と嘆き[22]、ドイツの人口統計学者ヘルビヒ・ビルクのことば「わが国は手漕ぎボートに似ている。漕ぎ手の数は減っているのに、老いた乗客は数十年先まで増えつづける」を引用した[23]。

ボートを稼働できる状態にしておくために、ドイツの自動車メーカーは高齢労働者の退職を引きとめる新しい方法を試している。２００７年、ＢＭＷはディンゴルフィングの工場に未来的な製造ラインを導入した。当時、ＢＭＷの工場勤務者の平均年齢は39歳だったが、10年先を見越して、平均年齢47歳の労働者を集め、彼らがどんな労働環境を望んでいるかを詳細に調べ、製造ラインに合計70の小さな変更を加えた。

たとえばコンクリートの床を身体への負担の小さい木の床に替え、作業ローテーションを工夫して同じ作業の繰り返しによるストレスを軽減した。人間工学に基づくベンチや椅子を設置し、定期的な運動を日課にするよう促した。この職場改善のために4万ユーロを費やしたが、結果的に生産性が7パーセント向上し、欠勤率は工場平均を下回り、製造ラインの欠陥率はゼロになった。何より多くを物語っているのは、生産性が向上したことで、当初この試みに懐疑的だった人も含め、誰も辞めたいとは言わなくなったことだ。

BMWはすぐに、ドイツやオーストリアにある別の工場でも、同様のプロジェクトを立ちあげた。[24] 2011年には、ディンゴルフィングの新しい大規模な工場にもこの製造ラインを取りいれ、50歳以上の労働者だけで運営するようにした。親しみを込めて〝アルトシュタット〟、すなわち〝古い街（オールドタウン）〟と呼ばれるこの工場は6000平方メートル以上の床面積を有し、2000万ユーロの費用が投じられた。[25]

BMWの熱意は本物だ。だが同時にこれは、高齢化社会で高い生産性を実現するには金がかかることを示してもいる。こうした解決策のなかでも特に魅力的なのは、マーベル・コミックのスーパーヒーロー、アイアンマンのようなパワーアシスト機能付きの外骨格スーツだ。「装着型ロボット」とも呼ばれるこの外骨格スーツは、理論上身に着けている人の力を何倍にも増幅し、弱った関節にかかる負担も軽減できる。製造業や建設業、医療や軍事の現場から期待の高まるこの分野の開発は、ゼロ年代半ば以降、さまざまなメディアで紹介されている。

ただし現状は、以前から期待されながら一向に実用化されない家庭用お手伝いロボットの報道と似ているところがある。高額な費用、限定された機能、操作のむずかしさを理由に、外骨格スーツの技術は職場で日常的に使用されるには至っていない。ただし、状況が変わりつつある兆しはあり、少なくとも日本のある建設会社では現場での運用を試みている。[26] しかし現時点で、個々の労働者に外骨格スーツが支給されるのはかなり先だ。待っているあいだに、若い労働者は関節をすり減らし、高齢労働者は苦痛に耐えながら退職を考えるようになるだろう。

一方、数千年間にわたり人の身体を支えてきたあまり費用のかからない装置がある。椅子だ。くたびれた関節を、マーベル・コミックのような最先端のテクノロジーで動かすのではなく、もっと身近な椅子を進歩させてみてはどうか。

キース・グヌラというジンバブエ生まれの青年がいる。10代後半でロンドンへ渡ると、そこで製造業の人材派遣会社に就職して初日は封筒詰めの仕事をした。2日目は製造ラインにまわされ、ヒューゴ・ボスのフレグランス商品を梱包した。「消臭剤やアフターシェイブローション、それになんだかよくわからないスプレー」が次々に流れてきたので、その像が網膜に焼きついてしまったそうだ。彼にとってこれは一時的な仕事だったが、一緒に働いているのは、何年もその製造ラインで梱包作業をしている年配者たちだった。同僚を見たグヌラには2つ気になる点があった。

特に目についたのは、その人たちが痛みに苦しみながら仕事をしていることだった。当初彼は、包装された商品の箱を木製の荷運び台に積み重ねるという、製造ラインのなかで肉体的負荷が最も高い作業をしていたが、まもなくライン中盤に移るように指示された。そこでの仕事は箱に蓋をすることだった。「ずっと立ちっ放しだった。年配の女性が2人、ぼくの隣にいた。長年そこで働いている人たちで、昼休みになるとよく言っていた。『ああつらい。脚も膝も痛くて痛くて』って。だからぼくは疑問に思った。どうしてここには椅子がないんだ?」

グヌラは学士号を取得するためイギリスのランカスター大学に通い、この疑問を教授に投げかけた。答えは単純だった。工場では空間を最大限に活用することが重視され、すべての労働者に椅子を与えるのは無駄と見なされるからだ。

その後、グヌラはロボット工学の博士号取得を目指してスイス連邦工科大学チューリッヒ校に進み、労働者の苦痛を、パワーアシスト機能付きの外骨格スーツで解決できないだろうかと考えた。しかし、所属研究室が取り組んでいたのは、ロボットの股関節から脚を振るにはどうすればよいか、というような初歩的なテーマばかりで、夢のアイアンマン・スーツは当分できそうもないと悟った。

問題はほかにもあり、話はグヌラがヒューゴ・ボスの製造ラインで働いていたころにさかのぼる。たくさんの箱を積み重ねるという全身作業から別の作業へ移動を命じられたのは、ある年上の労働者がその箱の上げ下ろしで身体を動かしたいと希望したからだった。健康のために定期的に運動したいという欲求は、外骨格スーツの導入をめぐる議論のなかで見落とされやすい。自分の力を増幅してくれる装置をときおり身に着けるのと、8時間ずっとそれに縛りつけられて過ごすのとはわけが違う。ましてや仕事なので毎日のことだ。「8時間も外骨格スーツを身に着けていたら、もはや筋肉を使っているとは言えない。筋肉の機能を捨てているようなもので、装置なしでは働けなくなる」

グヌラが博士課程を退学してまで出した答えは、現場の使用者のニーズを汲みとった動力をもたない下半身用外骨格「椅子のない椅子（チェアレスチェア）」だった。パワーアシスト機能付き外骨格とは異なり、高価な部品を使っていないので値段も安く、彼の名は一気に外骨格スーツ市場のイノベーターとして知られるようになった。

グヌラの開発したチェアレスチェアは、使用者の体重の60～80パーセントを支える。当初の目的は弱った筋肉を補助することではなく、いつどこでも座れるようにすることだった。膝のジョイント部分を任意の角度で固定できるようにしているのはそのためだ。使用者が立ちたいときには、膝のジョイント部分に搭載されたバネがその動作を補助する。これはまさに、私がコンサートや遊園地の長い列で足腰に痛みを感じていたときに欲しかった発明品だ。「値の張るセンサーやモーターは取りつけなかった」とグヌラは言う。使用者の力を増幅させるにはそれが不可欠だという思いこみを捨て、「座る」という単純な動作だけを楽にできるようにしたのだ。

　このプロダクトを開発したのはグヌラが共同創業者兼CEOを務めるヌーニーという企業だ。「ヌーニー」ということばは、ドイツ語かジンバブエの主要言語のショナ語からくるに違いないと思って意味を尋ねると、グヌラは笑って言った。「ただのことば遊びですよ。〝ヌーニー〟って〝新しい膝（ニュー・ニー）〟みたいに聞こえるでしょ。実際、新しい膝を手に入れるようなものだし。それに、膝の問題もなく（ノー・ニー・プロブレム）なるわけだし」

　本書執筆時点で、チェアレスチェアのベータ版が、BMWの5つの工場、アウディの3つの工場、フォルクスワーゲンの2つの工場で試験的に使われている。価格は数量割引で1台3000ドル程度に抑えられる予定だ。市販のパワーアシスト機能付き外骨格スーツと比べても圧倒的に安い。パワーアシスト機能付きの安価品は主に医療用で、使い勝手が悪いのに5万〜10万ドルもする。[27] BMWは現在、パワーアシスト機能をもたない上半身用外骨格の実験もおこなっている。[28]

　チェアレスチェアは高齢者だけのものではなく、全世代の労働者が活用できるものだ。膝が痛みはじめるずっと前から使うことで、キャリアの終盤になっても健康な関節を維持することができる。年齢を問わないので〝高齢者向け〟というネガティブな印象を免れていることもチェアレスチェアの付加価値の1つになっている。

それでもやはり、グヌラの顧客は主に高齢労働者であるという。高齢労働者の退職を防げれば、その効果は大きく、企業は最も生産力のある労働者を引きとめ、痛みと不快感に起因する生産性の低下も小さくすることができる。しかも、社会関係資本、人的資本、組織知を失わずに済むのだ。

社会関係資本と人的資本

マネジメントと設計を学ぶ大学院生を睡魔の誘惑から連れ戻すため、私はわざと答えづらい質問をすることがある。ゼネラルモーターズとは何か？もちろん自動車会社で、時価総額は約500億ドル。では、そもそもその価値はどこにあるのだろうか。たしかにGMは、生産工場も最先端の機械もレンチもオイル用の布きれも数多く所有している。だが、それらは企業価値の半分ですらない。

2015年のある調査によれば、S&P500を構成する企業の価値のうち87パーセントは、知的所有権やブランド認知、信用、人的資本、社会関係資本といった無形資産が占めている。[29] 人的資本および社会関係資本とは、従業員の頭のなかに蓄えられた能力や経験や知識、彼らが社内外で構築している人間関係や個人的つながりを指し、退職者(リタイア)が出たときに企業が何よりも喪失を怖れる資産である。GMやフォードが全従業員を解雇したら、同等の訓練を積んだ従業員をただちに補充できたとしても、大混乱に陥るだろう。

コメディアンのジェリー・サインフェルドがアメフトのプロリーグについてこう言った。「ぼくはジャイアンツファンだけど、ジャイアンツっていったい誰のこと？」毎年選手の顔ぶれが変わり、ときには経営者の首もすげ替えられ、本拠地すら移転するなかで、残されたファンは実際には何を応援しているのだろうか？「結局は布きれ――ユニフォーム――なのさ」。一般企業の従業員が退職する場合も、会社をその会社たらしめている根幹、すなわち、1つひとつの仕事をこなす能力、問題の解決方法、社外とのつながり方などが浸食される。退職によって被る損失のなかには可視化できないものも多い。特定の状況下でどう動けばいいかをわかっている人、顧客とのよい関係を独自に築いている人、他の部署と協力して全社的なチームワークを構築できる人は、業務の円滑な遂行を支えているのだが、ふだんはあまり気づかれない。彼らがいなくなって業務が滞っても、残った人たちにはその理由すらよくわからない。

退職による危機に見舞われるのは行政府も同じだ。2015年、連邦政府に勤めるキャリア職員の25パーセントが退職年齢に達し、その割合は2017年9月には職員の3分の1近くに達する。2014年に会計検査院が「職員の退職に伴い、業務遂行に不可欠な能力が不足することのないよう、対策を講じておくべきだ」と報告している。[30] 労働力は流動的なものだから仕方がないと考える人もいるだろうが、航空管制官や総務担当者のように、何年も、あるいは何十年もの経験を要する仕事は、適当に引っぱってきた誰かで埋め合わせることができない。

行政を円滑にする組織知を守るため、連邦議会は2012年、退職年齢に達した職員に〝段階的退職〟を認める法案を可決した。週に20時間だけ働いて、給料と退職年金を半分ずつもらうことが可能になったのだ。2016年当初、この制度はあまり活用されておらず、ガバメント・エグゼクティブ誌によれば、連邦政府全体でこの制度を使ったのは31名のみで、省庁によっては段階的退職の制度を整備していないところもあった。段階的退職者がいちばん多かったのはスミソニアン協会で11人、原子力規制委員会には1

人しかいなかった。

退職による頭脳流出をビジネスにしている民間企業もある。たとえばユアアンコール。２００３年にイーライリリーとＰ＆Ｇが立ちあげたユアアンコールは、高スキルをもつＯＢ人材の転職を仲介する人材紹介会社で、消費者向け製品や食品、生命科学、航空業界などに１２０社以上の顧客をもつ。ユアアンコールに登録している９５００人のうち、１０００人以上が以前はＰ＆Ｇの幹部だった[31]。

労働人口の高齢化に関して特に悩ましい問題は何か。能力がありながら職場環境や労働時間が合わずに去っていった労働者と、彼らに戻ってきてほしい雇用主のすれ違いか。いやそれより、働いていない高齢者の多くがやりがいのある仕事に就けずに、気落ちしていることのほうが問題だ。企業が彼らを前向きに雇用するにはどのような後押しが必要だろうか。また、急速に変化する労働市場で生き残るのに必要な能力を、労働者が生涯にわたり学んでいくにはどのような後押しが必要だろうか。いずれの問いも、１つの根本的な問題をはらんでおり、解決がきわめてむずかしい。長年にわたって職場に居座る動かしがたい仕事のルールがあるからだ。

ルールを変える

高齢労働者の流出を防ぐために、職場の何を変えるべきかという話題になると、必ず挙がる案がいくつかある。勤務時間の短縮、勤務形態の柔軟化、病気休暇の拡大、在宅ワークの強化、人間工学に即した職場環境改善などだ。決断さえすれば、これらを実行するのは比較的たやすく、人事管理部門からの通達で事足りる場合もある。だが、はるかに解決困難な問題も多数存在する。たとえば、年長者ほど高い給料をもらうべきで、年下の者は年長者の上席者にはなれないという考え方が染みついていること、あるいは、学校に通うのは若いときの一時期だけだと皆が思いこんでいることなどだ。

このような考え方は、職場におけるあからさまな年齢差別とは違い、道徳的に非難されるべきものではなく、仕事とはそういうものだという共通理解にすぎない。しかしまさにこの点が、高齢労働者から、生きる意味を追求する機会、収入を得る機会、経済に貢献する機会を奪う原因となっており、にもかかわらず、このことはしばしば見落とされてきた。

同時に、このような職場のルールを増幅する、年齢とは無関係の力もある。とりわけ重要なのは、テクノロジーの急速な発展だ。この状況により、中高年の労働者は、ルイス・キャロルの『鏡の国のアリス』に登場する赤の女王の国に迷いこんだ感覚になることが多い。赤の女王は言う。「同じ場所にとどまりたければ、全力で走れ。どこかほかのところへ行きたいのなら、2倍の速さで走れ！」[32]

職場では現在の仕事に必要な知識とスキルの維持のために全力で走ろうと、ほかの場所へ移るために最先端のスキルを身につけて2倍の速さで走ろうと、おそらくその取り組みは本来の自分の仕事には含まれておらず、空き時間のなかで取り組むのがせいぜいだろう。継続的な教育機会が職場に用意されていたとしても、従業員はそれを利用する時間をなかなか捻出することができない。しかも、新しいスキルを取得しても、あるいは能力を裏づける証明書を苦労して獲得しても、昇進や採用に結びつくとは限らない。

この問題の根本は、「高齢者」という広大な領域が未開拓であるという事実に行き着く。「私を雇ってください！　適任だし、いつでも働けます」と言う30代の若い世代でさえ、判断材料となるのは、せいぜい学歴ぐらいだ。だから、採用や昇進にかかわる人事担当者は、たいてい自分の直感に頼ることになる。「この人物をこの職に就かせていいだろうか、やめておくべきだろうか?」

また、「この人物は、この職に見合う以上の給料を要求してこないだろう」という直感も決め手になる。初歩的な仕事や、若い人が上司になりうる部署では、採用サイド側は安全な道を行こうとして、若い人を選ぶ。採用する側が事なかれ主義に陥っても非難するつもりはない。以前、私が初めて管理職と呼ばれる立場になったとき、最初の部下は私より25歳も年上だった。はじめは妙な感覚で、きっと彼も同じだっただろうが、互いにうまくやり、結果的に2人でいい仕事をした。だが、このような状況に違和感を覚えるある種の文化的土壌はたしかに存在する。

年齢と給料は連動すべきだと考える人は多い。この考えが意味をもつのはおそらく、労働者が1つの企業で終身雇用されるときだ。だが、もはやそういう時代ではない。アメリカの労働省労働統計局の2015年の調査によれば、若いベビーブーム世代は、18~48歳のあいだに平均して12の職を経験している。つまり、2年半ごとに新しい仕事に移っていたことになる[33]。

これほど頻繁に仕事もキャリアも変えてきたのだから、キャリア終盤での転職や退職後の再就職に際して、新しいスタートを切るために安めの給料を受けいれる覚悟のある人も多いだろう。だが、切羽詰まっているとは思われたくないので、面接でそんなことを言うわけにはいかず、このミスマッチによって、評価されるべき高齢労働者が雇われないという結果になる。

こうした雇用の行き違いの根底には、求職者がもつ能力と、人材が不足している仕事で求められる能力が一致していないという事情も関係している。問題を複雑にする元凶の1つは、教育は若者だけのものだという誤った考えである。この考え方は高齢者は新しいやり方を覚えられないという固定観念とも密接にかかわり、結果的に、老年期の学習は期待されず、称賛もされない。夜間学校や社会人向けの修士課程もあるにはあるが、一般的でないのはそのせいだ。私たちは長寿命化についてよく話題にするが、長くなった人生を、はるか昔に学校を卒業した人間がどう生きていくのかについて話すことはない。

教育にしろほかの何かにしろ、求める気持ちがあるのに叶えられていない状況では、テクノロジーが解決策になることが多い。老年期も含めた生涯の就労期間を通し、新しいことに挑む意欲と能力があることをどのように証明するかという問題は、ようやく解決の方向性が見えてきたところだ。

MITにあるサンジェイ・サーマの研究室では、内燃機関の模型があちこちの棚に並べられ、学生が廃品置場にあったビュイックから取りだしてきた黒塗りの六気筒エンジンの上に、コーヒーテーブル代わりのガラスの天板が置かれている。サーマはエンジニアのなかのエンジニアだ。モノのインターネット（IoT）の創生にかかわり、なかでも彼が標準化に尽力した無線自動識別装置（RFID）の技術は、企業が自社の在庫を管理する方法に革命をもたらした。

サーマにはエンジニア以外にもう1つ、教育者というきわめて重要な顔がある。サーマは言う。「教授職にある者はいつも2つの帽子をかぶっている。1つは研究、1つは教育だ。いい研究をしていれば、教育にもいい影響が及ぶ、それがMITのスタイルだ」

2000年、サーマは当時のMIT副学長で現学長L・ラファエル・リーフから、シンガポール－MIT研究技術連合（SMART）という名称の大学をシンガポールに創立する計画への参加を要請された。サーマは仲間といくつかの新しい方法を試み、旧来の学習方法を刷新しようと考えた。「カリキュラムの設計をとにかく重視した。何かを学ぶと、その使い方がすぐに理解できるようにしたんだ。たとえば、エントロピーのような抽象概念を学んだときに、それをエンジンか何かにその場で応用できるようにした」。彼の試みは成功し、MITの教授たちは皆サバティカル〔長期有給休暇〕を利用して、急成長するSMARTに競って赴こうとしている。

同じころMITでは、オンライン学習の試みも始まっていた。その1つ、2002年にスタートした先駆的なオープンコースウェアは、MITの2200を超えるコースの教材を世界中の学習者と教育者に提供した。次に登場したオンライン学習に特化した「MITx」は、2012年にMITとハーバード大学が共同で構築したオンライン学習コースのプラットフォーム「エデックス（edX）」の技術的支柱となった。2012年、サーマは、L・ラファエル・リーフからMITのデジタルラーニング部門の初代責任者に任命され、デジタル教育にかかわるすべての取り組みを監督する立場になった。彼は、誰がどんな理由でオンライン学習に申しこんだかを知ることができる。「受講者の年齢の中央値は27歳。中央値ということは、履修者の半分が27歳以上ということだ」

どんな人が受講しているのだろうか。「1つ目のグループは、退職して時間があるのでギリシャに旅行するためにギリシャについて学びたいと考える人たち。つまりは知識の向上が目的だ。2つ目は、1970年代にコンピュータサイエンスを学んでいて、これから新しい教授法のもとで新しい理念を知りたいと考えている人たち。私は〝マイルド・プロフェッショナル〟と呼んでいる。3つ目は、〝ディープ・プロフェッショナル〟。仕事に役立てるためにプログラミングをしっかり学ぼうとしている人たちだ。4つ目は、ほかに適切な呼び名がないので〝実利主義者〟と呼ぶが、あらゆる機会をとらえてさまざまなことを学び、今後に役立てようとする人たちだ」[34]

実利主義者とは、マニトバの農場経営者であるマット・ライマーのような人をいう。ライマーはＭＩＴの無料講座を利用してコードの書き方を習得し、タブレット端末とオープンソース・ソフトウェアとドローン用の部品を使って、中古のトラクターを自動運転農耕機に改造した。[35]

１つ目と４つ目のグループにとって修了認定は重要ではない。目的は知識の習得と使い方であって、習得した知識を証明することではないからだ。しかし、２つ目と３つ目の集団にとっては、学習動機が仕事にかかわることが多く、達成度を証明するものが不可欠である。オンライン講座の修了認定の度合いはさまざまであり、エデックスなど大規模な公開オンライン講座（ＭＯＯＣ）の多くは学位を授与しないが、オンライン講座であっても修士号を付与する大学も少なくない。特定のプログラミング言語など、職業上求められる能力の習熟を証明できるのであれば、これらの認定が業界から高く評価される可能性はある。

だが、新しい挑戦に必要な意欲と能力があることを、社会に証明する指標は依然として不足している。ＭＩＴは新しい仕組みを構築中である。交通・物流研究センターで私の同僚だったクリス・カプリースを含むサーマのチームは、オンラインの修士レベル講座「マイクロマスターズ」を開講した。現在のところ、受講できるのはサプライチェーン管理に関する科目だけだが、まもなく他の科目も開講される予定だ。受講者は、一学期分（通常は半年）のオンライン講座を修了することで、マイクロマスターと呼ばれる単位を得る。

他のオンライン認定資格にはないマイクロマスターズの特長は、特に優秀な成績を残した受講者には、一学期間実際にＭＩＴに通い、正式な修士号を取得する機会が与えられる点だ（サーマが言うには、まもなく世界中のMITの提携大学も同様に受講者を受けいれるという。たとえばオーストラリアに住み、何カ月間も家族を残してアメリカのMITに通えない人でも、オーストラリアの提携大学で修士号の取得を目指すことができるわけだ）。このようにして資格取得の道が広がりつつある現状はよい兆しだ。従来の大学では、競争の激しい人気の修士科目の受講者は20代か30代ばかりで、申し訳程度に1人か2人の高齢者の入学を認めるというのが通例だった。しかしマイクロマスターズを経て入学する方法はもっと能力主義的だ。優れた成果を示せばよく、年齢は関係ない。

開始当初、マイクロマスターズコースに登録した人のほとんどは、現役で働く人たちだった。よい成績を収めてMITに一学期間通学し、正式に修士号を取得すれば、国際的に通用する資格を得ることができる。こうした資格が一般的になり、取得を期待されるようになれば、高齢者の能力は時代遅れだという既成観念を払拭できる。

教育費用を誰が負担するかという問題もあり、この楽観的な未来像の実現は簡単ではないかもしれない。それでも、硬直した老年期のイメージを、教育と学習を通じて払拭したいと考える人が増えることで、整備が進むはずだ。

ウィメンズ・フォーラム

人生の意義を追求したい高齢者に見られる行動は、仕事を求め、新しい知識を増やすこと以外にもある。その1つが購買行為だ。だが企業側の備えはできておらず、女性の割合が高い高齢消費者への対応は、ようやく始まったばかりだ。

こうした行き違いは新しい問題ではない。女性消費者は昔からハイテク嫌いと見なされ、過小評価されてきた。そのなかにあって、ジョディー・ルバーは、高齢女性を惹きつけることに消極的な企業をその気にさせるすべを知っている。1996年、ルバーは共同設立者とともに「ウィメンズ・フォーラム・ドットコム」を立ちあげた。ドットコム時代初期に多くの支持を集めた女性向けライフスタイル・サイトの1つだ。それから20年以上が経ち、ウィメンズ・フォーラムだけが生き残った。2010年代前半の月間訪問者数は再訪者を除いても約4500万人にのぼる。最も注目すべきウェブサイトの1つであり、〝女性のライフスタイル〟分野のやさしい祖母的存在と言える。

ウィメンズ・フォーラムの設立以来、ルバーは理念づくりから資金調達までほぼ1人でやってきた。当時、フルタイムで勤務する従業員はルバーしかいなかった。編集長であり、人気ブログ「ガール・トーク」（息子の誕生後は「マム・トーク」になった）のライターにして最高広報責任者であり、会社の顔にして唯一の広告営業員であり、提携サイトの獲得にも奔走していた。「いま振り返ると、〝正気だったの？〟と思うくらい」懸命に働いたのだ。

ウィメンズ・フォーラムは当初から、「グーグルアドワーズ」のようなクリック課金型広告サービスには頼ってこなかった（そもそもウィメンズ・フォーラムの立ちあげは、2000年のアドワーズのサービス開始より早かった）。その代わり、広告主をダイレクトに見つけることにした。「広告主は多かった。製薬会社、自動車メーカー、食品メーカー、誰もが思いつくような大企業は全部。いつも直接ブランドやエージェントを訪ねて、〝御社では女性客とどんな会話をなさっていますか？〟と尋ねるの」

当初の反応は冷ややかだった。「1996～97年ごろは、誰も興味を示さず、女性がインターネットを使うわけがないってよく言われたものよ。インターネットは男性用につくられた場所だから、女性の居場所はないと思われていたの。いま考えると、ばかばかしい話ね。私たちはひたすら粘った。女性人口を考えれば、居場所がないはずなかったから」

そのころ、ルバーはデトロイトで広告営業をしていた。相手は三大自動車メーカーの1つのマーケティング責任者で、女性消費者の重要性を理解していた。「そのマーケティング責任者に言われたの。消費者がショールームで車を買うとき、その決断の決め手となるのは、たとえ夫の車でも、ほとんどが女性なんだって。結局その会社は、女性をターゲットにしたオンラインサイトに資金は出してくれなかったけれど」

転機が訪れたのは2000年を迎えるころ、きっかけはP&Gだった。同社は一般消費財メーカー大手として初めて、オンラインで女性をターゲットに販売促進をおこなった企業だ。テレビ、ラジオ、出版物と同様に、オンライン媒体に特化した販促策をとったのだ。「P&Gがネット上で事業展開したとたん、他の消費財メーカーや製薬会社など、女性や家庭をターゲットにするあらゆるブランドがその流れに追随し、すべてが変わった」とルバーは言う。

それは歓迎すべき進展だったが、女性がインターネットを使うという、男性にとって意外な事実が認識されてからも、必ずしも賢明なマーケティングに結びついたわけではなかった。ルバーの広告営業を断った例の自動車メーカーも、ある提案を携えて戻ってきた。「大がかりなミニバンのキャンペーンを張ったの。ミニバンの広告を任せてくれたのは、ミニバンが〝女性向け〟っぽいからって言われた。なんだか、その場しのぎに聞こえたわ」

オンラインにはハイテクに通じた中高年の女性も大勢いることを、企業はなかなか理解しなかった。「高齢女性はメールしかできないと思われていた。どこの暗黒時代の話かしら。家族にせっせと写真を送るしかすることがないって」

だが、やがてマーケティング担当者たちはオンラインで高齢女性の金を動かせることに気づくと、目の色を変えていった。いまでは、「AARP〔全米退職者協会〕から資産運用、クレジットカード、保険、健康、製薬まで、業界のあらゆる企業が広告主よ」とルバーは言う。孫の写真をメールで送るだけではない高齢女性の力を企業が評価しはじめたのだ。

ルバーは、高齢女性を旧来のイメージでひとくくりにせずにマーケティングをおこなう企業の名前を次々と並べた。高齢女性に「ビジネスの資金づくりをお手伝いします」というアメリカン・エキスプレス、「在宅オフィスの環境づくりはお任せください」というマイクロソフト。「これらの企業は女性を人として扱い、語りかけている」。なかでも、老年期の展望を最も鮮やかに示す企業として挙げたのは、アパレル小売りの「チコス」だった。ルバーはチコスのウェブサイトを見せてくれた。

女性ファッション業界が何より嫌うのは、〝年寄り向け〟と見られることだ。高齢女性をターゲットにした結果、若い買い手だけでなく、高齢の買い手も離れていくことを怖れるからだ。ルバーは、自分がもし化粧品を売るなら、高齢女性をターゲットにすると言う。「彼女たちには継続的に買う財力があるから。ベビーシッターのアルバイトで週末に20ドル稼ぐだけの学生とは違うの」。だが、実際の化粧品会社の広告のほとんどが老いのもつ暗いイメージを敬遠して、18～25歳の女性を起用している。いちばんの売上を生む高齢女性を、企業は「優先度の低い顧客」として扱っているのだ。

一方、アパレル小売りのチコスはまわりくどい方法をとらず、高齢女性という収益の要に直接働きかけている。ルバーが指差すコンピュータ画面の先には、晴れやかな表情を浮かべる女性たちの姿があった。「チコスの路線はおもしろい。モデルはそれぞれに美しい50歳過ぎの女性たち」。画面をスクロールすると、上品そうなモデルが次々と現れた。「彼女たちは長く年を重ね、自分の人生を生きている」。ルバーは街なかに立つモデルの画像で手を止めた。ディナーに行くところかもしれないし、会議に出るところかもしれないし、あるいは両方かもしれない。写真のキャプションは〝ニューヨークのとある週末。バッグを携えて〟だ。

51歳のルバーが言うには、このブランドは数年前までは、いまのように都会的な雰囲気ではなかった。「トルコの民族衣装ふうのゆったりした服を、伸縮性のあるパンツに合わせるようなスタイルだった。いまはずいぶんシックになった」。もちろんこれまでも、それなりの金額を払えば、高齢女性がおしゃれな服を手に入れることはできた。だが、アパレル大手は高齢女性を明らかに軽視していた。つまり、年をとってもエレガントでいるというのは、一般的な考え方ではなかったのだ。高齢女性が広告に起用される機会はまれであり、起用されたとしてもそれは優雅さや格好よさの文脈ではなく、ネガティブな「老い」を表すためだった。

このようなマーケティングが長年おこなわれており、そこに性的な要素はいっさいない。高齢の女性が性的関心を抱くなどとんでもないことであり、老年期の幸福はこうして何世紀にもわたって制限されてきたのだ。モデルに性的魅力が求められるファッション業界にあって、年をとったモデルを一律に性的魅力から切り離そうとするのはむしろ不自然ではないか。私もルバーも、高齢者に限らず、誰かに決められたとおりに装うべきと押しつけるつもりは毛頭ない。装いの自由は当然、老年期にもあるべきなのだ。

だがブランドは、高齢者に対してはほかの年代とは異なる扱いを押しつけ、自由を制限してきた。そして、人生の大切な要素であるセックスを、高齢者には不似合いで無用なものと断じてきた。高齢者だからといってセックスを憎んでいるわけではないし、むしろ若い人よりたくさん経験してきているのに、愛する人との性的親密さから生きる力を得るという考えは、たいていありえないこととして切り捨てられる。

これを読んで眉をひそめた人もいるかもしれないが、なぜそう感じるのか自問してほしい。生物学的な理由ではない。長らく文化的にそう刷りこまれてきたからだ。チコスは、皆が黙って受けいれてきたその物語と決別した。高齢のモデルを起用し、セックスも含め、意欲的で新しい生き方を表現している。これは目立たないが大きな変化だ。高齢女性は自分の視野を狭めて当たり前という従来の考えを覆した。

ファッション業界のチコスが外見を重視するのは仕方がないとはいえ、それが余計なストレスを生むことを私は心配している。ルバーによると、女性は美しくあるべきというプレッシャーは、10歳ごろから始まるそうだ。広告でもエンターテインメントの世界でも、企業が女性たちに送るメッセージはいつも同じだ。「もっと痩せて、もっときれいになりなさい。彼女はもっと美しい。あなたのいまのやり方じゃ全然ダメ」

チコスの使命はよい服を売ることなので、服の力で理想の自分になるために消費者に金を使ってもらうのは当然だ。だがチコスは、アメリカの標準サイズである0～22号よりもさらに広範なサイズをきめ細かに展開し、消費者が自分らしく装えるように後押しする。「〝いまのやり方じゃ全然ダメ〟とは正反対。おしゃれな服にたくさんのサイズを用意している」

将来の高齢者像を輝かせる

チコスやBMWなどの企業が展開するこうした新しい動きは、まだ始まったばかりだ。これからの年月でさらに多くの道が開かれ、老年期が豊かに実り、老いにまつわる物語は、この年齢であんなことをしたという驚きもあれば、眉をひそめるようなスキャンダルもあって、かつての地味でグレーなイメージとはまったく違うものになるだろう。高齢者が若い労働者の仕事を奪っていると批判されたり、高齢者ポルノの人気に世間がショックを受けたり（日本ではひそかにブームらしい[36]）、自分の祖母がなぜおばあさんらしい服を着なくなり、なぜネットでも実生活でもはっきりものを言うようになったのかと不思議に思う人も増えるかもしれない。

だが、驚きと下世話の混じり合うこの渦に巻きこまれた若者は、初めて自分の魅力的な未来を思い描くことができるようになる。かつて若者は、年をとった自分が幸せになれるとか、がんばって働いて楽しい老後を迎えようなどとはまったく思えなかった。個人もメディアも従来の老いのイメージに縛られ、老後の人生において社会的に許容されているのは身近な家族や友人とのかかわりしかなく、そんなささやかな拠りどころが若者の目に魅力的に映るはずもなかった。本章の前半で紹介した「社会情動的選択性理論」を学ぶ学生でなければ、若い世代はいつか自分の目標が変わる日が来るとは、あるいは友人の輪は大きすぎないほうがよいと感じる日が来るとは、知りようもないのだ。

若者が現代の高齢者像にどれほど期待をもてずにいるかは、老年期に備えて貯蓄する若い世代がほとんどいないという事実にも表れている。20歳の貯蓄率は2013年には収入の5・8パーセント、2016年には7・5パーセントに上昇し[37]、世間のイメージよりは堅実であるものの、推奨基準の15パーセントに比べると、未来に対する備えはまったく足りていない。

ただし公平を期して言うと、このリスクは誇張されすぎな面もある。今日の生活と1972年の生活が異なるように、2017年と2062年では生活が大きく異なるはずだからだ。現在20歳の人たちがいつか直面する〝退職〟は、現在とはまったく別の様相を呈している可能性もあるし、いまは存在しない新しい財政的支援が用意されているかもしれない。

しかしそれでも、不確定な未来には一定の備えが必要であり、若者が老後に対する充分な貯蓄をしていないのは懸念すべきことだ。莫大な学生ローンの借入、高額な住宅費、若者の就職難など、彼ら自身ではコントロールできない深刻な要素があることはたしかだが、未来が遠くにしか感じられず、年をとった自分を想像できないことも原因の1つだろう。社会情動的選択性理論の提唱者ローラ・カーステンセンは私にこう言った。「世間はもっともっと金を貯めろと言う。将来の老人ホームの費用のためにって。でもそんなふうに言われて、貯金する気になるかしらね」

ネガティブで曖昧な未来のイメージと、現在の若者の行動には密接な関係がある。退職年金制度を提供する雇用主は年々減少しているうえ、年金制度のない企業に勤めるミレニアル世代のうち、継続的に貯蓄をしている人の割合は43パーセントにすぎない[38]。年金制度が真っ先に廃止対象にされやすいのは、若い労働者にとって長期的な貯蓄は優先順位が低く、給料や疾病手当、健康保険などのほうがさしあたっては重要だからだ。

10代の若者が漠然とした未来より目の前の利益を選んでも、彼らを責めることはできない。彼らは大人たちに、ビデオゲームや薄型テレビやレストラン——ミレニアル世代は他のどの世代よりも外食にあてる出費が多い[39]——に金を使いすぎるなといつもたしなめられるが、先の見えない40年先に備えるよりも、次の土曜日のブランチのほうがよほど大事だ。貯蓄したところで40年後の自分がどうなっているかわからないし、そもそも生きているかどうかも不明だ。彼らにとってほかほかのベルギーワッフルのほうが、手堅く見返りの期待できる投資対象なのだ。

残念ながら、未来よりも現在を優先しつづけると、温かい未来は訪れない。ティーンエイジャーから、75歳で死にたいと公言する有識者まで、誰もがいま我慢してまで老年期に備えたくないと考えてしまうと、未来は悲惨になる。公的支援に頼る不健康で不機嫌な高齢者で街はあふれかえるだろう。

だが、老年期の豊かな生きがいを示す新しい道が開かれるにつれ、未来の展望も変わるだろう。若い人たちは、両親や祖父母が生き生きと働いたりボランティアをしたりする姿を目にするかもしれない。ファッションを通して自身を表現し、教育を受け直して視野を広げ、新しいエンターテインメントを楽しみ、市民として社会にかかわる姿を目にするかもしれない。そうなれば、いまの自分と年老いてからの未来の自分との共通点が想像以上に多いことに気づくだろう。

人生最後の８０００日への正しい理解を妨げていた障害が取り払われるのはそのときだ。何が高齢者を動かしているかの謎が解け、世代間の隔たりも小さくなる。そして彼らはより健康的なライフスタイルを選び、経済的にも精神的にも未来の自分たちに投資するようになるだろう。若年や中年のころに貯蓄や将来を見越した身体のメンテナンスをおこなっていれば、高齢化が社会に及ぼす痛手も縮小できる。

よりよい晩年を迎えるために何より重要なのは、「年をとるのは幸せだ」という事実に気づくことだ。生活ができて自由があって、幸福へ至るさまざまな道が開けているのなら、老年期はそれまでよりも充実した時間となり、中年期の劣化版や第二の幼年期ではなく、独自の価値をもつ貴重な時期となる。人間の能力と努力によってもたらされる「長寿命化」という新しい世界が、有意義な時間や成功や新しい文化的指標の充実とともに花開いていく。小さなパーティー、子どもの独立祝い、マイクロマスターズの修了式、ひょっとしたら離婚パーティーにも出席しながら、自分の目標や大志を追い求めていくのだ。葬儀は、故人の生涯を祝福する儀式だとよく言われる。ならば私たちは、生きているあいだに、高齢者になってからの自分の人生を祝福するすべを学んでいこうではないか。

1950～60年代以降の高齢者は、退職や加齢によって地位や機会を失ったことへの残念賞として、「輝かしい年月(ゴールデンイヤーズ)」という名のすばらしい「老後」を贈られる存在だった。続く数十年間で、私たちはこの呼び名に込められているはずの休息や娯楽を、自分が年をとったからではなく、年をとったにもかかわらず、声高に求めてきた。

だが、私たちがいま目指そうとしている「老後」は、昔のそれとはまったく異なる。テクノロジーの進歩や、高齢者の要求に正確に応えようとする企業や、何よりベビーブーム世代の人口規模、考え方、ＩＴスキルのおかげで、老年期そのものの姿が変わろうとしている。年をとることへの残念賞はもう必要ない。年をとるのも悪くないのだ。

第8章 人生100年時代の生きがいの追求、そして遺産

長寿命化関連の業界はこれまで、アブラハム・マズローの欲求段階説に照らせば、生命や健康にかかわる低次の欲求を対象にしてきた。これは昔ながらの老いの物語（ナラティブ）において、高齢者には低次の欲求しかないとされてきたからだが、実際には消費者でもある高齢者は高次の欲求も強くもっている。そこにも新しいビジネスチャンスがあるのだ。

低次の欲求を満たそうとする企業には、高齢者とは問題を抱えた病人という古い考えを捨て、彼らの目標や願望も含めてすくい取る姿勢が求められる。高次の欲求にチャンスを見いだす企業には、生きる意味を探そうとする高齢者に新しい道を示し、豊かな老年期へと案内してもらいたい。

本書ではこれまで、欲求段階説の主に低次と高次の欲求を取りあげてきた。では、最後に残る頂点の「自己実現の欲求」についてはどうだろうか。

高齢者にも自己実現欲求がある。だから、ここにも企業のチャンスはある。消費者はほとんどの欲求や願望を満たしたあとも生きることをやめるわけにはいかない。消費することもやめない。安全に暮らし、健康で、人間関係に恵まれて周囲の尊敬を集めている人であっても、心の奥には強い衝動がある。マズローは、高次欲求まで満たされたそうした人たちが、宗教の高みとは別の、自らの可能性の極致を目指す「自己実現」へ向かうのは当然の流れだと考えた。

1943年、マズローは自己実現についてこう書いている。「ある人にとっては理想的な母親になることであり、ある人にとっては運動能力を最大限に開花させることであり、絵を描いたり何かを発明したりするかたちをとる人もいるだろう。この傾向をひとことで言い表すなら、いまよりもっと成長したいという願望、自分がなりうるすべてのものになりたいという願望である」[1]

マズローが数十年前にこの考えを打ちだして以来、経済界は経営やマーケティングにこの欲求段階を懸命に取りいれようとしてきた。マズローに照らせば、広告代理店N・W・エイヤー社が陸軍の新兵募集につくったスローガン「最高の自分になれ」はじつに見事だ。[2]軍はこの秀逸なスローガンによって、人生の方向性を見いだしたいと願う若者に、ピラミッドの頂点へと続く切符を提供したのだ。

だが、マズローが当初から想定していたように、兵員であれ一般人であれ、自己実現とはすべての人が叶えられるものではなく、幸運なごく一部の人しか手にできないものだ。マズローは、この高尚な位置に到達する者はおそらく1000人に1人もいないと推測し、[3]特に若者には無理だと考えた。[4]真に自己実現を達成した人はきわめて少なく、「一般的なしきたりや、社会で容認されている偽善、嘘、矛盾の類いを超越しているため、彼らはときに自分が周囲とは異なる存在と感じ、そのように振る舞う」と記している。[5]

ここから悩ましい問題が生じる。卓越した知力をもち、最高の自己を確立して生きるひとにぎりの自己実現者になれたらすばらしいが、それ以外の人はどうなるのか。私たちは年をとるにつれて、本来なれるはずだったものになれない自分に失望しつづけなければならないのか。もしそうなら、人が暗い気持ちになるだけでなく、ピラミッドの頂点への道を後押ししようとする企業の足を遠のかせるおそれがある。そこに到達できる消費者はほとんどいないのだから。

一方、スタンフォード大学高齢化センター所長のローラ・カーステンセンは、明るい知らせを提示してくれる。彼女の研究は、たとえ私たち全員が人間の全可能性から最大の成果を得ることはできないとしても、目標を立て、行動し、関係を育みつつ、各自が生きる意味を追求していけることを示すものだ。これは2つの点で心強い。第一に、自己実現ができなくても、多くの人は人生に意味を見いだしていけるということ。第二に、企業側も、未開拓の市場があるということだ。その市場には、人生の意味を追い求めようとする人たち、ひいてはそれを満たしてくれるプロダクトに惜しみなく金を払う人たちであふれている。

自分がいなくなったあとによい遺産を託したいという願望は、人生に意味を見いだそうとする私たちの情熱にも密接につながる。この願望は、人生100年時代の広大な開拓地でもとりわけ未踏のまま残されている場所だ。だが、その状態はそう長く続かない。すでに先駆者たちが測量を始め、所有権を主張し、かつて荒涼としていた地を本拠地（ホーム）と呼びつつある。

そうした先駆者の1人が、第7章で紹介したウィメンズ・フォーラムの共同設立者のジョディ・ルバーである。ボストン大学で起業家の卵に向けて講義もおこなうルバーは、2016年12月の夜、ボストン大学のヒレルハウスで、ユダヤ教のハヌカの祭り「ラトケパルーザ」〔ジャガイモのパンケーキ「ラトケ」を食べる催し〕の審査委員長を務めた。

ＭＩＴの西キャンパスから見て凍てつくようなチャールズ川を挟んだ向かいにある建物の3階には、祭りの装いでラトケにクリームチーズやアップルソースをかけて頬張る学生たちであふれた。１人の職員が青い箱型のドライデル〔祭りで子どもたちが遊ぶ独楽〕の衣装で歩くと、紙皿を手いっぱいに抱えた学生たちがその独楽に当たらないよう、よけて歩いた。審査委員は学生のつくった3つのレシピを審査した。１つ目はグルテンフリー、２つ目はリンゴを加えたもの、３つ目はパンケーキというより揚げ物に近いものだった。だが、この夜、審査対象となっていたのは3つのレシピだけではなかった。ほんの1時間前、ルバーはユダヤの伝統料理のサイト「ジューイッシュ・キッチン・ドットコム」を試験的に立ちあげたばかりだった。

ルバーは料理と関係の深い家庭で育った。父親は、ブルックリンのボローパークにある正統派ユダヤ教徒の集まる地域でコーシャー〔ユダヤ教の戒律に従った調理・食事〕のベーグル店を経営しており、彼女も週末は店の手伝いをして過ごした。「父はお客さんのことをよく知っていたし、ベーグルもおいしくて、店の外まで行列ができるほどだった。父は、お客さん全員にあだ名をつけていた。口のにおいがかぐわしくない人には〝ニンニク髭男〟みたいにね。その人が店に来たら、〝息を止めろ、10時の方角、北風〟って。とにかくそういうことすべての、民族っぽいおかしな感じがとても好きだったの」

大学卒業後、独り暮らしが始まると、ルバーは自分で料理をしなければならなくなった。家族のレシピは書きとめていなかったが、料理なんて簡単なはずだった。彼女は親戚にたびたび電話をかけた。たとえば、甘酸っぱいミートボールのつくり方を知っているフロリダの祖母に。だが、その説明のわかりにくさといったらなかった。のちにルバーは「ジューイッシュ・キッチン」のウェブサイトでこう回想している。

「祖母にミートボールのつくり方を教えてもらうのは、医学知識ゼロの私が、盲腸の切除方法を手術室のスピーカーフォンを介して教わるようなものだった」[6]

「玉ねぎのちょうどいい具合なんてどうやってわかるの?」「見てればわかるから!」親戚は説明は下手だったが、どのレシピにも家族と料理にまつわる裏話がたっぷり詰まっていた。

時が経ち、ルバーはウィメンズ・フォーラムを創設した。最初の大規模な資金調達に成功したとき、すぐに父親に電話をかけた。「700万ドルという融資額を聞いて、父はその金額がベーグル何個分に相当するのか、大騒ぎで計算していたわ」

4年前に父親が亡くなった。「すごく悲しくて、幼いときから親しんできた私のおかしくて最高の家族と父のレシピにまつわる何かをせずにはいられなかった」。だが、2016年の夏になるまで、それが何かわからなかった。

ルバーはその夏、ウィメンズ・フォーラムで特集するテーマを見つけるために、マンハッタンのファー・ウエストサイドにあるヤコブ・K・ジャビッツ会議センターを訪れ、ユダヤの美しいリネンやナプキンリングなどを販売しているブースに立ち寄った。出展者とロシュ・ハシャナ〔ユダヤ暦の新年の祭り〕のテーブルセッティングについて話していると、別の女性が会話に加わってきた。話が弾むにつれてさらに別の女性も加わり、全部で5人のにぎやかな輪ができた。

まもなく彼女たちはスマートフォンを取りだし、祭日の料理や食卓の写真を次々と披露しはじめた。「ほら、うちのを見て!」「いえいえ、こっちよ!」「それは違う、本物のロシュ・ハシャナはこれよ」。皆でハッラー〔ユダヤ教の祝祭日に食べるパンの一種〕やクーゲル〔伝統的なデザート〕やザクロのタルトの特製レシピについて議論し、自分たちの母や祖母がどのように調理していたかを語り合った。ルバーは彼女たちの誰ひとりとして何かを売ろうとしていないことに気づいた。多少の競争心を燃やしてはいるが、ただ熱心に〝これがわが家のやり方よ〟、〝うちの家では代々こうだった〟という思いを共有したいだけだったのだ。

「食べ物の話だけじゃない」とルバーは振り返る。彼女たちはレシピやテーブルセッティングのコツ以上のもの、ストーリーを共有したがっていた。

彼女たちは情報を伝えるためというよりむしろ、一家に伝わる歴史や流儀、料理の由来を残すためにスマートフォンを使いはじめた。50歳超の女性の行動を注意深く観察する人でなければ見逃してしまうほどの小さな例だが、これも立派なリードユーザー・イノベーションである。ルバーが「20年前にウィメンズ・フォーラムのアイデアが浮かんだときのような、背筋がぞくっとするような感覚」を味わったのはそのためだ。ルバーの知るかぎり、ユダヤの祭りについて女性5人で語り合ったそのときのようなコミュニケーションを促すオンラインサービスは、世界中のどこにもなかった。

ルバーはこうして「ジューイッシュ・キッチン」を立ちあげた。このサイトはストーリーの共有を明確に意識してつくられている。ユーザーはレシピを投稿できるが、典型的なレシピのサイトに比べ、調理手順よりも背景にあるストーリーに充てるスペースがはるかに大きい。自分や家族が料理している動画を投稿することもできる。ニンニクを炒めながらカメラに話しかけたっていい。

「いまハヌカのためのラトケをつくっているところよ」。ルバーはジューイッシュ・キッチンの投稿者のふりをして言った。「娘と一緒にジェリー・ドーナッツをつくっています。さて、きょうはヌードル・クーゲルをつくりましょう。えっ、ヌードル・クーゲルを知らない？　じゃあ、ちゃんとしたつくり方を覚えていってね」

ジャビッツ会議センターでの女性たちとの経験が、すばらしいきっかけになった。「大事なことを残しておきたいとは思うのに、書きとめてこなかった人はとても多い。母親にもおばあさんにも書き残すように頼まなかった。レシピが必要なときはなんとか思いだして、このごろは何かにメモするようになったけど、亡くなった人が多いから身内や親戚のレシピは残っていない」

ジューイッシュ・キッチンは、風習や逸話や家族の歴史と深く結びついた数々のレシピに、オンライン上の安住の地を与えたのだ。食欲をそそる画像でいっぱいのこのサイトはいまや、人生100年時代の「生きがい市場」の第一線に躍りでた。以前の章で扱ったBMWやチコスなどの企業もまた、高齢期の意味に新しい道を開拓しつつある。ジューイッシュ・キッチンのユーザーが使っているスマートフォンやコンピュータも、新しい道の1つだ。無色で意味をもたないテクノロジーも、消費者にとって意味のある何かを見つける手助けができる。

こうしたビジネスモデルは、誰もが走りたがる高速道路に料金所を設け、利益を得ることに似ている。つまり成功がほぼ約束されているのだ。さらに多くの高速道路が開通するにつれて、新種のプロダクトも出現するだろう。ジューイッシュ・キッチンは、意味を見つけるための道ではなく、意味のある体験そのものを与えるプロダクトの初期の例だ。

ルバーの会社は時代を先取りしているが、足場は「家庭」にある。家庭は、従来の老いの物語でも、高齢者が生きる意味を追求する場として世間に認められている数少ない領域だ。この領域で足場を築いた著名企業には「家系ドットコム(アンセストリー)」がある。このサイトでは、会員が一族の歴史を学んだり、家系図をまとめたり、DNAサンプルを送って血統を調べてもらったりできる。

家庭以外の領域でも生きる意味の追求が肯定されないかぎり、そのためのプロダクトもなかなか増えないだろう。ただし明らかな例外が1つある。遺産だ。太古の昔から、人は年をとると死ぬ前に何かを遺したいという考えにとりつかれてきた。個人の名や業績を後世に伝えようとするさまざまなプロダクトはすでに販売されている。たとえば自費出版は、自分の考えや思い出を書き残したい高齢者から広い支持を集め、ツールやプラットフォームの整備も相まって業界全体が好況に沸いている。

オンデマンド印刷・出版大手のルル・ドットコムでは利用者の17パーセントが高齢者で[7]、アメリカ最大手の自費出版企業オーサー・ソリューションズではその比率は50パーセントにのぼると推定されている[8]。もっと金のかかるプロダクトもある。人の記憶に自分の名前を刻みつけるもので、大学によくある、個人の名を冠した記念講座や建物、記念碑などだ。

しかし、何かを遺したいという切望は、本や建物のような大がかりなものにばかり向くわけではない。かつて世話になったコミュニティに何か役立つものを返したいと慎ましく考える人も多い。これはローラ・カーステンセンの社会情動的選択性理論にもぴたりと当てはまる。人生の前半で私たちは、社会から知識と金銭とリソースを吸収したいという欲求をもち、後半ではそれらを再投資しようとする。「自分が生まれる前から営々と築かれてきた医療や教育などあらゆることを、人は文化という銀行から引きだす。次の50年間は、それまで受けとったものを返すときだ。将来の世代の銀行に預け入れて投資し、世界をよりよくするために貢献したいと考える」

このような再投資はきわめて有意義に感じられる。しかも、家庭外では高齢者の生きる意味を追求する道があまり容認されてこなかったなかにあって、慈善活動やボランティア活動は本人が満足を得られるだけでなく、社会からも歓迎される。受け皿となる組織は、高齢者がいつ、どんなふうに何を返そうとするのかをカーステンセンの理論も踏まえて予測し、備えておくべきだろう。

あなたが低所得者向け住宅を建設する非営利団体を運営しているとしよう。あなたは自分のプロダクトは住宅だと思っているかもしれないが、実際に生み出しているのは住宅そのものではなく、時間と労力を割いて建設に従事するボランティアたちの誇りと達成感である。ある調査によれば、若いころからボランティア活動に従事していた人のほうが、年をとってからもそうした活動に従事する傾向が高く[9]、このことはカーステンセンの理論にも一致する。若いときに何に意味があるかを見つけ、年をとってからそれに沿って行動するのだ。このため高齢のボランティア活動者や慈善運動家を探している団体は、高齢者に直接声をかけるのはもちろん、若い人に働きかけておくのも理に適っている。やがて年をとった彼らが貢献先を探しはじめたとき、過去に接触した団体に立ち戻ることも充分に考えられるからだ。

若いときに借りたものを年をとってから返そうとするこうした行動は、未来の高齢者が生きる意味を得る多くの可能性の1つにすぎない。自己実現欲求が高齢者向けビジネスにおいてどのような姿をとるかはまだ漠然としたままだし、さらに言えば、欲求段階説のどの段階の欲求も、未来でどのように満たされるのかはぼんやりとしている。企業が生命、自由、幸福の追求を支援していようと、生きる意味というかたちで幸福そのものを提供していようと、将来の欲求がどのように具体化されていくのかを現時点で知ることはむずかしい。

とはいえ不可能ではない。どの段階の欲求でも企業がそれをつかみ取る方法は共通している。本書で述べてきたように、深い共感を押し進め、消費者のジョブ（用事・仕事）を優先し、リードユーザーの声に耳を傾けることだ。

世代の遺産

エイジラボの設立当初から、私がビジネス界と連携してきた理由は単純だ。人の生き方を考えるときに企業の存在が切り離せないからだ。あなたが家と呼ぶ場所、着る服、食べるものは、企業や政府、公益団体が示す選択肢内に限定されている。しかも、晩年の選択肢は明らかに不足している。

この状況を大きく変えられるのはビジネスだ。本書では、人生100年時代の経済は広大な未開拓地（フロンティア）であり、私たちがいま考える以上に大きく発展する可能性があることを述べてきた。このフロンティアには多くのビジネスチャンスがあるが、失敗に終わるものもあるだろう。最大の問題は、そこに何があるのかを私たちが知らないということだ。地図がないうえ、方位磁石の針自体が正しいのかどうかもわからない。

これまで社会が構築してきた老いの物語によって、そこに行きさえすれば正しい進み方はわかると信じこまされてきたが、自社プロダクトを手に自信満々でこの未開の地に飛びこんだ開拓者たちは、次々と道に迷っていった。高齢者にとって使いにくかったり、自尊心を傷つけたりするプロダクトは遠くまで進むことはできない。魅力に乏しく、高齢者の生き方のビジョンが曖昧なプロダクトは、失敗が明らかになるまでに時間はかかっても必ず失敗する。高齢の消費者を貶（おとし）め、彼らの願望を無視し、その存在を解決すべき問題として扱うプロダクトは、安全な道を歩んでいるつもりでも最後に淘汰される。

企業が陥りやすい誤りのなかでも最も厄介なのは、退職者専用コミュニティのように、一見魅力的だが世代間対立を招きかねないビジョンを掲げて、長寿命化というフロンティアに挑むことだ。これは定住するにふさわしい谷を発見し、いざ小屋を建てはじめたところで、全員が食べていけるだけの耕作地がないことに気づくようなものだ。楽園と思っていた地で、ある日突然他人を押しのけなければ生きていけなくなる。

このフロンティアに進出しようとする企業に私が助言できることが1つあるとすれば、それは「直感を信じるな」というものだ。自社の方向感覚に自信があっても、実際は何十年にもわたる間違った物語によってひどくゆがんでいることが多い。それならば、現在の地形を熟知し、未知の地形についても高い精度で推測できる案内人を雇うほうがずっといい。そのためにはいくつかの方法がある。

大手企業のなかには、高齢者向け市場とそこでの自社の役割について研究する専用の部署を設けているところがある。たとえば、保険会社ハートフォードの熟年市場センターや、投資会社トランスアメリカの退職者研究センターでは、保険や金融市場での高齢消費者の行動について社会科学者とともに研究を続けている。社内に老年学者を抱えるメリルリンチのような企業もある。

社内であれ外部コンサルタントであれ、高齢者向け市場の現場の変化を注視する専門の人材をおかないのは、目隠しをしたまま歩くようなものだ。社会科学者が実施する調査やフォーカスグループだけでは充分ではない。高齢者向け市場をより深く理解するには、顧客の身になって体験することも必要で、第5章で紹介したアグネスのような老年期体験スーツはそうした道具の1つになる。アグネス以外にもいまでは似たようなスーツがたくさん登場しているので、一度は試してみることをお勧めする。高齢者の身に起こる身体的症状を完璧には再現できないとしても、外を歩いたり、プロダクトを使ってみたりして老いのイメージをある程度実感することができる。

それ以上に企業が取り組むべきは、第3章で紹介したようなリードユーザーに学ぶことだ。リードユーザーは自分のニーズを満たすために、自分でプロダクトを修正したり、設計者が意図しない方法で使いこなしたりする。長寿命化社会に不慣れな案内人よりも、リードユーザーのほうがよほど頼りになることは多い。現在の消費者のジョブ（用事・仕事）を明らかにし、未来の消費者のジョブを教えてくれるのも彼らにほかならない。

リードユーザーを見つけだし、観察し、質問するとよい。その人がリードユーザーであり、イノベーターでもあるなら、雇用したり資金援助したりすることも考えよう。典型的な若い男性起業家のような経歴をもたなくても怖れることはない。それどころか、リードユーザーが高齢で、しかも女性なら、その視点はほかのどの集団よりも貴重である可能性が高い。彼女たちの知見は、OXO社の調理器具のように、当初は高齢者をターゲットとしていたプロダクトが、そのカテゴリを超越してより幅広い市場で成功するきっかけになるかもしれない。あるいは逆に、全世代向けのプロダクトが高齢者にぴったりであると判明するかもしれない。88歳のサリー・リンドバーが、民泊サービスのエアビーアンドビーや買い物代行サービスのインスタカートを使いこなしていたことを思いだしてほしい。多様なユーザーがプロダクトの思いがけない利用法を見つけると、ローエンド市場と未開市場の両方で破壊的イノベーションが生まれるだろう。

人生１００年時代の経済で足場を築いた企業が、いつのまにか破壊される側になっていることもある。だが、長寿経済の森で道に迷うより最悪なのは、何もしないことだ。高齢化は自社には関係ないと思っている企業も、いやむしろ、自社には関係ないと思っている企業ほど、破壊的イノベーションの犠牲者となるだろう。

高齢者にとって暮らしやすい社会は、高齢者だけでなく、あらゆる年代の生活を暮らしやすいものに変えてくれる。ふと気づけば、「普通の生活」の前提が変わっているのだ。いま企業の目の前にあるのは、その新しい「普通」を定義する好機だ。人生100年時代の経済という巨大な市場の一端をつかむだけでなく、高齢者をより幸せにすることで、市場そのものを巨大化することもできるのだ。

その過程でほかの果実も得られるだろう。何十年にもわたって多大な影響力を発揮してきたベビーブーマーが人生の最後に飾る壮大なフィナーレに、あなたの会社が加わるかもしれない。アメリカに限らず世界中のベビーブーマーが次世代に渡す遺産は、よくも悪くも、これから何十年先まで語り継がれるだろう。ベビーブーマーの時代を「人類史上、自然と人間とのかかわり方が最も激変した時期」と指摘したのは、地球圏・生物圏国際協同研究計画（IGBP）の科学者チームだ。[10] IGBPが〝大加速時代〟と呼ぶ、テクノロジーやマクロ経済、グローバルな地政学の大規模な変化が、ベビーブーマー全盛期に起こった理由はたくさんある。注目すべきは、過去70年間、ベビーブーマーが何かを望めば、道路や原子炉、図体の大きいSUVからポケットに入るスーパーコンピュータまで、すべてが叶えられてきたということだ。

ベビーブーマーは自らが望むものを実現してきた一方で、自分たちが不必要と見なすものを壊してきた。自然界だけではない。彼らが毛嫌いし、解体したものの1つに、制度や組織が社会で果たす役割がある。

ギャラップ社の世論調査によると、調査を開始した1970年代初頭と比較すると、組織的な宗教に対する世界の信頼は25パーセント下がっている。同じような減少が、最高裁判所（8パーセント）、公立学校

(28パーセント)、銀行(33パーセント)、労働組合(7パーセント)、新聞(19パーセント)、大企業(8パーセント)、連邦議会(33パーセント)でも見られる。唯一上昇していたのは軍への信頼だけだった(15パーセント)[11]。

同時に、ほとんどの制度・組織において、参加人数は20世紀半ば以降減りつづけてきた。ハーバード大学の社会科学者ロバート・パットナムは、2000年に出版した現代社会学の名著『孤独なボウリング──米国コミュニティの崩壊と再生』(柏書房)のなかで次のように詳細に述べている。1950年以降何十年にもわたり、私たちはPTAやロータリークラブのような団体への参加だけでなく、信仰心も宗教活動への参加も減らしてきた。両親がそろう家庭は減り、大家族や親戚同士で集まることも、友人を訪ねていくこともめったになくなった。パブや食堂(ダイナー)、そのほかの地元のたまり場は、いまや懐かしい思い出にすぎない。1つの会社に生涯勤めつづけることも、労働組合に加入することも少なくなった。ロバート・パットナムの説につけ加えるとしたら、確定給付型年金制度と、いまでは文化的な色合いが濃くなった退職(リタイア)制度の重みも減ってきた[12]。

人のつながりが弱まるこの傾向はすべてが悪い方向へ働いたわけではない。ベビーブーム世代は善よりも悪を多く滅ぼしてきた。1950年代以降、慣習的な人種差別、性差別やその他の偏見を改善する動きはたしかにあった。パットナムが述べているように、ベビーブーム世代は「非常に寛容な世代であり、人種的、性的、政治的マイノリティに対してより柔軟な思考をもち、自身の道徳観を他人に押しつける傾向が少なかった」。だが彼らは同時に、親の世代よりも個人主義的であったため、好まない制度や組織に参加することを拒む傾向があった。

ベビーブーム世代による制度や慣習の廃止の波は有意義なことも多かったが、一方で、高齢者は大きな犠牲を払うことになった。20世紀はじめから半ばにかけて、高齢者の人生に活力を与えていたのは、実際には制度だったからだ。当時は、高齢者が資本主義社会で最も重要な意味をなす職を奪われても、宗教や友愛会、社会奉仕団体、退役軍人会などの制度や親戚との交流で、その空白を埋めることができた。だが、制度や組織の力が弱まるにつれて、高齢期の生活構造に2つの大きな亀裂が生じ、それは年々大きくなっている。

1つは食べ物、医療、住まいなど、基本的欲求に関係するものだ。ほとんどの高所得国では、多くの高齢者の貧困問題を解決するのは年金制度だけだ。家族のつながりが弱く、地域のコミュニティや宗教の支えがないと、頼みの綱となる選択肢はほとんどなく、社会からこぼれ落ちてしまう可能性が高い。一方、政府の公的支援が比較的少ない途上国に住む高齢者にとって、セーフティネットとなるのは多世代同居の家族のみだ。メキシコやタイなどでは、伝統的な経済からグローバル経済への移行により、かつて多世代同居していた人たちが遠く離れて暮らすようになった。[13] 途上国で家族が散り散りになると真っ先に高齢者につけがまわる。孤立し、貧しく、病にかかって住む家をなくすケースもある。

高齢期の生活構造に生じるもう1つのひずみは、かつて制度や組織が果たしていた、高齢者に共同体意識や一体感、生きがいを与える役割に代わるものがないことだ。宗教組織、ボウリング・リーグ、家族との夕食から名誉職まで、かつては制度や組織が高齢者に居場所を提供していた。文化的色合いの濃くなった退職制度すら、居場所を与えるという最低限の役割はクリアしていた。つまり、他の働く世代とは区別される「退職者」というアイデンティティをもてたのだ。

だがいまは何もない。私たちの前後にあるのは使い古された物語と未開拓地だけだ。これまでの人生で、組織や伝統を壊してきたベビーブーム世代が、皮肉にもいま、そうしたつながりを必要とする事態に直面している。

ベビーブーマーは再び、自分たちの好きなように世界を構築するはずだ。今度は制度や仕組みを壊すのではなく、高齢期を充実させる新しい制度や仕組みをつくるほうへ向かうだろう。それらはきっと、シニア限定のデートサイトでキャシーがつくった女性グループのような、テクノロジーの力を借りた新しい社会的組織であり、シニア起業家専門のベンチャーキャピタルであり、ビーコンヒル・ビレッジのように地域に根ざしたコミュニティのかたちをとるだろう。

一方で、社会保障制度やメディケア、高齢者法に盛りこまれた高齢者保護規定など、政府の打ち出す制度がかつてないほど重要になる。ただしここに挙げたのは未来のほんの一部でしかない。現在の知識で予測可能な制度だけでなく、テクノロジーと人の交差する場所に、先例のない新たな制度が生まれるだろう。

だが、最も重要な新しい制度は文化にかかわるものだ。高齢になる手前の時期と、高齢期の生き方を広い視野で示す新しい物語が登場する。それを根づかせるには、長寿命化社会を支える新しいプロダクトの実績が必要だ。高齢者は大切だ、社会の生産を担う人材だ、浪費の源ではなく資源なのだ、と主張することも重要だ。しかし、実際に企業が高齢者の能力を引きだすプロダクトを実用化するのは、まったく意義の大きさが違う。

高齢の消費者を、治療の必要な病巣と見なすのではなく、欲求も要望も意欲もある成熟した社会の一員と見なすプロダクトこそが、人生１００年時代の社会で成功する。こうしたプロダクトが増えるにつれ、年をとることの意味も変わり、それぞれに個性をもつ人を「老人」という1つの型に押しこむ必要はなくなる。逆に、消費者という私たちの役割によって、1人ひとりに合った新しい老いの物語が自然に出現するはずだ。

新しい老いの物語は、ベビーブーム世代がまだなし遂げていない、もう1つの課題も解決するだろう。それはポジティブな遺産を次世代に伝えることだ。個人レベルでは、先述のユダヤ料理のサイトを立ちあげたジョディ・ルバーのような発想をもつ企業が、何かを次の時代に残したいというベビーブーマーのニーズに応える。だが、ベビーブーマーは世代全体として後世に語り継がれる輝かしい記憶になりたいとも願っている。この世代が後継世代に貢献する確実な方法は、将来の世代が安心して年をとれる高齢社会を築くことである。

あなたの遺産

ビジネスを研究する学者は実利主義だ。複雑で扱いにくい経済システムや行動システムを、管理可能な小さな塊に要約しようとする。だが、その塊はときに小さすぎて現実を正しく反映しきれていないことがある。経済活動における「生産者」と「消費者」という2つの概念を例にとってみよう。長年にわたり、両者は別のグループとする考えが有効とされてきた。この区別はあまりに便利なので、それ以外の区分で考察することが困難になってしまったほどだ。つまり、生産者はサンタクロースのおもちゃ工場でクリスマスプレゼントをつくる妖精（エルフ）のようにひたすら何かを生産し、消費者は行儀のいい子どものように、常にプレゼントを受けとるだけで決してつくりだせないのだと。

だがこの区別は間違っている。生産者は誰でも、仕事のあとや週末に出かけるし（あるいは職場でこっそりネットサーフィンをするし）、買い物もする。一方でほとんどの人は、金のために働いていると感じるときがある。生産者は常に消費者でもあり、多くの場合、消費者もまた生産者なのである。

人生100年時代の経済で企業が成功するには、生産者と消費者のこうした区別をあえて曖昧にし、自社商品の消費者が何をつくりだせるかを考える必要がある。彼らは答えをくれる。一般の消費者であってもどんな問題を解決してほしいのかを指摘できるし、長寿命化社会のリードユーザー――たいてい高齢の女性――なら、将来起こりうる新しいニーズを見きわめることができる。さらに重要なのは、高齢消費者も、自分が生産的になれるプロダクトを求めるということだ。受けとるばかりでなく、歩んできた人生の経験とリソースを再提供する側になりたいのだ。

高齢の消費者をこのようにとらえることに、あなたは慣れていないかもしれない。私たちは生まれてからずっと、高齢者は貧乏で欲深い吸血鬼で、何も生みださないと教わってきたのだから。

だが、私たちはまもなくこの使い古された物語から脱却し、新たな物語を必要とするだろう。それは高齢期をより幸せにするだけでなく、よい未来を約束することで若い時代も幸せにできる。力ある高齢の消費者は、自らの課題を解決してくれるプロダクトを重用し、そうでないものは軽視するので、新たな物語への移行がいったん始まると、途中で止めることはできない。そのとき、高齢者に重用されるプロダクトを提供できていなかった企業は、容赦ない自由経済の波にのみこまれるだろう。この移行の早期段階では、最も柔軟な思考をもつ者だけが古い物語の靄（もや）を払い、その先の高齢消費者の真のニーズを目にすることができる。そしてそのニーズに応えられる者だけが、高齢社会の物語を牽引し、長寿命化のフロンティアを征服するのだ。

チャンスの有無、破壊的イノベーションで破壊される側になる恐怖、利他主義の尊さ、そうした数々の要因を超えて、あなたのビジネスはこの最初の波に確実に乗るはずだ。現代の生産者であり、生産を熟知するあなたが、そのまま年をとって高齢消費者になるからだ。消費者と生産者の重なり合いは双方向から起こり、あなたはその両方を知る存在になる。

問題は、未来の高齢者がどのような姿をしているかということだ。世界はいま、厳しい選択を迫られている。本書では、高齢者の輝かしい未来を描いてきたが、旧来の老いの物語が盛り返し、高齢者が見捨てられ、世代間憎悪の蔓延する社会となる可能性は依然として残っている。ビジネスの規模にかかわらず、私たち個々人が高齢者をどのように扱うかの姿勢が、まとまって大きな流れとなり、方向性を決めるだろう。世界は若返りはしないのだから、その決定は2度と覆らない。

ついでに言えば、あなたもまた若返らない。だからいまこそ長寿経済に進出し、勝利すべきなのだ。それは売上を伸ばし、破壊的イノベーションで有利な立ち位置を確保するだけでなく、自分自身のためにも、自由と幸福とよりよい老後を手に入れる可能性を高めてくれる。

いま正しい選択をすれば、未来の世代にも感謝されるだろう。高齢者が夢を追い、人生を楽しみ、社会に貢献し、次世代に少しばかりでも何かを残しつつ充実した生活を送る、そういう未来がつくられていくなかで、あなたは次世代に遺産を伝えるだけではない。その遺産があなた自身のものとなるのだ。

謝辞

本書には、歴史、医学、経済学、社会学、さらには老年学、心理学など、さまざまな分野の知恵が詰まっている。各分野の専門家の皆さま方に真っ先に御礼を申し述べたい。歴史学者のドラ・L・コスタ、キャロリン・トーマス・デ・ラ・ペーニャ、キャロル・エステス、ウィリアム・グレーブナー、ブライアン・グリーン、キャロル・ヘイバー、ロバート・パットナム。経営の専門家のクレイトン・クリステンセン、エリック・フォン・ヒッペル。テクノロジー思想家のルース・シュウォーツ・コーワン、ローズ・エベレス、ノーム・シャイバー。私のメンターのロジャー・W・コブ。老化の研究とイノベーションに勤しむ同僚たち、エイジ・ウェーブのケン&マディー・ディヒトバルト、アンコールのマーク・フリードマン、ミルケン研究所のポール・アービング、高齢化に関するグローバル連合のミカエル・ホーディン、アメリカ老年学会のグレッグ・オニール、アクティブ・エイジのグレゴール・レイ、エデン・オルタナティブのビル・トーマス。そして、スタンフォードのローラ・カーステンセン、アトゥール・ガワンデ、AARPのCEOジョー・アン・ジェンキンスの豊かな知見と温かい支援に。

インタビューに快く応じてくれた大勢の方々に心からの感謝を捧げる。いただいた意見がすべて本書に反映されているわけではないが、大いに参考にさせてもらった。なお、一部の方についてはプライバシー保護のために苗字を略す。ケンとジャッキーとクレイグの家族、ドナルド・スモーク・ヒックマン、ジョーン・ドウセット、ビル・ハスケル、ジョアン・クーパー、ケイト・ホーク、そしてザ・ビレッジおよびビレッジ・ツー・ビレッジ・ネットワークの皆さま、スティッチのユーザーで友だちづくりの名人キャシー。ダン・シェインマンおよびダニエル・バルビエリ、マーシー・ロゴ、ジョナサン・グルーバー、デイビッド・ミンデル、キース・グヌラ、セス・スタンバーグ、ジェシカ・ベック、トム・グレープ、マイク・マッサーマン、ディナ・カタビ、サンジェイ・サーマ、ニコール・マエスタス、ジョディ・ルバー。

本書は、私の初の一般読者向けの書籍であると同時に、MITエイジラボの活動内容や理念を書籍としてまとめた初の資料でもある。エイジラボの設立以来、多くの学生や研究者が、ラボの進む道と私の思考に大きな影響を与えてくれた。ダイスケ・アサイ、アリエル・バースタイン、サラ・ブッシュ、メレディス・コリー、オリビア・ダダルト、アリ・デイビス、ジョナサン・ドブレス、アンジェリーナ・ゲニス、セドリック・ハッチング、ミカル・イサクソン、デーケン・キム、カテリーナ・ケーニッヒ、ブリジット・クレーマー、デニス・ラリー、ジャスミン・ラウ、チャールズ・リン、ヘイル・マカノルティ、ヨアキム・マイヤー、ダン・ムンジャー、ディック・マイリック、アレックス・ナルバエス、ミシェル・プラット、ロズ・プレオ、ジェシカ・バルガス・アスタザ。

エイジラボの協力者の皆さんに。私の友人であるマイケル・カフリゼン、RISDのギー・トロッティとミッキー・アッカーマン、彼らの才能ある学生たち、パロの生みの親の柴田崇徳氏に。

土台づくりから調査の補助まで、本書の執筆をあらゆるかたちでサポートしてくれたすばらしい仲間たち。ダナ・エリス、アダム・フェルツ（巻末の原注をまとめるのを手伝ってくれた）、チャイウー・リー、有能なアシスタント、アダム・ロベット、ジェンナ・ピング、マリカ・プシホジョス、ベレナ・スペス、マルティナ・ラウエ、カーリー・ワード。

社会科学分野の調査のリーダーで友人のリサ・ダンブロシオ、自動車分野の調査リーダーのブライアン・ライマーとブルース・メーラー。ライマーとメーラーは、ヒラリー・アブラムソン、ダン・ブラウン、レックス・フリードマン、トム・マクウィリアムズ、アリーア・メーラーらによるチームを率いてくれた。

エイジラボに参集してくれた、あるいはオンラインでの調査に回答してくれた、大勢のボランティアの皆さんに。とりわけ、テクノロジーを使いこなし、タフな精神をもつサリー・リンドバーに。エイジラボをかたちづくる皆さんは、長年にわたり、私が教えたことよりもずっと多くのことを私に教えてくれた。

エイジラボと私は、ＭＩＴのいたるところにいる友人たちから温かいサポートを受けてきた。すでに名前を挙げた方々のほか、シンディ・バーンハート、エラン・ベン・ジョセフ、マーサ・グレイ、ヒュー・ハーラー、ヒロシ・イシイ、ケント・ラーソン、ビル・ロング、デーバ・ニューマン、フランク・モス、サンディ・ペントランド、ロザリンド・ピカード、クリスティン・ライフ、デイビッド・ローズ、ニック・ロイ、フレデリック・サルブッチ、トム・シェリダン、ジョセフ・サスマン、ピーター・ズロビッツ、オリビエ・デ・ウェック、マリア・ヤング、クリス・ゼグラに。

エイジラボの母体である交通・物流研究センターの同僚たち。クリス・カプリース、エリック・グレイマン、メアリー・マホニー、ナンシー・マーティン、カレン・バン・ネダーペルト、ジム・ライス、そして私を長年補佐してくれているポーラ・マリオッツィに心から感謝する。彼らの多くは私がＭＩＴに入ったときからずっと一緒だった。

私をＭＩＴに招聘してくれたヨシ・シェフィ教授に。分野横断的に老いを研究するという型破りな発想に賭けた彼のおかげで、エイジラボはこうして存在している。ヨシに深く永遠なる感謝の気持ちを捧げたい。

大学の外から私とエイジラボのミッションをさまざまな立場でサポートしてくれたジュゼッペ・アネルディィ、ジョン・ピノース、リチャード・マロッティリ、ボブ・スターン。なかでも、マサチューセッツ総合病院の故ケン・ミネカーからはたくさんのことを教わった。彼は老年医学界の巨人として名を残し、私は彼を真の友人として記憶しつづける。

学術界の外には、エイジラボの立ちあげになくてはならない存在だったボブ・マクドナルド、ホレス・ディーツ、親愛なる友人のビッキ・シェパードがいる。エイジラボが研究を続けてこられたのも、これから続けていくうえでも、クリス・スウィフト率いるハートフォード社は特に重要な存在である。ハートフォード損害保険グループのメアリー・ボイド、ベブ・ハインズ・グレース、シンディ・ヘリヤール、モーリーン・モヒデ、ジョディ・オルシェフスキー、レイ・スプラーグ、ベス・トラクトン・ビショップに。ハートフォード金融サービスのジョン・ブレナン、ジム・デイビー、ドン・ディール、ビル・ドハーティ、エリック・レビンソン、ジャック・マクリーン、マーティ・スワンソン、そして忍耐強いジョン・ディールに。メリルリンチのスーリヤ・コルーリとアンディ・シーグ、リバティ・ミューチュアルのテッド・コートニーとアダム・リタリアン、TIAAのロジャー・ファーガソン、ベッツィ・パーマー、コニー・ウィーバー、ティビティ・ヘルスのドネイト・トラムト、トヨタのチャック・グーラッシュ、ミュンヘン工科大学のクラウス・ベングラー、トランスアメリカのブライアン・フォーブスとデイブ・ポールセンに。

さらに、EG&Gおよびアメリカ連邦政府にいる仲間、なかでも私を老いの研究に向かわせてくれたボルプ国立交通システムセンターの仲間に感謝申しあげる。この研究を推進した主要な団体として、コカ・コーラ、CVSヘルス、ダイムラー、デンソー、EDS、フィアット、フォード、グーグル、グラクソ・スミスクライン、ホンダ、JPモルガン・チェース、ジョンソン&ジョンソン、マスミューチュアル、マスターフーズ、モノタイプ、ニューバランス、日産、パナソニック、ペプシコ、プロクター・アンド・ギャンブル、プルデンシャル、レイモンド・ジェームス、スバル、サントラスト、トヨタ、トランスアメリカ、およびUSDOTの名を挙げたい。

それからAARP（全米退職者協会）の皆さん。エイジラボの初期の段階からAARPには多大な力添えをいただいた。ジョー・アン・ジェンキンス、マーサ・ブードロー、ケビン・ドネラン、ラリー・フラナガン、スコット・フリッシュ、ナンシー・リーモンド、シンディ・ルーイン、サラ・ミカ、リサ・マーシュ・ライヤーソン、ナンシー・スミス、デブラ・ホイットマン、AARP理事会のメンバー、そして私の夢物語を現実のものに変える手伝いをしてくれた皆さんに。

私のエージェント、スーザン・ラビナーに深い感謝を捧げる。頭のなかのアイデアを書籍のかたちで具体化することに尽力し、多くの知見を与えてくれた。特に、本書の編集担当であるパブリック・アフェアーズ社のジョン・マヘイニーに引き合わせてくれたことに感謝したい。彼の先導と貴重な助言のおかげで、本書の完成度は格段に高まった。

執筆協力者であるルーク・ヨキントのすばらしいハードワークには何度御礼を言っても言い足りない。

こういう場で謝意を表するのは組織ではなく個人であるのが普通だが、ＭＩＴには特別な感謝の思いがある。ＭＩＴがもつイノベーションの精神は、新しく大胆なアイデアを育み、厳しく吟味する豊かな地盤だ。この特別な場所があるおかげで、研究者や学生や外部の人たちとぶつかり合い、未来を探求することができた。

ＭＩＴの内にも外にも、ここで名前を挙げるべきなのにそれが叶わなかった方が大勢いる。お許し願うとともに深い感謝の意を表したい。

最後に、私の家族へ。私の人生に誇りと喜びを与えてくれるメアリーとキャサリン、気高さと粘り強さをもって老いについて多くのことを教えてくれたヤーヤ。介護はたんなる補助ではなく、愛する人に対する思いやりの行為であることを示してくれたオディー。そして、出張や深夜帰宅の続く私を励まし、何十年ものあいだ支えてくれた、私の最高の友にして愛する妻エミリーへ最大の感謝を捧げる。彼女とともに年老いていくことが楽しみでならない。

〔4〕「さらに、若者を対象とした最初の研究では 3000 人の大学生を調査した。その結果、自己実現の徴候を見せる被験者は 1 人のみで、将来的に成長が見込まれる被験者も 20 人程度しかいなかった。年長の被験者に見られるレベルの自己実現を成長途上の若者に期待するのは、おそらくこの社会では不可能であると結論づけねばならなかった」。Maslow, "A Theory of Human Motivation," 370.（原注 1 参照）

〔5〕Abraham Maslow, Robert Frager, and Ruth Cox, *Motivation and Personality*, ed. James Fadiman and Cynthia McReynolds, vol. 2 (New York: Harper & Row, 1970).（『人間性の心理学――モチベーションとパーソナリティ』、アブラハム・ハロルド・マズロー著、小口忠彦訳、産業能率大学出版部、1987 年）

〔6〕Jodi Luber, "Grandma's Sweet and Sour Meatballs," *The Jewish Kitchen with Jodi Luber*, http://jewishlivingmedia.com/thejewishkitchen/recipe/grandmas-sweet-sour-meatballs/.

〔7〕Lisa Fernandez, "More Retirees Are Self-Publishing Their Memoirs as a Family Legacy," *The Mercury News*, August 13, 2016, http://www.mercurynews.com/2011/10/04/more-retirees-are-self-publishing-their-memoirs-as-a-family-legacy/.

〔8〕Diane C. Lade, "Senior Wordsmiths Find Voice in Self-publishing," *The Portland Press Herald*, January 6, 2013, http://www.pressherald.com/2013/01/06/senior-wordsmiths-find-voice-in-self-publishing_2013-01-06/.

〔9〕Jon Hendricks and Stephen J. Cutler, "Volunteerism and Socioemotional Selectivity in Later Life," *The Journals of Gerontology Series B: Psychological Sciences and Social Sciences* 59, no. 5 (2004): S251-S257.

〔10〕Will Steffen et al., *Global Change and the Earth System: A Planet Under Pressure*. Global Change—The IGBP Series (New York: Springer, 2004)

〔11〕"Confidence in Institutions," *Gallup*, June 1-5, 2016, http://www.gallup.com/poll/1597/confidence-institutions.aspx と、Jeff Jones and Lydia Saad, "Gallup Poll Social Series: Consumption—Final Topline," *Gallup*, July 8-11, 2010, http://www.gallup.com/file/poll/141515/Confidence_Institutions_July_22_2010.pdf を比較して得られたデータ。

〔12〕Robert D. Putnam, *Bowling Alone* (New York: Simon & Schuster, 2000).（『孤独なボウリング――米国コミュニティの崩壊と再生』、ロバート・D・パットナム著、柴内康文訳、柏書房、2006 年）

〔13〕多世代同居家庭の減少については以下を参照。Mason M. Bradbury, Nils Peterson, and Jianguo Liu, "Long-Term Dynamics of Household Size and Their Environmental Implications," *Population and Environment* 36, no. 1 (2014): 73-84. 政府または家族による高齢者人口の処遇に関する各国の状況については以下を参照。Richard Jackson, Neil Howe, and Keisuke Nakashima, *The Global Aging Preparedness Index* (Washington, DC: Center for Strategic and International Studies, 2010) .

サウスカロライナ州にあるBMWのスパータンバーグ工場で使用されている。Rudolph Bell, "Greer Plant a Showcase of BMW's Spartanburg, South Carolina, plant. *Greenville News*, June 15, 2016, http://www.greenvilleonline.com/story/money/business/2016/06/15/journalists-tour-bmw-plant-ahead-mexican-groundbreaking/85842558/.
〔29〕"Annual Study of Intangible Asset Market Value from Ocean Tomo, LLC," *Ocean Tomo Intellectual Capital Equity*, March 4, 2015, http://www.oceantomo.com/2015/03/04/2015-intangible-asset-market-value-study/.
〔30〕"Report to the Ranking Member, Committee on the Budget, U.S. Senate," *US Government Accountability Office*, January 2014, http://www.gao.gov/products/GAO-14-215.
〔31〕Barrett J. Brunsman, "Exiting P&Gers Targeted by Wealth Managers, Consultants," *Cincinnati Business Courier*, April 24, 2015, http://www.bizjournals.com/cincinnati/news/2015/04/24/wealth-managers-consultants-target-exiting-p-gers.html; and Alexander Coolidge, "As P&G Slims Down, YourEncore Ramps Up," *Cincinnati.com*, December 27, 2015, http://www.cincinnati.com/story/money/2015/12/27/pg-slims-down-yourencore-ramps-up/77780186/.
〔32〕Lewis Carroll, *Through the Looking-Glass* (New York: Bantam Classics, 2006, orig. pub. 1865), 135.(『鏡の国のアリス』、ルイス・キャロル著、高山宏訳、亜紀書房、2017年)
〔33〕"Number of Jobs Held, Labor Market Activity, and Earnings Growth Among the Youngest Baby Boomers: Results from a Longitudinal Survey," *Bureau of Labor Statistics*, March 31, 2015, http://www.bls.gov/news.release/pdf/nlsoy.pdf.
〔34〕著者がサンジェイ・サーマ氏におこなったインタビューより。
〔35〕Jacob Bunge, "Farmers Reap New Tools from Their Own High-Tech Tinkering," *Wall Street Journal*, May 2, 2016, http://www.wsj.com/articles/farmers-reap-new-tools-from-high-tech-tinkering-1461004688.
〔36〕Michiko Toyama, "Postcard: Tokyo," *Time* 172, no. 1 (2008): 4.
〔37〕"America's Retirement Score: In Fair Shape—But Fixable," *Fidelity Investments*, 2016, https://www.fidelity.com/bin-public/060_www_fidelity_com/documents/18608-02-ExecSum.pdf.
〔38〕Jen Mishory, "Millennials, Savings, & Retirement Security," *Young Invincibles*, February 2016, http://younginvincibles.org/wp-content/uploads/2016/02/WorkAndSaveMemo_2016.pdf.
〔39〕Khushbu Shah, "Millennials Spend More Money Dining Out Than Non-Millennials," *Eater*, June 5, 2015, http://www.eater.com/2015/6/5/8737197/millennials-spend-more-money-dining-out-than-non-millennials.

第8章　人生100年時代の生きがいの追求、そして遺産

〔1〕Abraham Maslow, "A Theory of Human Motivation," *Psychological Review* 50, no. 4 (1943): 370.
〔2〕Tom Evans, "All We Could Be: How an Advertising Campaign Helped Remake the Army," *On Point: The Journal of Army History* 12, no. 1 (2015), https://armyhistory.org/all-we-could-be-how-an-advertising-campaign-helped-remake-the-army/
〔3〕Francis Heylighen, "A Cognitive-Systemic Reconstruction of Maslow's Theory of Self-Actualization," *Behavioral Science* 37, no. 1 (1992): 39-58.

Sherman, "Spotlight on Statistics," *Bureau of Labor Statistics*, 2015, http://www.bls.gov/spotlight/2015/long-term-unemployment/.

〔15〕"Working Longer: The Disappearing Divide Between Work Life and Retirement," *The Associated Press-NORC Center for Public Affairs Research*, 2016, http://apnorc.org/projects/Pages/HTML%20 Reports/working-longer-the-disappearing-divide-between-work-life-and-retirement-issue-brief.aspx.

〔16〕Howard Schneider, "Many Who Have Left U.S. Labor Force Say They Would Like to Return," *Yahoo! News*, 2014, https://www.yahoo.com/news/many-left-u-labor-force-return-050511935.html.

〔17〕Joseph Coughlin and Luke Yoquinto, "When Retirement Becomes a Crisis," *Slate*, February 2, 2016, http://www.slate.com/articles/business/moneybox/2016/02/baby_boomers_retirements_could_cripple_professions_like_air_traffic_controller.html.

〔18〕Ezra Klein, Matthew Yglesias, and Sarah Kliff, "Obamacare Update and Aging America," *Vox*, podcast audio, August 24, 2016, http://www.vox.com/pages/podcasts.

〔19〕Robert S. Wilson et al., "Cognitive Decline in Prodromal Alzheimer Disease and Mild Cognitive Impairment," *Archives of Neurology* 68, no. 3 (2011): 351-356. この論文について考察したすばらしい文献がある。以下を参照。Sarah Raposo and Laura L. Carstensen, "Developing a Research Agenda to Combat Ageism," *Generations* 39, no. 3 (2015): 79-85.

〔20〕Bosworth and Burke, "Changing Sources of Income."（第3章の原注22参照）

〔21〕Axel H. Börsch-Supan and Matthias Weiss, "Productivity and the Age Composition of Work Teams: Evidence from the Assembly Line" (December 15, 2008). MEA Discussion Paper No. 148-07, https://ssrn.com/abstract=1335390 or http://dx.doi.org/10.2139/ssrn.1335390.

〔22〕同前。Greg Ip, "How Demographics Rule the Global Economy," *Wall Street Journal*, November 22, 2015, http://www.wsj.com/articles/how-demographics-rule-the-global-economy-1448203724 より引用。

〔23〕Jens Weidmann, "Demographic Challenges in Germany," *Deutsche Bundesbank*, November 27, 2014 (speech, Frankfurt am Main), https://www.bundesbank.de/Redaktion/EN/Reden/2014/2014_11_27_weidmann.html より引用。

〔24〕Christoph Loch et al., "How BMW Is Defusing the Demographic Time Bomb," *Harvard Business Review* 88, no. 3 (2010): 99-102.

〔25〕J. W. Kuenen et al., "Global Aging: How Companies Can Adapt to the New Reality," *The Boston Consulting Group*, 2011, https://www.bcg.com/documents/file93352.pdf.

〔26〕「日本の首都圏にあるオフィスビル建設現場で、67歳のサイトウ・ケンイチ氏は、まるで30代の人のように、約20kgのボードを軽々と積み重ねていく。その秘密は、腰と太ももに巻いた装置と皮膚につけたセンサーにある。センサーはサイトウ氏の筋肉の動きを検知し、その動きをサポートするよう装置に命じる。これによって荷の重さを約8キロ少なくできるのだ。"10年前と同じように運べるよ"と、ヘルメット姿のサイトウ氏は言った」。Jacob M. Schlesinger and Alexander Martin, "Graying Japan Tries to Embrace the Golden Years," *Wall Street Journal*, November 29, 2015, http://www.wsj.com/articles/graying-japan-tries-to-embrace-the-golden-years-1448808028.

〔27〕Signe Brewster, "This $40,000 Robotic Exoskeleton Lets the Paralyzed Walk," *MIT Technology Review*, February 1, 2016, https://www.technologyreview.com/s/546276/this-40000-robotic-exoskeleton-lets-the-paralyzed-walk/.

〔28〕カリフォルニア州リッチモンドにあるエクソ・バイオニクス社が開発した「エクソ・ベスト」が、

〔51〕Atul Gawande, *Being Mortal: Medicine and What Matters in the End* (New York: Henry Holt, 2014), 105.（『死すべき定め――死にゆく人に何ができるか』、アトゥール・ガワンデ著、原井宏明訳、みすず書房、2016年）

〔52〕同前、110。

〔53〕Nina Jøranson et al., "Effects on Symptoms of Agitation and Depression in Persons with Dementia Participating in Robot-Assisted Activity: A Cluster-Randomized Controlled Trial," *Journal of the American Medical Directors Association* 16, no. 10 (2015): 867-873.

〔54〕UN Human Rights Council, *Report of the United Nations High Commissioner for Human Rights on the Situation of Human Rights in Mali*, 2012, http://www.ohchr.org/Documents/HRBodies/HRCouncil/RegularSession/Session22/A-HRC-22-33_en.pdf

第７章　幸福の追求

〔1〕Christopher J. L. Murray et al., "Global, Regional, and National Disability-Adjusted Life Years (DALYs) for 306 Diseases and Injuries and Healthy Life Expectancy (HALE) for 188 Countries, 1990-2013: Quantifying the Epidemiological Transition," *The Lancet* 386, no. 10009 (2015): 2145-2191.

〔2〕"Our Story," *Imagine Solutions*, http://www.imaginesolutionsconference.com/our-story/.

〔3〕Susan Charles and Laura L. Carstensen, "Social and Emotional Aging," *Annual Review of Psychology* 61 (2010): 383.

〔4〕Jon Hendricks and Stephen J. Cutler, "Volunteerism and Socioemotional Selectivity in Later Life," *Journals of Gerontology Series B: Psychological Sciences and Social Sciences* 59, no. 5 (2004): S251-S257; and Frieder R. Lang and Laura L. Carstensen, "Time Counts: Future Time Perspective, Goals, and Social Relationships," *Psychology and Aging* 17, no. 1 (2002): 125.

〔5〕Laura Carstensen and Andrew E. Reed, in *Current Research and Emerging Directions in Emotion-Cognition Interactions*, ed. Mara Mather, Lihong Wang, and Florin Dolcos (Lausanne, Switzerland: Frontiers Media SA, 2015), http://www.doabooks.org/doab?func=fulltext&rid=18193.

〔6〕年齢と幸福の研究について、スーザン・チャールズとローラ・L・カーステンセンが的確なレビューをおこなっている。"Social and Emotional Aging," *Annual Review of Psychology* 61 (2010): 383.

〔7〕同前。

〔8〕Gawande, *Being Mortal,* 98.（第6章の原注51参照）

〔9〕Carstensen and Reed , in Mather et al., *Current Research and Emerging Directions.*（原注5参照）

〔10〕Gawande, *Being Mortal*, 97-98.（原注8参照）

〔11〕Midgley, *From the Periodic Table to Production*, 165.（第1章の原注54参照）

〔12〕Helene H. Fung et al., "Age-Related Positivity Enhancement Is Not Universal: Older Chinese Look Away from Positive Stimuli," *Psychology and Aging* 23, no. 2 (2008): 440.

〔13〕Loraine A. West et al., "65+ in the United States: 2010" (Washington, DC: US Government Printing Office, 2014).

〔14〕「たとえば2014年の時点で、職が見つかるまでに27週間以上かかった失業者は、25歳未満では22.1%だったのに対し、55歳以上では44.6%であった」。Karen Kosanovich and Eleni Theodossiou

〔37〕「直販型の検査結果は患者の自己診断に使われるおそれがあり、患者が検査結果を適切に理解できない場合や間違った検査結果が届いたりした場合に、深刻な問題を引き起こしかねない」。Warning Letter for 23andMe, Inc., "Inspections, Compliance."

〔38〕Farr, "Alphabet-Backed DNA", 2017.（原注 31 参照）

〔39〕「（セラノス創業者のエリザベス・）ホームズのハイテク企業と共同でアリゾナ州の法律が起草された。これにより、患者は医師の介在なしで血液検査が可能になる。ホームズの最終目標である、消費者が自身の健康を安く、比較的痛みの少ない検査を通じて管理できるようにするための重要な一歩である」。Marco della Cava, "Now No Doctor's Note Needed for Blood Test in Arizona," *USA Today*, July 2, 2015, http://www.usatoday.com/story/tech/2015/07/02/new-arizona-law-and-fda-approval-gives-theranos-something-to-celebrate/29634373/.

〔40〕Christopher Weaver, "Agony, Alarm and Anger for People Hurt by Theranos's Botched Blood Tests," *Wall Street Journal*, October 20, 2016, http://www.wsj.com/articles/the-patients-hurt-by-theranos-1476973026.

〔41〕James L. Madara, "Digital Dystopia," speech given at AMA Annual Meeting, Chicago Illinois, June 11, 2016, http://www.ama-assn.org/ama/pub/news/speeches/2016-06-11-madara-annual-address.page. "AMA CEO Outlines Digital Challenges, Opportunities Facing Medicine", https://www.ama-assn.org/ama-ceo-outlines-digital-challenges-opportunities-facing-medicine.

〔42〕Cinnamon S. Bloss et al., "A Prospective Randomized Trial Examining Health Care Utilization in Individuals Using Multiple Smartphone-Enabled Biosensors," *PeerJ* 4 (2016): e1554, doi:10.7717/peerj.1554.

〔43〕Kashmir Hill, "Here's What It Looks Like When a Smart Toilet Gets Hacked," *Forbes*, August 15, 2013, http://www.forbes.com/sites/kashmirhill/2013/08/15/heres-what-it-looks-like-when-a-smart-toilet-gets-hacked-video/#2e788a6e2b15.

〔44〕M. Donna, M. D. Zulman, and C. A. Stanford, "Evolutionary Pressures on the Electronic Health Record: Caring for Complexity," *Journal of the American Medical Association* 316, no. 9 (2016): 923-924, doi:10.1001/jama.2016.9538.

〔45〕Larry Hardesty, "Signal Intelligence," *MIT Technology Review*, October 20, 2015, https://www.technologyreview.com/s/542131/signal-intelligence/.

〔46〕Haitham Hassanieh et al., "Nearly Optimal Sparse Fourier Transform," in *Proceedings of the Forty-Fourth Annual ACM Symposium on Theory of Computing*, New York, May 19-22, 2012, 563-578.

〔47〕James W. Cooley and John W. Tukey, "An Algorithm for the Machine Calculation of Complex Fourier Series," *Mathematics of Computation* 19, no. 90 (1965): 297-301.

〔48〕Chaiwoo Lee et al., "Integration of Medication Monitoring and Communication Technologies in Designing a Usability-Enhanced Home Solution for Older Adults," in *Proceedings of the 2011 Conference on ICT Convergence (ICTC)*, September 28-30, 2011, 390-395.

〔49〕"The True Link Report on Elder Financial Abuse 2015," *True Link Financial*, January 2015, https://truelink-wordpress-assets.s3.amazonaws.com/wp-content/uploads/True-Link-Report-On-Elder-Financial-Abuse-012815.pdf.

〔50〕Tony Pugh, "Walk-in Clinics Bring Affordable, On-Demand Health Care to the Masses," *McClatchy DC*, May 7, 2015, http://www.mcclatchydc.com/news/nation-world/national/article24784225.html.

York: Basic Books, 2012), 121.（『つながっているのに孤独──人生を豊かにするはずのインターネットの正体』、シェリー・タークル著、渡会圭子訳、ダイヤモンド社、2018 年）
〔24〕同前、123。
〔25〕Stephen F. Jencks, Mark V. Williams, and Eric A. Coleman, "Rehospitalizations Among Patients in the Medicare Fee-for-Service Program," *New England Journal of Medicine* 360, no. 14 (2009): 1418-1428.
〔26〕アンドリーセン・ホロウィッツ社（ミーボにも投資していた）、スライブ・キャピタル社、サイノ・キャピタル社、8VC 社、ボブ・ケリー元上院議員など。
〔27〕Harry McCracken, "Doppler Labs and the Quest to Build a Computer for Your Ears," *Fast Company*, September 21, 2016, https://www.fastcoexist.com/3062996/world-changing-ideas/doppler-labs-and-the-quest-to-build-a-computer-for-your-ears.
〔28〕Sarah Buhr, "Doppler Labs Is Working with Senator Elizabeth Warren to Deregulate the Hearing Aid Industry," *TechCrunch*, March 28, 2017, https://techcrunch.com/2017/03/28/doppler-labs-is-working-with-senator-elizabeth-warren-to-deregulate-the-hearing-aid-industry/.
〔29〕Warning Letter for 23andMe, Inc., "Inspections, Compliance, Enforcement, and Criminal Investigations," *US Food and Drug Administration*, November 22, 2013, http://www.fda.gov/ICECI/EnforcementActions/WarningLetters/2013/ucm376296.htm.
〔30〕Christina Farr, "Dear Silicon Valley: There Are No Shortcuts in Health Care," *Fast Company*, February 12, 2016, http://www.fastcompany.com/3056658/startup-report/dear-silicon-valley-there-are-no-shortcuts-in-health-care; and "23andMe Launches New Customer Experience—Reports Include Carrier Status That Meet FDA Standards, Wellness, Traits, and Ancestry," *23andMe*, October 21, 2015, http://mediacenter.23andme.com/blog/new-23andme/.
〔31〕Christina Farr, "Alphabet-Backed DNA Testing Company 23AndMe Is Back in Business," *CNBC*, April 6, 2017, http://www.cnbc.com/2017/04/06/23andme-gets-fda-approval-for-some-consumer-tests.html.
〔32〕Andrew Pollack, "Elizabeth Homes of Theranos Is Barred from Running Lab for 2 Years," *New York Times*, July 8, 2016, http://www.nytimes.com/2016/07/09/business/theranos-elizabeth-holmes-ban.html; and "A Theranos Timeline," *New York Times*, July 8, 2016, http://www.nytimes.com/2016/07/09/business/theranos-elizabeth-holmes-timeline.html.
〔33〕Madison Malone Kircher, "Theranos Closes Labs, Lays Off 40 Percent of Employees," *Select All (New York Magazine)*, October 6, 2016, http://nymag.com/selectall/2016/10/elizabeth-holmes-closes-theranos-blood-testing-labs.html.
〔34〕Claire Sudath and Eric Newcomer, "Zenefits Was the Perfect Startup. Then It Self-Disrupted," *Bloomberg*, May 9, 2016, http://www.bloomberg.com/features/2016-zenefits/.
〔35〕「マサチューセッツ州立大学メモリアル医療センターでは、〝アラーム疲れ〟の看護師が医療機器のアラームを止めたことによる患者の死亡事故が 4 年間で 2 回発生したため、その防止策の強化に乗りだした」。Liz Kowalczyk, "'Alarm Fatigue' a Factor in 2d Death," *Boston.com*, September 21, 2011, http://archive.boston.com/lifestyle/health/articles/2011/09/21/umass_hospital_has_second_death_involving_alarm_fatigue/?camp=pm.
〔36〕Frank Moss, "Our High-Tech Health-Care Future," *New York Times*, November 9, 2011, http://www.nytimes.com/2011/11/10/opinion/our-high-tech-health-care-future.html.

ら 0.96 人に改善されるだろう。この数字をもとに、2032 年には日本が世界で最も従属人口指数の低い国の 1 つになると予想できる」。Clint Laurent, *Tomorrow's World: A Look at the Demographic and Socio-economic Structure of the World in 2032* (Hoboken, NJ: Wiley, 2013), 81.

(7) Ezekiel Emanuel, "Why I Hope to Die at 75," *The Atlantic*, October 2014, https://www.theatlantic.com/magazine/archive/2014/10/why-i-hope-to-die-at-75/379329/.

(8) Jay S. Olshansky, "The Demographic Transformation of America," *Daedalus* 144, no. 2 (2015): 13-19.

(9) Walter A. Rocca et al., "Trends in the Incidence and Prevalence of Alzheimer's Disease, Dementia, and Cognitive Impairment in the United States," *Alzheimer's & Dementia* 7, no. 1 (2011): 80-93; Claudia L. Satizabal et al., "Incidence of Dementia over Three Decades in the Framingham Heart Study," *New England Journal of Medicine* 374, no. 6 (2016): 523-532, doi:10.1056/NEJMoa1504327.

(10) T. A. Salthouse, "Aging and Measures of Processing Speed," *Biological Psychology* 54 (2000): 35-54.

(11) Benjamin F. Jones and Bruce A. Weinberg, "Age Dynamics in Scientific Creativity," *Proceedings of the National Academy of Sciences* 108, no. 47 (2011): 18910-18914.

(12) Benjamin F. Jones, "Age and Great Invention," *The Review of Economics and Statistics* 92, no. 1 (2010): 1-14.

(13) Laura Davidow Hirshbein, "William Osler and the Fixed Period: Conflicting Medical and Popular Ideas About Old Age," *Archives of Internal Medicine* 161, no. 17 (2001): 2074-2078.

(14) Paul A. Samuelson, "Consumption Theory in Terms of Revealed Preference," *Economica* 15, no. 60 (1948): 243-253.

(15) Ezekiel J. Emanuel et al., "Managed Care, Hospice Use, Site of Death, and Medical Expenditures in the Last Year of Life," *Archives of Internal Medicine* 162, no. 15 (2002): 1722-1728.

(16) Monica Melby-Lervåg and Charles Hulme, "Is Working Memory Training Effective? A Meta-analytic Review," *Developmental Psychology* 49, no. 2 (2013): 270.

(17) Shusuke Murai, "Government Earmarks Funds to Deal with Caregiver Shortage," *Japan Times*, January 21, 2015, http://www.japantimes.co.jp/news/2015/01/21/national/facing-severe-caregiver-shortage-government-dedicates-funds-to-promoting-profession/#.V7N03ZMrJE4.

(18) "Japan's Robotics Industry Bullish on Elderly Care Market, TrendForce Reports," *TrendForce*, May 19, 2015, http://press.trendforce.com/press/201505191923.html#fYkeJQyQBHK6c363.99.

(19) Trevor Mogg, "Meet Robear, A Japanese Robotic Nurse with a Face of a Bear," *Digital Trends*, February 26, 2015, http://www.digitaltrends.com/cool-tech/riken-robear/.

(20) Amalavoyal V. Chari et al., "The Opportunity Costs of Informal Elder-Care in the United States: New Estimates from the American Time Use Survey," *Health Services Research* 50, no. 3 (2015): 871-882.

(21) David J. Levy, "Presenteeism: A Method for Assessing the Extent of Family Caregivers in the Workplace and their Financial Impact" (Coconut Creek, FL: American Association for Caregiver Education, 2007).

(22) Chari et al., "The Opportunity Costs."（原注 20 参照）

(23) Sherry Turkle, *Alone Together: Why We Expect More from Technology and Less from Each Other* (New

〔10〕 Diego Rosenberg, "1980s General Motors Touchscreen a View into the Future: Video," *GM Authority*, September 24, 2016, http://gmauthority.com/blog/2014/09/1980s-general-motors-touchscreen-precursor-to-infotainment-units-video/.

〔11〕 Jaclyne Badal, "When Design Goes Bad," *Wall Street Journal*, June 23, 2008, http://www.wsj.com/articles/SB121390461372989357.

〔12〕 Bryan Reimer et al., "A Methodology for Evaluating Multiple Aspects of Learnability: Testing an Early Prototype," in *Advances in Ergonomics Modeling and Usability Evaluation*, ed. Halimahtun Khalid, Alan Hedge, and Tareq Z. Ahram (Boca Raton, FL: CRC Press, 2010), 43-53.

〔13〕 John R. Quain, "For iDrive 4.0, BMW Brings Back a Few Buttons," *New York Times*, October 23, 2008, http://www.nytimes.com/2008/10/26/automobiles/26DRIVE.html.

〔14〕 Margalit Fox, "Sam Farber, Creator of Oxo Utensils, Dies at 88," *New York Times*, June 21, 2013, http://www.nytimes.com/2013/06/22/business/sam-farber-creator-of-oxo-utensils-dies-at-88.html?_r=0.

〔15〕 Dev Patnaik, *Wired to Care: How Companies Prosper When They Create Widespread Empathy* (Boston, MA: Pearson Education, 2009).

〔16〕 Fox, "Sam Farber."（原注 14 参照）

〔17〕 Patnaik, *Wired to Care*, 168.（原注 15 参照）

〔18〕 たとえば、SF テレビドラマシリーズ「ドクター・フー」の２代目ドクター、パトリック・トラウトン主演時（1966 ～ 69）の放送回。以下を参照。Dave Addey, "Fontspots: Eurostyle," *Typeset in the Future*, November 29, 2014, https://typesetinthefuture.com/2014/11/29/fontspots-eurostile/.

〔19〕 Bryan Reimer et al., "Assessing the Impact of Typeface Design in a Text-Rich Automotive User Interface," *Ergonomics* 57, no. 11 (2014): 1643-1658.

〔20〕 Jonathan Dobres et al., "Utilising Psychophysical Techniques to Investigate the Effects of Age, Typeface Design, Size and Display Polarity on Glance Legibility," *Ergonomics* 59, no. 10 (2016): 1377-1391, http://dx.doi.org/10.1080/00140139.2015.1137637.

第６章　健康と安全と発想の転換の勝利

〔1〕 Justin McCurry, "Let Elderly People 'Hurry Up and Die,' Says Japanese Minister," *Guardian*, January 22, 2013, https://www.theguardian.com/world/2013/jan/22/elderly-hurry-up-die-japanese.

〔2〕 Justin McCurry, "Gaffe-Prone Japanese PM Offends Country's 'Doddering' Pensioners," *Guardian*, November 27, 2008, https://www.theguardian.com/world/2008/nov/27/japan.

〔3〕 Agence France-Presse, "Gaffe-Prone Japan Deputy PM Turns Ire on Young Women," *The Daily Mail*, December 7, 2014, http://www.dailymail.co.uk/wires/afp/article-2864967/Gaffe-prone-Japan-deputy-PM-turns-ire-young-women.html.

〔4〕 "Population Ages 65 and Above (% of Total)," *The World Bank*, 2015, http://data.worldbank.org/indicator/SP.POP.65UP.TO.ZS?locations=JP-US-BG-FI-DE-GR-IT-PT-SE.

〔5〕 "Health Expenditure, Total (% of GDP)," *The World Bank*, 2014, http://data.worldbank.org/indicator/SH.XPD.TOTL.ZS.

〔6〕「1 人の労働者が働き手でない年少者や高齢者を何人支えているかを示す従属人口指数は、1.03 人か

secondjourney.org/itin/12_Sum/12Sum_McWh-Morse.htm.
〔29〕 Barbara Basler, "Declaration of Independents," *AARP Online Bulletin*, February 13, 2006, http://www.lancasterdowntowners.org/wp-content/uploads/2011/01/BeaconHillVillageAARP.pdf.
〔30〕 "Is There a Village Near Me?," *Village to Village Network*, http://www.vtvnetwork.org/.
〔31〕 Andrew E. Scharlach et al., "Does the Village Model Help to Foster Age-Friendly Communities?," *Journal of Aging & Social Policy* 26, no. 1-2 (2014): 181-196.
〔32〕 Daniele Mariani, "Cities Face Challenge of an Age-Old Problem," *swissinfo.ch*, December 6, 2012, http://www.swissinfo.ch/eng/social-change_cities-face-challenge-of-an-age-old-problem/34118508; "WG mit Opa: 20 Stunden Arbeit für 20 Quadratmeter Zimmer," *Spiegel Online*, April 16, 2008, http://www.spiegel.de/unispiegel/studium/wg-mit-opa-20-stunden-arbeit-fuer-20-quadratmeter-zimmer-a-546934.html.
〔33〕 Simon Murphy, "Homeshare Scheme Brings Comfort to Young and Old," *Guardian*, January 6, 2012, https://www.theguardian.com/money/2012/jan/06/homeshare-scheme-tackle-housing-crisis.
〔34〕 Sigrid Lupieri, "Aging Gracefully: Germans Grow Gray Together," *CNN*, July 19, 2013, http://www.cnn.com/2013/06/19/world/europe/german-senior-citizens/.

第５章　攻めの共感戦略と超越的デザイン

〔1〕 ロズ・プレオ氏。
〔2〕 一般に、高齢者は末梢神経の感覚が鈍くなる。James W. Mold et al., "The Prevalence, Predictors, and Consequences of Peripheral Sensory Neuropathy in Older Patients," *Journal of the American Board of Family Practice* 17, no. 5 (2004): 309-318. これが足の裏に起こると、歩行バランスよりもむしろ立位バランスに影響を及ぼす。Shuqi Zhang and Li Li, "The Differential Effects of Foot Sole Sensory on Plantar Pressure Distribution Between Balance and Gait," *Gait & Posture* 37, no. 4 (2013): 532-535. 歩行バランスよりも立位バランスのほうが、加齢による影響を強く受ける。Scott W. Shaffer and Anne L. Harrison, "Aging of the Somatosensory System: A Translational Perspective," *Physical Therapy* 87, no. 2 (February 2007): 193-207, doi:10.2522/ptj.20060083.
〔3〕 M. M. Wickremaratchi and J. G. Llewelyn, "Effects of Ageing on Touch," *Postgraduate Medical Journal* 82, no. 967 (2006): 301-304.
〔4〕 当時、シャーロット市長だったフォックスは、2013年1月にワシントンDCのヒルトンホテルで開催された全米市長会の席でアグネスを着用してくれた。
〔5〕 Andy Enright, "BMW 7 Series (2002-2009) Review," *RAC*, November 9, 2009, http://www.rac.co.uk/drive/car-reviews/bmw/7-series/208536/.
〔6〕 同前。
〔7〕 Tony Quiroga, "2006 BMW 7-Series First Drive Review," *Car And Driver*, June 2005, http://www.caranddriver.com/reviews/2006-bmw-7-series-first-drive-review.
〔8〕 "BMW 745Li (2003)," *Car Talk*, http://www.cartalk.com/test-drive-library/bmw-745li-2003.
〔9〕 Andrew Del-Colle, "Carchaeology: 1986 Buick Riviera Introduces the Touchscreen," *Popular Mechanics*, May 7, 2013, http://www.popularmechanics.com/cars/a8981/carchaeology-1986-buick-riviera-introduces-the-touchscreen-15437094/.

〔21〕住宅都市開発省によると、「1968年に制定された公正住宅法は、人種、肌の色、出身国、宗教、性別、ハンディキャップ、家族状態（18歳未満の子が親または法的保護者と同居している、妊娠している女性がいる、18歳未満の子の養育権を得ようとしているなど）による差別からすべての居住者を守ることを目的とする。ただし厳密には、高齢者向けの施設およびコミュニティの一部では家族状態による入居拒否が認められており、こうした施設およびコミュニティは、未成年の子がいる家族に対して住宅の販売または賃貸を正当に拒否することができる」。以下を参照。"Senior Housing: What You Should Know …," *US Department of Housing and Urban Development*, http://portal.hud.gov/hudportal/HUD?src=/program_offices/fair_housing_equal_opp/seniors.

〔22〕"Chapter 2: Immigration's Impact on Past and Future U.S. Population Change," *Pew Research Center*, September 28, 2015, http://www.pewhispanic.org/2015/09/28/chapter-2-immigrations-impact-on-past-and-future-u-s-population-change/; "2014 World Population Data Sheet," *Population Reference Bureau*, August 2014, http://www.prb.org/Publications/Datasheets/2014/2014-world-population-data-sheet/data-sheet.aspx.

2014年版世界人口データシートによる大陸別の合計特殊出生率（TFR）は以下のとおり。

・北米

アメリカとカナダのTFRは、アメリカ1.9、カナダ1.6とかなり低い。アメリカでは最近の景気後退のなかで出生率が低下しており、とりわけヒスパニック系の人々の落ちこみが大きかった。両国にとって人口増を支える主な原動力は移民である。

・ヨーロッパ

過去数十年で、想定外の低水準まで急落した。2014年の7億4000万人の人口は、2050年には7億2600万人に減少すると推計されるが、移民の下支えがなければ、さらに大幅な減少もありうる。ヨーロッパの女性が生涯に産む子どもの数は1970年の平均2.3人に対し、今日では平均1.6人となっている。15歳未満の人口がわずか16%にとどまり、これはアフリカの41%、アジアの25%と比較して相当低い数値である。一方、65歳以上の人口は、2050年までに27%に増加すると予測されている。

・オセアニア

オーストラリアとニュージーランドでは、比較的高い出生率と移民の増加により、継続的な人口増大が見込まれている。オーストラリアのTFRは1.9、ニュージーランドは2.0である。オーストラリアでは現在の人口2400万人が2050年には3600万人に、ニュージーランドでは430万人が550万人に増加する見通しである。

〔23〕Robert A. Hummer and Mark D. Hayward, "Hispanic Older Adult Health & Longevity in the United States: Current Patterns & Concerns for the Future," *Daedalus* 144, no. 2 (2015): 20-30.

〔24〕「私たちの推定によれば、高齢者の比率が増加している学区では、学齢児童に非白人が多いほうがそうでない場合に比べて、税収も支出も減る傾向にある」。David N. Figlio and Deborah Fletcher, "Suburbanization, Demographic Change and the Consequences for School Finance," *Journal of Public Economics* 96, no. 11 (2012): 1144-1153.

〔25〕Laurence J. Kotlikoff and Scott Burns, *The Clash of Generations: Saving Ourselves, Our Kids, and Our Economy* (Cambridge, MA: MIT Press, 2014), xxi.

〔26〕James H. Schulz and Robert H. Binstock, *Aging Nation: The Economics and Politics of Growing Older in America* (Westport, CT: Praeger, 2006).

〔27〕同前。

〔28〕Susan McWhinney-Morse, "Life at Beacon Hill Village," *Second Journey*, http://www.

2016, http://www.wuft.org/news/2016/02/29/how-safe-is-it-to-drive-golf-carts-in-the-villages/.

〔5〕“Largest Parade of Golf Carts,” *Guinness World Records*, http://www.guinnessworldrecords.com/world-records/largest-parade-of-golf-carts/.

〔6〕Kathryn Deen, “Ken Ezell: The Men Behind the Greens,” *The Villages Magazine*, March 2016, 46.

〔7〕“Maricopa County Added Over 222 People per Day in 2016, More Than Any Other County,” *US Census Bureau*, March 23, 2017, https://www.census.gov/newsroom/press-releases/2017/cb17-44.html; Tribune News Services, “The Villages, Florida, Is Fastest Growing Metro Area in U.S.,” *Chicago Tribune*, March 24, 2016, http://www.chicagotribune.com/news/local/breaking/ct-census-fastest-growing-metro-area-20160324-story.html.

〔8〕“The President’s Message—Phenomenon of the Villages,” *The Villages Homeowners’ Association*, http://www.thevha.net/?voice-articles=february-2012.

〔9〕Emily Sweeney, “Jimmy Buffet to Open ‘Margaritaville’ Retirement Homes,” *Boston Globe*, March 10, 2017, https://www.bostonglobe.com/lifestyle/names/2017/03/10/jimmy-buffett-open-margaritaville-retirement-homes/wKZmWJdCsd5vxWwost3tBO/story.html.

〔10〕Rodney Harrell et al., “What Is Livable? Community Preferences of Older Adults,” *AARP Public Policy Institute*, 8, http://www.aarp.org/content/dam/aarp/research/public_policy_institute/liv_com/2014/what-is-livable-report-AARP-ppi-liv-com.pdf.

〔11〕ザ・ビレッジにまつわる歴史的事実は以下の資料にまとめられている。Andrew Blechman, *Leisureville: Adventures in a World Without Children* (New York: Grove/Atlantic, 2009).

〔12〕“Executive Golf,” *The Villages*, https://www.thevillages.com/golf/executive/executive.htm; “Championship Golf,” *The Villages*, https://www.thevillages.com/golf/championship/championship.htm.

〔13〕“Enjoy Our Country Club Lifestyle,” *The Villages*, https://www.thevillages.com/images/CostofLiving.pdf.

〔14〕David Riesman, “Some Observations on Changes in Leisure Attitudes,” *Antioch Review* 12, no. 4 (1952): 417-436, Graebner, *A History of Retirement*, 228（第1章の原注25参照）より。

〔15〕Marni Jameson, “Seniors’ Sex Lives Are Up—and So Are STD Cases Around the Country,” *Orlando Sentinel*, May 16, 2011, http://articles.orlandosentinel.com/2011-05-16/health/os-seniors-stds-national-20110516_1_std-cases-syphilis-and-chlamydia-older-adults.

〔16〕Brendan Coffey, “Billionaire Morse Behind Curtain at Villages,” *Bloomberg*, June 4, 2012, http://www.bloomberg.com/news/articles/2012-06-04/hidden-billionaire-morse-a-man-behind-curtain-at-villages.

〔17〕Kathryn Deen, “25 Years of Hometown Banking,” *The Villages Magazine*, July 2016.

〔18〕Blechman, *Leisureville*.（原注11参照）

〔19〕Meghan McRoberts, “Bhaskar Barot: Grandfather’s Cars Vandalized Over Having Granddaughter Visit,” *WPTV News*, November 14, 2013, http://www.wptv.com/news/state/bhaskar-barot-grandfathers-cars-vandalized-over-having-granddaughter-visit; Ted White, “Vero Beach Couple Angry After Someone Spray-Paints ‘No Kids’ on Car, Minivan,” *WPBF News*, November 14, 2013, http://www.wpbf.com/news/south-florida/treasure-coast-news/vero-beach-couple-angry-after-someone-spraypaints-no-kids-on-car-minivan/22976138.

〔20〕Blechman, *Leisureville*, 156.（原注11参照）

下の資料で初めて紹介された。 Eric von Hippel, "Lead Users: A Source of Novel Product Concepts," *Management Science* 32, no. 7 (July 1986): 791-805.

〔45〕Arun Sundararajan, *The Sharing Economy* (Cambridge, MA: MIT Press, 2016).（『シェアリング・エコノミー――Airbnb、Uberに続くユーザー主導の新ビジネスの全貌』、アルン・スンドララジャン著、門脇弘典訳、日経BP社、2016年）以下も参照。Eric von Hippel, *Democratizing Innovation* (Cambridge, MA: MIT Press, 2005).（『民主化するイノベーションの時代――メーカー主義からの脱皮』、エリック・フォン・ヒッペル著、サイコム・インターナショナル監訳、ファーストプレス、2006年）

〔46〕Eric von Hippel, "The Dominant Role of Users in the Scientific Instrument Innovation Process," *Research Policy* 5, no. 3 (July 1976): 212-239.

〔47〕Churchill et al., "Lead User Project Handbook."（原注44参照）

〔48〕Cal Halvorsen, "Encore Entrepreneurs: Creating Jobs, Meeting Needs," Encore.org, 2011, http://encore.org/blogs/encore-entrepreneurs-creating-jobs-meeting-needs/.

〔49〕Robert W. Fairlie et al., "The Kauffman Index: Startup Activity: National Trends," *Ewing Marion Kauffman Foundation*, 2015, http://www.kauffman.org/~/media/kauffman_org/research%20reports%20and%20covers/2015/05/kauffman_index_startup_activity_national_trends_2015.pdf.

〔50〕Kevin Rafferty, "Why Abe's 'Womenomics' Program Isn't Working," *Japan Times*, December 31, 2015, http://www.japantimes.co.jp/opinion/2015/12/31/commentary/japan-commentary/abes-womenomics-program-isnt-working/#.VzY37RUrJE6.

〔51〕Noam Scheiber, "The Brutal Ageism of Tech."（第2章の原注38参照）

〔52〕Joseph L. Bower and Clayton M. Christensen, "Disruptive Technologies: Catching the Wave," *Harvard Business Review*, January 1995, https://hbr.org/1995/01/disruptive-technologies-catching-the-wave.

〔53〕Charles K. Hyde, *Riding the Roller Coaster*, 211.（第2章の原注22参照）

〔54〕Clayton M. Christensen, Michael E. Raynor, and Rory McDonald, "What Is Disruptive Innovation?," *Harvard Business Review*, December 2015, https://hbr.org/2015/12/what-is-disruptive-innovation.

〔55〕Leo Lewis, "Female Entrepreneurs Flock to Crowdfunding Site in Japan," *Financial Times*, January 7, 2016, https://next.ft.com/content/626d26dc-b531-11e5-8358-9a82b43f6b2f (要購読契約).

第4章　世代分離か、世代統合か

〔1〕Kathryn Deen, "Checking In," *The Villages Magazine*, March 2016, 2.

〔2〕Jennifer Brooks, "For Florida's Happy Minnesotans, It Takes a Village," *Star Tribune*, May 5, 2014, http://www.startribune.com/for-florida-s-happy-minnesotans-it-takes-a-village/257818691/.

〔3〕Raf Sanchez, "The Strange World of Florida's Golf Cart City, The Villages," *The Telegraph*, January 11, 2015, http://www.telegraph.co.uk/news/worldnews/northamerica/usa/11337620/The-strange-world-of-Floridas-golf-cart-city-The-Villages.html.

〔4〕Charles Hatcher, "How Safe Is It to Drive Golf Carts in The Villages?," *WUFT News*, February 29,

労働とテクノロジーの社会史』、ルース・シュウォーツ・コーワン著、高橋雄造訳、法政大学出版局、2010年）
〔31〕同前、192。
〔32〕同前、190-191。
〔33〕Clayton M. Christensen and Michael Raynor, *The Innovator's Solution: Creating and Sustaining Successful Growth* (Boston, MA: Harvard Business Review Press, 2013), 74-78.（『イノベーションへの解——利益ある成長に向けて』、クレイトン・クリステンセン&マイケル・レイナー共著、玉田俊平太監修、櫻井祐子訳、翔泳社、2003年）
〔34〕Clayton M. Christensen, Scott Cook, and Taddy Hall, "What Customers Want from Your Products," *Harvard Business School*, January 16, 2006, http://hbswk.hbs.edu/item/what-customers-want-from-your-products.
〔35〕"Disposable Facial Tissues Story," *Kleenex*, http://www.cms.kimberly-clark.com/umbracoimages/UmbracoFileMedia/ProductEvol_FacialTissue_umbracoFile.pdf.
〔36〕Luke Yoquinto and Joseph F. Coughlin, "The On-Demand Economy: Changing the Way We Live as We Age," *Washington Post*, December 14, 2015.
〔37〕Charles Colby and Kelly Bell, "The On-Demand Economy Is Growing, and Not Just for the Young and Wealthy," *Harvard Business Review*, April 14, 2016, https://hbr.org/2016/04/the-on-demand-economy-is-growing-and-not-just-for-the-young-and-wealthy.
〔38〕Jelisa Castrodale, "Why an Older Woman May Be Your Next Airbnb Host," *USA Today*, March 31, 2016, http://www.usatoday.com/story/travel/roadwarriorvoices/2016/03/31/airbnb-hosts-women-seniors/82462120/; and "Airbnb's Growing Community of 60+ Women Hosts," *Airbnb*, https://www.airbnbaction.com/wp-content/uploads/2016/03/Airbnb_60_Plus_Women_Report.pdf.
〔39〕「19世紀半ばから1930年にかけて、高齢者は自分の所有する家に住む傾向が強まり、債務のない不動産を所有する割合が全年齢層のなかで最も高かった。都市部では家を人に貸したり、下宿や宿屋にしたりして生計を立てることもできた」。Haber and Gratton, *Old Age and the Search For Security*, 80.（第1章の原注21参照）
〔40〕Elizabeth Olson, "Older Drivers Hit the Road for Uber and Lyft," *New York Times*, January 22, 2016, http://www.nytimes.com/2016/01/23/your-money/older-drivers-hit-the-road-for-uber-and-lyft.html?_r=0.
〔41〕「60歳以上で貧困または貧困に近い状態にある2500万人のうち、配食サービスを受けているのは3分の1程度と推定される」。Jeanne Sahadi, "Meals on Wheels Budget Cuts: 'Slowly Developing Crisis,'" *CNN*, May 6, 2013, http://money.cnn.com/2013/05/06/news/economy/meals-on-wheels-budget-cuts/.
〔42〕Farhad Manjoo, "Grocery Deliveries in Sharing Economy," *New York Times*, May 21, 2014, http://www.nytimes.com/2014/05/22/technology/personaltech/online-grocery-start-up-takes-page-from-sharing-services.html?_r=0.
〔43〕Owen Linzmayer, "Steve Jobs' Best Quotes Ever," *Wired*, March 29, 2016, http://archive.wired.com/gadgets/mac/commentary/cultofmac/2006/03/70512?currentPage=all.
〔44〕リードユーザーという存在の理解に役立つ資料を紹介する。Joan Churchill, Eric von Hippel, and Mary Sonnack, "Lead User Project Handbook," Creative Commons license, https://evhippel.files.wordpress.com/2013/08/lead-user-project-handbook-full-version.pdf. リードユーザーという概念は以

http://www.theatlantic.com/technology/archive/2014/12/how-self-tracking-apps-exclude-women/383673/?single_page=true.

〔15〕Arielle Duhaime-Ross, “Apple Promised an Expansive Health App, So Why Can’t I Track Menstruation?,” *The Verge*, September 24, 2014, http://www.theverge.com/2014/9/25/6844021/apple-promised-an-expansive-health-app-so-why-cant-i-track.

〔16〕Eveleth, “How Self-Tracking Apps Exclude Women.”（原注 14 参照）

〔17〕Lydia Dishman, “Where Are All the Women Creative Directors?,” *Fast Company*, February 26, 2013, http://www.fastcompany.com/3006255/where-are-all-women-creative-directors.

〔18〕 エイジラボは 2014 年、大ボストン都市圏（グレーターボストン）エリアで 29 人の参加者を集めてこの調査を実施した。

〔19〕“Labor Force Participation of Seniors, 1948-2007,” *Bureau of Labor Statistics*, July 29, 2008, http://www.bls.gov/opub/ted/2008/jul/wk4/art02.htm.

〔20〕“Labor Force Projections to 2024: The Labor Force Is Growing, but Slowly,” *Bureau of Labor Statistics*, December 2015, http://www.bls.gov/opub/mlr/2015/article/labor-force-projections-to-2024.htm.

〔21〕1990 年と 2010 年のアメリカ国勢調査データを比較して導きだした。

〔22〕Barry Bosworth and Kathleen Burke, “Changing Sources of Income among the Aged Population,” Center for Retirement Research at Boston College Working Paper 2012-27 (2012).

〔23〕「女性介護者は男性よりも身体を清潔に保つ介護に多く従事する。更衣介助（女性 36% / 男性 24%）、入浴介助（31% /17%）」。以下を参照。“Caregiving in the US,” *National Alliance for Caregiving and AARP*, November 2009, http://assets.aarp.org/rgcenter/il/caregiving_09_es.pdf.

〔24〕Susan L. Brown and I-Fen Lin, “The Gray Divorce Revolution: Rising Divorce among Middle-Aged and Older Adults, 1990-2010,” National Center for Family & Marriage Research, Working Paper Series WP-13-03, March 2013, https://www.bgsu.edu/content/dam/BGSU/college-of-arts-and-sciences/NCFMR/documents/Lin/The-Gray-Divorce.pdf.

〔25〕同前、75。

〔26〕Wendy Wang and Kim Parker, “Record Share of Americans Have Never Married,” *Pew Research Center*, September 24, 2014, http://www.pewsocialtrends.org/2014/09/24/record-share-of-americans-have-never-married/.

〔27〕Lindy West, “‘Tablet for Women’ Is Like a Regular Tablet, But More Fucking Bullshitty,” *Jezebel*, March 13, 2013, http://jezebel.com/5990404/tablet-for-women-is-like-a-regular-tablet-but-more-fucking-bullshitty?tag=sexism.

〔28〕Susan Krashinsky, “Surge in Gender-Targeted Products Creates Marketing Headaches for Companies,” 2012,

The Globe and Mail, http://www.theglobeandmail.com/report-on-business/industry-news/marketing/surge-in-gender-targeted-products-creates-marketing-headaches-for-companies/article5358521/.

〔29〕Kat Callahan, “The Honda Fit *She’s* Should Never Have Existed and It’s Already Dead,” *Jalopnik*, September 20, 2014, http://jalopnik.com/the-honda-fit-shes-should-never-have-existed-and-is-alr-1634318607.

〔30〕Ruth Schwartz Cowan, *More Work for Mother: The Ironies of Household Technology from the Open Hearth to the Microwave* (New York: Basic Books, 1983), 12.（『お母さんは忙しくなるばかり――家事

〔46〕 Carroll L. Estes, *The Aging Enterprise* (San Francisco, CA: Jossey-Bass, 1979), 17.

第３章　女性のつくる未来

〔1〕 Michael J. Silverstein and Kate Sayre, *Women Want More: How to Capture Your Share of the World's Largest, Fastest-Growing Market* (New York: HarperCollins, 2009), excerpted online via the Boston Consulting Group, https://www.bcgperspectives.com/content/articles/consumer_products_marketing_sales_women_want_more_excerpt/.

〔2〕 "US Women Control the Purse Strings," *Nielsen*, April 2, 2013, http://www.nielsen.com/us/en/insights/news/2013/u-s--women-control-the-purse-strings.html.

〔3〕 "Population by Age and Sex: 2012," *US Census Bureau*, http://www.census.gov/population/age/data/2012comp.html; refer to Table 1.

〔4〕『CIA ワールドファクトブック』に記載された 2014 年のデータによれば、ロシアの 65 歳以上の男性は 5,783,983 人、女性は 13,105,896 人だった。"Central Asia: Russia," *The World Factbook*, https://www.cia.gov/library/publications/the-world-factbook/geos/print/country/countrypdf_rs.pdf.

〔5〕 "Women and Caregiving: Facts and Figures," *Family Caregiver Alliance*, https://www.caregiver.org/women-and-caregiving-facts-and-figures.

〔6〕 同前。

〔7〕 この女性像を平均すると、年齢は 48 歳、有職者である。高齢者のなかでも、特に年齢の高い老人を介護しているのは、平均すると 58 歳の無職の女性である。"Caregivers of Older Adults: A Focused Look at Those Caring for Someone Age 50+," *AARP Public Policy Institute and the National Alliance for Caregiving*, June 2015, p. 51, fig. 64, http://www.aarp.org/content/dam/aarp/ppi/2015/caregivers-of-older-adults-focused-look.pdf.

〔8〕 Yoshiaki Nohara, "A Woman's Job in Japan: Watch Kids, Care for Parents, Work Late," *Japan Times*, May 11, 2015, http://www.japantimes.co.jp/news/2015/05/11/national/social-issues/womans-job-japan-watch-kids-care-parents-work-late/#.VzXjNxUrKV4.

〔9〕 Frederique Hoffman and Ricardo Rodriguez, "Informal Carers: Who Takes Care of Them?," European Centre Policy Brief, April 2010, p. 4, fig. 3, http://www.euro.centre.org/data/1274190382_99603.pdf.

〔10〕 Google Diversity," *Google*, http://www.google.com/diversity/index.html#chart.

〔11〕 Josh Harkinson, "Silicon Valley Firms Are Even Whiter Than You Thought," *Mother Jones*, May 29, 2014, http://www.motherjones.com/media/2014/05/google-diversity-labor-gender-race-gap-workers-silicon-valley.

〔12〕 Candida G. Brush et al., "Women Entrepreneurs 2014: Bridging the Gender Gap in Venture Capital," *Arthur M. Blank Center for Entrepreneurship, Babson College*, September 2014, http://www.babson.edu/Academics/centers/blank-center/global-research/diana/Documents/diana-project-executive-summary-2014.pdf.

〔13〕 David A. Bell and Shulamite Shen White, "Gender Diversity in Silicon Valley," *Fenwick and West LLP*, 2014, 13, http://www.fenwick.com/FenwickDocuments/Gender_Diversity_2014.pdf.

〔14〕 Rose Eveleth, "How Self-Tracking Apps Exclude Women," *The Atlantic*, December 14, 2014,

6, 2012, 4, http://www.pewinternet.org/files/old-media/Files/Reports/2012/PIP_Older_adults_and_internet_use.pdf.

〔30〕 Aaron Smith, "Older Adults and Technology Use," *Pew Research Center*, April 3, 2014, http://www.pewinternet.org/2014/04/03/older-adults-and-technology-use/.

〔31〕 Monica Anderson, "The Demographics of Device Ownership," *Pew Research Center*, October 29, 2015, http://www.pewinternet.org/2015/10/29/the-demographics-of-device-ownership/.

〔32〕 Aaron Smith, "35% of American Adults Own a Smartphone," *Pew Research Center*, July 11, 2011, http://www.pewinternet.org/files/old-media/Files/Reports/2011/PIP_Smartphones.pdf.

〔33〕 Monica Anderson, "For Vast Majority of Seniors Who Own One, a Smartphone Equals Freedom," *Pew Research Center*, April 29, 2015, http://www.pewresearch.org/fact-tank/2015/04/29/seniors-smartphones/.

〔34〕 "Alzheimer's News 6/19/2014," *Alzheimer's Association*, http://www.alz.org/news_and_events_60_percent_incorrectly_believe.asp.

〔35〕 8つの大規模な疫学調査によると、85歳以上の認知症の発病率は18～38%であった。以下を参照。Racquel C. Gardner, Victor Valcour, and Kristine Yaffe, "Dementia in the Oldest Old: A Multi-factorial and Growing Public Health Issue," *Alzheimer's Research and Therapy* 5, no. 27 (2013), doi:10.1186/alzrt181; and "2015 Alzheimer's Disease Facts and Figures," *Alzheimer's Association*, 16, http://www.alz.org/facts/downloads/facts_figures_2015.pdf.

〔36〕 "PayScale Compares Top Tech Companies," *Payscale.com*, http://www.payscale.com/data-packages/top-tech-companies-compared. データの収集時期は2014年1月～2015年12月。

〔37〕 "Labor Force Statistics from the Current Population Survey," *Bureau of Labor Statistics*, last modified February 10, 2016, https://www.bls.gov/cps/cpsaat11b.htm.

〔38〕 Noam Scheiber, "The Brutal Ageism of Tech," *New Republic*, March 23, 2014, https://newrepublic.com/article/117088/silicons-valleys-brutal-ageism.

〔39〕 Kristen V. Brown, "Inside Silicon Valley's Cult of Youth," *SFGate*, May 4, 2014, http://www.sfgate.com/news/article/Inside-Silicon-Valley-s-cult-of-youth-5451375.php.

〔40〕 カウフマン財団の最近の調査による。以下を参照。Cheryl Connor, "Do Older or Younger Entrepreneurs Have a Greater Advantage?," *Forbes*, September 9, 2012, http://www.forbes.com/sites/cherylsnappconner/2012/09/03/do-older-or-younger-entrepreneurs-have-the-greater-advantage/#715852b83377.

〔41〕 Bae Ji-sook, "Age Discrimination at Work to Be Banned," *Korea Times*, September 18, 2007, http://www.koreatimes.co.kr/www/news/nation/2007/09/113_10396.html.

〔42〕 Jane Han, "Despite Ban, Age Still Matters in Hiring," *Korea Times*, April 15, 2009, http://www.koreatimes.co.kr/www/news/biz/2015/08/123_43249.html.

〔43〕 Older Americans Act of 1965, 89th United States Congress, 1st Session, https://en.wikisource.org/wiki/Older_Americans_Act_of_1965#Sec._101._Declaration_of_Objectives_for_Older_Americans.

〔44〕 Rochefort, *American Social Welfare Policy*, 91.

〔45〕 Everald Comptom, "Turnbull's Cabinet Must Include a Minister for Ageing," *ABC News Australia*, September 17, 2015, http://www.abc.net.au/news/2015-09-18/compton-turnbull's-cabinet-must-include-a-minister-for-ageing/6783774.

〔12〕“The Technical Exhibit,” *Journal of the Florida Medical Association* 34, no. 4 (1947): 550, https://archive.org/stream/journalofflorida34unse/journalofflorida34unse_djvu.txt.

〔13〕“What Aid for the Lean Purse?,” *Texas State Journal of Medicine* 44, no. 3 (1948): 30, http://texashistory.unt.edu/ark:/67531/metapth599853/m1/30/.

〔14〕“Geriatric Foods Are Tested Here,” *St. Petersburg Times*, September 22, 1955, https://news.google.com/newspapers?nid=888&dat=19550922&id=kWJSAAAAIBAJ&sjid=eHoDAAAAIBAJ&pg=7287,3130346&hl=en.

〔15〕同前。

〔16〕Dina Spector, “11 Biggest Food Flops of All Time,” *Business Insider*, January 12, 2012, http://www.businessinsider.com/food-failures-2012-1?op=1.

〔17〕“1958 DeSoto TV Presentation with Groucho Marx,” YouTube, https://www.youtube.com/watch?v=f53BJ_zZ17c.

〔18〕Jerry M. Flint, “Chrysler's Beat Goes On and On and On,” *New York Times*, August 10, 1968, L33.

〔19〕ロバート・B・ライシュとハーバードの政策専門家ジョン・ドナヒューは、著書『*New Deals*』のなかで次のように書いている。「タウンゼンドの車は、どの車種よりも強い意図をもって設計され、組み立ての品質も高かった」。*New Deals: The Chrysler Revival and the American System* (London: Penguin Books, 1986), 18. クライスラーはこの過程で実用的な輸送手段をただ供給するだけの会社から、現代的なデザインと一新されたイメージからなるフルラインの自動車会社へと変貌を遂げた。

〔20〕Terry Parkhurst, “Lynn A. Townsend, President of Chrysler Corporation in the 1960s and 1970s,” *Allpar*, http://www.allpar.com/corporate/bios/townsend.html.

〔21〕Joel Cutcher-Gershenfeld, Dan Brooks, and Martin Mulloy, “The Decline and Resurgence of the US Auto Industry,” *Economic Policy Institute*, http://www.epi.org/publication/the-decline-and-resurgence-of-the-u-s-auto-industry/.

〔22〕Charles K. Hyde, *Riding the Roller Coaster: A History of the Chrysler Corporation* (Detroit, MI: Wayne State University Press, 2003), 196.

〔23〕Jasmine Lau, “Building a National Technology and Innovation Infrastructure for an Aging Society” (master's thesis, Technology and Public Policy Program, MIT, 2006).

〔24〕“Growing Old in America: Expectations vs. Reality,” *Pew Research Center*, June 29, 2009, http://www.pewsocialtrends.org/2009/06/29/growing-old-in-america-expectations-vs-reality/.

〔25〕B. Heinbüchner et al., “Satisfaction and Use of Personal Emergency Response Systems,” *Zeitschrift für Gerontologie und Geriatrie* 43, no. 4 (2010): 219-223.

〔26〕Aaron Smith, “Older Adults and Technology Use: Adoption Is Increasing, But Many Seniors Remain Isolated from Digital Life,” *Pew Research Center*, April 3, 2014, http://www.pewinternet.org/2014/04/03/older-adults-and-technology-use/.

〔27〕“Katharina das Große: Auf die Größe kommt es an,” *Online Focus*, http://www.focus.de/digital/handy/handyvergleich/tid-11525/senioren-handys-katharina-das-grosse-auf-die-groesse-kommt-es-an_aid_325898.html.

〔28〕“Fitage Seniorenhandys,” *Senioren-handy.info*, http://www.senioren-handy.info/seniorenhandy/fitage/.

〔29〕Kathryn Zickuhr and Mary Madden, “Older Adults and Internet Use,” *Pew Research Center*, June

〔64〕Julius Hochman, "The Retirement Myth," in *Social Security: Problems, Programs, and Policies*, ed. William Haber and Wilbur J. Cohen (Homewood, IL: Richard D. Irwin, 1960), 98-109, http://archive.org/stream/socialsecurityp00habe/socialsecurityp00habe_djvu.txt.
〔65〕Graebner, *A History of Retirement*, 228.（原注 25 参照）
〔66〕Hochman, "The Retirement Myth," 102.（原注 64 参照）
〔67〕Andrew Blechman, *Leisureville: Adventures in a World without Children* (New York: Grove/Atlantic, 2009), 32.
〔68〕Rodney R. Dietert and Michael S. Piepenbrink, "Lead and Immune Function," *Critical Reviews in Toxicology* 36, no. 4 (2006): 359-385.
〔69〕Bill Bryson, *A Short History of Nearly Everything* (New York: Broadway Books, 2003), 152.
〔70〕Jamie Lincoln Kitman, "The Secret History of Lead," *The Nation*, 270, no. 11 (2000), https://www.thenation.com/article/secret-history-lead/.
〔71〕Brett Israel, "Most Potent Greenhouse Gases Revealed," *LiveScience*, May 4, 2010, http://www.livescience.com/6416-potent-greenhouse-gases-revealed.html.
〔72〕J. R. McNeill, *Something New Under the Sun: An Environmental History of the Twentieth-Century World* (New York: Norton, 2001), 111.

第２章　老いにまつわる神話

〔1〕Daren Fonda, "Home Smart Home," Boston Globe Magazine, December 5, 1999, http://web.media.mit.edu/~kll/AA_Boston_Globe_HomeSmartHome.pdf.
〔2〕Tom Simonite, "Sleep Sensor Hides Beneath the Mattress," *MIT Technology Review*, November 9, 2011, http://www.technologyreview.com/news/426073/sleep-sensor-hides-beneath-the-mattress/.
〔3〕2015 年の世界銀行のデータによると、イタリアの人口の 22.4%が 65 歳以上である。日本は 26.3%。
〔4〕A. H. Maslow, "A Theory of Human Motivation," *Psychological Review* 50 (1943): 370-396, http://psychclassics.yorku.ca/Maslow/motivation.htm.
〔5〕"Hearing Aids," *NIH Research Portfolio Online Reporting Tools*, https://report.nih.gov/nihfactsheets/viewfactsheet.aspx?csid=95.
〔6〕Abby McCormack and Heather Fortnum, "Why Do People Fitted with Hearing Aids Not Wear Them?," *International Journal of Audiology* 52, no. 5 (2013): 360-368.
〔7〕Søren Hougaard and Stefan Ruf, "EuroTrak I: A Consumer Survey About Hearing Aids in Germany, France, and the UK," *Hearing Review* 18, no. 2 (2011): 12-28.
〔8〕Frank Swain, "This Is Why Apple Got Rid of the Headphone Jack on the iPhone 7," *New Scientist*, https://www.newscientist.com/article/2105229-this-is-why-apple-got-rid-of-the-headphone-jack-on-the-iphone-7.
〔9〕"Food for the Aged," *Time* 65, no. 24 (June 13, 1955): 94.
〔10〕The Borden Company, "1946 Annual Report," University of Rochester Libraries, http://www.lib.rochester.edu:84/Mergent_AR_Collection/Archive/10999.pdf.
〔11〕"Bulletin Board," *North Carolina Medical Journal* 8 (1947): 190, https://archive.org/stream/northcarolinamed81947medi/northcarolinamed81947medi_djvu.txt.

w22452 (2016), http://www.nber.org/papers/w22452.

〔42〕Alicia H. Munnell and April Yanyuan Wu, "Are Aging Baby Boomers Squeezing Young Workers Out of Jobs?," Center for Retirement Research at Boston College Brief 12-18 (2012).

〔43〕Graebner, *A History of Retirement*, 18-19.（原注 25 参照）

〔44〕同前、133。

〔45〕同前。

〔46〕"Historical Background and Development of Social Security," *Social Security Administration*, http://www.ssa.gov/history/briefhistory3.html.

〔47〕Robert H. Nelson, *Economics as Religion: From Samuelson to Chicago and Beyond* (University Park, PA: Pennsylvania State University Press, 2002), 36.

〔48〕Annual Report of the Attorney General (Washington, DC: US Department of Justice, 1913), 10.

〔49〕Graebner, *A History of Retirement*, 124.（原注 25 参照）

〔50〕Gregory Wood, "Forty Plus Clubs and White-Collar Manhood During the Great Depression," *Essays in Economic & Business History* 26, no. 1 (2008): 21-31.

〔51〕Ray Giles, "Hired After Forty," *Reader's Digest*, December 1938, 2-3, Wood, "Forty Plus Clubs," 23（原注 50 参照）より引用。

〔52〕John Steven McGroarty, "Here Is an Idea to Think Over," *Old Age Revolving Pensions: A Proposed National Plan* (Long Beach, CA: Old Age Revolving Pensions, Inc., 1934), 12.

〔53〕Sharon Bertsch McGrayne, *Prometheans in the Lab: Chemistry and the Making of the Modern World* (New York: McGraw-Hill, 2001), 104.

〔54〕Thomas Midgley IV, *From the Periodic Table to Production: The Life of Thomas Midgley, Jr., the Inventor of Ethyl Gasoline and Freon Refrigerants* (Corona, CA: Stargazer, 2001), 70.

〔55〕Robert J. Samuelson, "Would Roosevelt Recognize Today's Social Security?," *Washington Post*, April 8, 2012, http://www.washingtonpost.com/opinions/would-roosevelt-recognize-todays-social-security/2012/04/08/gIQALChd4S_story.html.

〔56〕Martha A. McSteen, "Fifty Years of Social Security," *Social Security Administration*, http://www.ssa.gov/history/50mm2.html.

〔57〕Arthur M. Schlesinger Jr., *The Coming of the New Deal*, vol. 2 of *The Age of Roosevelt* (Boston, MA: Houghton Mifflin, 1988 [American Heritage Library edition]), 308-309; "Research Notes & Special Studies by the Historian's Office," *Social Security Administration*, http://www.ssa.gov/history/Gulick.html.

〔58〕Midgley, *From the Periodic Table to Production*, 70.（原注 54 参照）

〔59〕Franklin D. Roosevelt, Fireside Chat, March 9, 1937. The American Presidency Project, University of California, Santa Barbara, http://www.presidency.ucsb.edu/ws/?pid=15381.

〔60〕Marian C. McKenna, *Franklin Roosevelt and the Great Constitutional War: The Court-Packing Crisis of 1937* (New York: Fordham University Press, 2002).

〔61〕"Chapter 6: Retirement Earnings Test," *Social Security Administration*, http://www.ssa.gov/history/pdf/80chap6.pdf.

〔62〕Graebner, *A History of Retirement*, 216.（原注 25 参照）

〔63〕David Riesman, "Some Observations on Changes in Leisure Attitudes," *Antioch Review* 12, no. 4 (1952): 417-436, Graebner, *A History of Retirement*, 228（原注 25 参照）より。

〔23〕同前、135。

〔24〕同前、124。

〔25〕William Graebner, *A History of Retirement* (New Haven, CT: Yale University Press, 1980), 15-16.

〔26〕1958年のアメリカン・スピーチ誌の記事にこうある。「40 ~ 50年前までは、〝丘を越えて救貧院へ〟という表現はそう珍しいものではなかった。ミシガン生まれのウィル・カールトン(1845-1912)は、まさにそれをタイトルとする詩を書いているが、詩のタイトルが世間に広まったのが先なのか、世間でよく聞かれたフレーズを詩のタイトルにつけたのかはわからない」。記事の著者が、「救貧院」を省いて、「丘を越えて」だけの使用例を調べたところ、20世紀はじめには「無一文」の意味で使われていた。その後、「丘を越えて」には「尽きた、疲れ果てた」のニュアンスが混じり、やがて「人生の盛りを過ぎて」の意味に変わっていった。"The Hill," *American Speech* 33, no. 2 (1958): 69-72.

〔27〕"Historical Background and Development of Social Security," *Social Security Administration*, http://www.ssa.gov/history/briefhistory3.html.

〔28〕Ruth Helman, Craig Copeland, and Jack VanDerhei, "The 2015 Retirement Confidence Survey: Having a Retirement Savings Plan a Key Factor in Americans' Retirement Confidence," Employee Benefit Research Institute Issue Brief 413 (2009), https://www.ebri.org/pdf/briefspdf/EBRI_IB_413_Apr15_RCS-2015.pdf.

〔29〕Mary-Lou Weisman, "The History of Retirement," *New York Times*, March 21, 1999, http://www.nytimes.com/1999/03/21/jobs/the-history-of-retirement-from-early-man-to-aarp.html.

〔30〕"Age 65 Retirement," *Social Security Administration*, http://www.ssa.gov/history/age65.html.

〔31〕"Otto von Bismarck," *Social Security Administration*, http://www.ssa.gov/history/ottob.html.

〔32〕Dora L. Costa, *The Evolution of Retirement: An American Economic History, 1880-1990* (Chicago, IL: The University of Chicago Press, 1998), 161.

〔33〕Haber, *Beyond Sixty-Five*, 111-112.(原注1参照)

〔34〕"15 January 1907: Paragraph 13," in *Autobiography of Mark Twain, Volume 2*, 2013, http://www.marktwainproject.org/xtf/view?docId=works/MTDP10363.xml;style=work;brand=mtp;chunk.id=dv0089#pa002632.(『マーク・トウェイン完全なる自伝〈Volume 2〉』、マーク・トウェイン著、カリフォルニア大学マーク・トウェインプロジェクト編、和栗了・山本祐子・渡邉眞理子訳、柏書房、2015年)

〔35〕Dora L. Costa, "Pensions and Retirement: Evidence from Union Army Veterans," *Quarterly Journal of Economics* 110, no. 2 (1995), 297-319, http://economics.sas.upenn.edu/~hfang/teaching/socialinsurance/readings/Costa95(6.19).pdf.

〔36〕Braedyn Kromer and David Howard, "Labor Force Participation and Work Status of People 6 Years and Older," American Community Survey Briefs (January 2013), https://www.census.gov/prod/2013pubs/acsbr11-09.pdf.

〔37〕Graebner, *A History of Retirement*, 19.(原注25参照)

〔38〕同前、32。

〔39〕"Economics A-Z," *The Economist*, http://goo.gl/mSxBKo.

〔40〕Paul Krugman, "Lumps of Labor," *New York Times*, October 7, 2003, http://www.nytimes.com/2003/10/07/opinion/lumps-of-labor.html.

〔41〕Nicole Maestas, Kathleen J. Mullen, and David Powell, "The Effect of Population Aging on Economic Growth, the Labor Force and Productivity," National Bureau of Economic Research No.

[G. R. Treviranus, *Biologie: oder Philosophie der lebenden Natur*, vol. 1 (Göttingen: bey J. F. Röwer, 1802-1822).]

〔3〕 Esmond Ray Long, *A History of American Pathology* (Springfield, IL: Charles C. Thomas, 1962), 17, Haber, *Beyond Sixty-Five*, 5（原注 1 参照）より引用。

〔4〕 Haber, *Beyond Sixty-Five*.（原注 1 参照）

〔5〕 Carolyn Thomas de la Peña, “Designing the Electric Body: Sexuality, Masculinity and the Electric Belt in America, 1880-1920,” *Journal of Design History* 14, no. 4 (2001): 275-289, http://jdh.oxfordjournals.org/content/14/4/275.full.pdf.

〔6〕 John Mason Good, *The Study of Medicine* (New York: Harper & Brothers, 1835), Haber, *Beyond Sixty-Five*, 68（原注 1 参照）より引用。

〔7〕 Veronica Harsh et al., “Reproductive Aging, Sex Steroids, and Mood Disorders,” *Harvard Review of Psychiatry* 17, no. 2 (2009): 87-102, doi:10.1080/10673220902891877.

〔8〕 Haber, *Beyond Sixty-Five*, 69.（原注 1 参照）

〔9〕 同前、75。

〔10〕 同前、78。

〔11〕 George M. Beard, *Legal Responsibility in Old Age* (New York: Russells' American Steam Printing House, 1874), 33, Haber, *Beyond Sixty-Five*, 77（原注 1 参照）より。

〔12〕 Sigmund Freud, “On Psychotherapy,” in *Selected Papers on Hysteria and Other Psychoneuroses*, trans. A. A. Brill (New York: The Journal of Nervous and Mental Disease Publishing Company, 1912), http://www.bartleby.com/280/8.html.

〔13〕 フロイト（1856 年 5 月 6 日生）は、1904 年 12 月 12 日にウィーン大学医学部でおこなった講義をまとめて、1905 年に “On Psychology” と題する論文を発表した。以下を参照。Sigmund Freud, “On Psychotherapy,” in *Standard Edition of the Complete Works of Sigmund Freud, vol. 7*, trans. & ed. J. Strachey (London: Hogarth Press, 1953-1974), 257-268.

〔14〕 T. S. Clouston, *Clinical Lectures on Mental Diseases* (London: J. & A. Churchill, 1892), 401-402, Haber, *Beyond Sixty-Five*, 79（原注 1 参照）より引用。

〔15〕 Bryan S. Green, *Gerontology and the Construction of Old Age* (New York: Aldine Transaction, 1993), 43.

〔16〕 同前、44。

〔17〕 Roger W. Cobb and Charles D. Elder, *Participation in American Politics: The Dynamics of Agenda-Building* (Boston: Allyn and Bacon, 1972), 12.

〔18〕 Michel Foucault, *The History of Sexuality*, vol. 1, trans. R. Hurley (New York: Random House, 1978)（『知への意志（性の歴史 I）』、ミシェル・フーコー著、渡辺守章訳、新潮社、1986 年), Green, *Gerontology and the Construction of Old Age*, 44 より引用。

〔19〕 David Hackett Fischer, *Growing Old in America*, vol. 532 (Oxford: Oxford University Press, 1978), 157, in Greene, *Foundation of Gerontology*, 46.

〔20〕 David A. Rochefort, *American Social Welfare Policy: Dynamics of Formulation and Change* (Boulder, CO: Westview, 1986), 66.

〔21〕 Carole Haber and Brian Gratton, *Old Age and the Search for Security* (Bloomington: Indiana University Press, 1993), 118.

〔22〕 同前、70。

kotlikoff-on-fiscal-gap-accounting.html.

〔41〕 Dean Baker, "Larry Kotlikoff Tells Us Why We Should Not Use Infinite Horizon Budget Accounting," *Center for Economic and Policy Research*, July 31, 2014, http://cepr.net/blogs/beat-the-press/larry-kotlikoff-tells-us-why-we-should-not-use-infinite-horizon-budget-accounting; and Paul Krugman, "Quadrillions and Quadrillions," *New York Times*, August 2, 2014, http://krugman.blogs.nytimes.com/2014/08/02/quadrillions-and-quadrillions/.

〔42〕 Arthur A. Stone et al., "A Snapshot of the Age Distribution of Psychological Well-Being in the United States," *Proceedings of the National Academy of Sciences* 107, no. 22 (2010): 9985-9990.

〔43〕「具体的に言うと、若年層も高齢層も、〝楽しい〟と感じるイメージのことばを、高齢者の写真よりも若者の写真と結びつけることが明らかになった」。Jennifer A. Richeson and J. Nicole Shelton, "A Social Psychological Perspective on the Stigmatization of Older Adults," in National Research Council (US) Committee on Aging Frontiers in Social Psychology, Personality, and Adult Developmental Psychology: *When I'm 64*, ed. L. L. Carstensen and C. R. Hartel (Washington, DC: National Academies Press, 2006), 174-208, https://www.ncbi.nlm.nih.gov/books/NBK83758/.

〔44〕 The World Bank, "Survival to Age 65, Male (% of Cohort)," *World Bank*, 2014, http://data.worldbank.org/indicator/SP.DYN.TO65.MA.ZS.

〔45〕 Will Steffen et al., "The Trajectory of the Anthropocene: The Great Acceleration," *Anthropocene Review* 2, no. 1 (2015): 81-98.

〔46〕 世界の舗装道路の距離は、1975年の約2000万キロメートルから、2013年には約6500万キロメートルに増加した。以下を参照。Dale S. Rothman et al., *Building Global Infrastructure*, vol. 4 (Milton Park, Abingdon, UK: Routledge, 2015); and *The World Factbook* (Washington, DC: Central Intelligence Agency, continually updated), https://www.cia.gov/library/publications/the-world-factbook/fields/2085.html.

〔47〕 Raj Chetty et al., "The Association Between Income and Life Expectancy in the United States, 2001-2014," *Journal of the American Medical Association* 315, no. 16 (2016): 1750-1766.

〔48〕 Kenneth D. Kochanek et al., "Deaths: Final Data for 2014," *National Vital Statistics Reports* 65, no. 4 (2016): 1; 以下も参照。Anne Case and Angus Deaton, "Rising Morbidity and Mortality in Midlife Among White non-Hispanic Americans in the 21st Century," *Proceedings of the National Academy of Sciences* 112, no. 49 (2015): 15078-15083.

〔49〕 National Academies of Sciences, Engineering, and Medicine, "The Growing Gap in Life Expectancy by Income: Implications for Federal Programs and Policy Responses" (Washington, DC: The National Academies Press, 2015).

〔50〕 S. Jay Olshansky, "The Demographic Transformation of America," *Daedalus* 144, no. 2 (2015): 13-19.

第１章　老いの歴史

〔1〕 高齢者には「加齢による特定の治療を要する患者」という区分が与えられた。Carole Haber, *Beyond Sixty-Five* (Cambridge: Cambridge University Press, 1983), 57.

〔2〕 Hermione de Almeida, *Romantic Medicine and John Keats* (London: Oxford University Press), 63.

4, 2016, http://www.nytimes.com/2016/03/06/business/retirementspecial/marketers-take-second-look-at-over-50-consumers.html.

〔32〕 Marty Swant, "Infographic: Marketers Are Spending 500% More on Millennials Than All Others: Combined Data from Turn Breaks Down Gen Y into 4 Groups," *Adweek*, November 17, 2015, http://www.adweek.com/news/technology/infographic-marketers-are-spending-500-more-millennials-all-others-combined-168176.

〔33〕 "Global Consumers Highlight Opportunities for Retailers, Brand Marketers and Service Providers to Better Meet Needs of Aging Consumers," *Nielsen Press Room*, February 25, 2014, http://www.nielsen.com/gh/en/press-room/2014/nielsen-global-consumers-highlight-opportunities-for-retailers-brand-marketers-and-service-providers-to-better-meet-needs-of-aging-consumers.html.

〔34〕 Helen Davis, "Successful Aging: Advertising Finally Recognizing the 'Gray Dollar,'" *Los Angeles Daily News*, February 23, 2015, http://www.dailynews.com/health/20150223/successful-aging-advertising-finally-recognizing-the-gray-dollar.

〔35〕 "Advertising Targeting Older Adults: How the Audience Perceives the Message," *GlynnDevins*, August 2014, http://www.glynndevins.com/wp-content/uploads/2014/08/olderadults_brief.pdf.

〔36〕 "The Age Gap: As Global Population Skews Older, Its Needs Are Not Being Met," *Nielsen*, February 2014, http://www.nielsen.com/content/dam/nielsenglobal/kr/docs/global-report/2014/Nielsen%20Global%20Aging%20Report%20February%202014.pdf.

〔37〕 ハーレーダビッドソンは、購入者の平均年齢が 48 歳に到達した 2009 年以降、平均年齢の公開をやめた。

〔38〕「(業界アナリストの話によると) ハーレーダビッドソンは、伝統的な製品の設計を時代の流れに沿って変えているという。〝高齢者がより快適に乗れるようにいくつかの機種に調整を加えつつある。シニア向けとは知らせずに〟」。Steve Penhollow, "Harley-Davidson and the Quest for Female Customers," *Britton*, June 4, 2015, http://www.brittonmdg.com/the-britton-blog/Harley-Davidson-targeting-women-and-young-customers-in-marketing.

「関節炎の指でも操作しやすいコントロール機器、弱った膝や腰に負担をかけずにまたがれる低めのシートで、バイクを操縦しやすくした」。"A Harley-Davidson That's Born to Be Mild," *Stuff*, March 22, 2015, http://www.stuff.co.nz/motoring/bikes/67446988/a-harleydavidson-thats-born-to-be-mild.

「高さだけではない。新しいハンドルのコントロール機器を 5 センチほど乗り手に近づけた。グリップを小さくし、クラッチレバーとブレーキレバーに指が届きやすいようにした。さらにキックスタンドの形状も格納しやすいように変更されている」。Charles Fleming, "Harley- Davidson Reveals Electra Glide Ultra Classic Low, and More," *Los Angeles Times*, August 27, 2014, http://www.latimes.com/business/autos/la-fi-hy-harley-davidson-reveals-20140826-story.html.

〔39〕 "Is the Aging of the Developed World A Ticking Time Bomb?" *International Economy* 18, no. 1 (Winter 2004): 6-19, http://www.international-economy.com/TIE_W04_Aging.pdf.

〔40〕 エコノミストのアラン・J・アウエルバッハおよびジャガディス・ゴーカレーと私(ローレンス・J・コトリコフ)が共同で研究してきた、「将来の支出分も含めた現時点での政府総支出予測」と「将来の収入分も含めた現時点での政府総収入予測」の差、すなわち「財政の要調整幅(持続可能性ギャップ)」に当てはめてみると、昨年の「財政の要調整幅」は 210 兆ドルで、前年度の 205 兆ドルから 5 兆ドル上昇した。この 5 兆ドルが真の債務増である。Laurence J. Kotlikoff, "America's Hidden Credit Card Bill," *New York Times*, July 31, 2014, http://www.nytimes.com/2014/08/01/opinion/laurence-

United States: Current Patterns & Concerns for the Future," *Daedalus* 144, no. 2 (2015): 20-30.

〔13〕UN DESA, "World Population Prospects," 4:「2015年から2050年にかけて、世界の増加人口の半分は9カ国に集中すると予想される。その9カ国とは、人口増の著しい順に、インド、ナイジェリア、パキスタン、コンゴ、エチオピア、タンザニア、アメリカ、インドネシア、ウガンダである」

〔14〕UN DESA, "World Population Ageing 2015" (New York: United Nations, 2015), http://www.un.org/en/development/desa/population/publications/pdf/ageing/WPA2015_Report.pdf.

〔15〕He et al., "An Aging World: 2015."（原注7参照）

〔16〕The World Bank, "Population Ages 65 and Above (% of Total)," *World Bank*, 2015, http://data.worldbank.org/indicator/SP.POP.65UP.TO.ZS?locations=JP-US-BG-FI-DE-GR-IT-PT-SE.

〔17〕Jennifer M. Ortman, Victoria A. Velkoff, and Howard Hogan, "An Aging Nation: The Older Population in the United States" (Washington, DC: US Census Bureau, 2014), 25-1140.

〔18〕同前。

〔19〕Asako Sawanishi, "Karaoke Shops Offer Hobby Space to Win Back Business," *Japan Times*, November 22, 2012, http://www.japantimes.co.jp/culture/2012/11/22/music/karaoke-shops-offer-hobby-space-to-win-back-business/.

〔20〕"Graying of Japan's Population Puts Older Set in Marketing Driver's Seat," *Nikkei Weekly*, November 2, 2009, 25.

〔21〕Yuki Yamaguchi, "Elderly at Record Spurs Japan Stores Chase $1.4 Trillion," *Bloomberg News*, May 9, 2012, http://www.bloomberg.com/news/articles/2012-05-09/elderly-at-record-spurs-japan-stores-chase-1-4-trillion.

〔22〕Carol Hymowitz and Lauren Coleman-Lochner, "Sales of Adult Incontinence Garments in the U.S. Could Equal Those of Baby Diapers in a Decade," *Bloomberg Businessweek*, February 11, 2016, http://www.bloomberg.com/news/articles/2016-02-11/the-adult-diaper-market-is-about-to-take-off.

〔23〕"The Grey Market," *The Economist*, April 9, 2016, http://www.economist.com/news/business/21696539-older-consumers-will-reshape-business-landscape-grey-market.

〔24〕Oxford Economics and AARP, "The Longevity Economy: Generating Economic Growth and New Opportunities for Business," September 2016, http://www.aarp.org/content/dam/aarp/home-and-family/personal-technology/2016/09/2016-Longevity-Economy-AARP.pdf.

〔25〕Matthew Boyle, "Aging Boomers Stump Marketers Eyeing $15 Trillion Prize," September 17, 2013, https://www.bloomberg.com/news/articles/2013-09-17/aging-boomers-befuddle-marketers-eying-15-trillion-prize.

〔26〕J. W. Kuenen et al., "Global Aging, How Companies Can Adapt to the New Reality," *Boston Consulting Group*, 2011, https://www.bcg.com/documents/file93352.pdf.

〔27〕Oxford Economics and AARP, "The Longevity Economy."（原注24参照）

〔28〕"2014 U.S. Trust Insights on Wealth and Worth Survey," *Bank of America Private Wealth Management*, 2014, http://www.ustrust.com/publish/content/application/pdf/GWMOL/USTp_AR4GWF53F_2015-06.pdf.

〔29〕"The Grey Market," *The Economist*.（原注23参照）

〔30〕David Wallis, "Selling Older Consumers Short," *AARP Bulletin*, October 2014, http://www.aarp.org/money/budgeting-saving/info-2014/advertising-to-baby-boomers.html.

〔31〕Braden Phillips, "Marketers Take Second Look at Over-50 Consumers," *New York Times*, March

原 注

はじめに　長寿命化のパラドックス

〔1〕National Center for Health Statistics, "Health, United States, 2015: With Special Feature on Racial and Ethnic Health Disparities," NCHS, 2016, https://www.cdc.gov/nchs/data/hus/hus15.pdf.

〔2〕The World Bank, "Life Expectancy at Birth, Total (Years)," *World Bank*, 2014, http://data.worldbank.org/indicator/SP.DYN.LE00.IN.

〔3〕1900年の統計 : Felicitie C. Bell and Michael L. Miller, "Life Tables for the United States Social Security Area," *Social Security Administration*, 2005, https://www.ssa.gov/oact/NOTES/pdf_studies/study120.pdf; 2013年の統計 : "Actuarial Life Tables," *Social Security Administration*, 2013, https://www.ssa.gov/oact/STATS/table4c6.html.

〔4〕F. B. Hobbs and B. L. Damon, "65+ in the United States" (Washington, DC: US Government Printing Office, 1996), https://www.census.gov/prod/1/pop/p23-190/p23-190.pdf.

〔5〕Elizabeth Arias, "Changes in Life Expectancy by Race and Hispanic Origin in the United States, 2013-2014," NCHS Data Brief 244 (2016): 1-8.

〔6〕Organisation for Economic Co-operation and Development, "Life Expectancy at 65," doi:10.1787/0e9a3f00-en.

〔7〕「合計特殊出生率（出生率）の低下は人口高齢化の主な推進力であり、低下率は地域や国によって異なる。現在の出生率は、アフリカを除くすべての地域で2.1の人口置換水準に近いか、それ以下である」。Wan He, Daniel Goodkind, and Paul Kowal, "An Aging World: 2015," *International Population Reports*, March 2016, https://www.census.gov/content/dam/Census/library/publications/2016/demo/p95-16-1.pdf.

〔8〕Keiko Ujikane, "Japan's Fertility Rate Inches to Highest Level Since Mid-1990s," *Bloomberg*, May 23, 2016, http://www.bloomberg.com/news/articles/2016-05-23/japan-s-fertility-rate-inches-to-highest-level-since-mid-1990s.

〔9〕Valentina Romei, "Eastern Europe Has the Largest Population Loss in Modern History," *Financial Times*, May 27, 2016, https://www.ft.com/content/70813826-0c64-33d3-8a0c-72059ae1b5e3.

〔10〕United Nations Department of Economic and Social Affairs (UN DESA), "World Population Prospects: The 2015 Revision, Key Findings and Advance Tables," Working Paper no. ESA/P/WP.241 (New York: UN DESA, Population Division, 2015), https://esa.un.org/unpd/wpp/Publications/Files/Key_Findings_WPP_2015.pdf.

〔11〕The World Bank, "Fertility Rate, Total (Births per Woman)," *World Bank*, 2014, http://data.worldbank.org/indicator/SP.DYN.TFRT.IN?

〔12〕Robert A. Hummer and Mark D. Hayward, "Hispanic Older Adult Health & Longevity in the

[著者紹介]

ジョセフ・F・カフリン (Joseph F. Coughlin)[著]

米マサチューセッツ工科大学（MIT）エイジラボ（AgeLab 高齢化研究所）所長。MIT の都市研究計画学科とスローン経営大学院の高度管理プログラムで教鞭をとるほか、高齢者のリタイア後の人生に関するオピニオンリーダーとして活躍。専門は人口動態の変化、テクノロジー、社会動向、消費者行動がビジネスや政府のイノベーションに与える影響など。ジョージ・W・ブッシュ第 43 代大統領政権時の高齢者の移動手段に関する政策アドバイザー、全米退職者協会（AARP）の理事会メンバーを務め、ウォール・ストリート・ジャーナル紙の「退職後の未来を創造する 12 人のイノベーター」、ファスト・カンパニー誌の「経済界で最もクリエイティブな 100 人」にも選出されている。共編著に *Aging America and Transportation*（2012）がある。

ＭＩＴエイジラボ：世界規模で進む高齢化の課題や可能性について、ポジティブな高齢化社会の構築を目的に、金融から IT まで、多様な分野の研究者が幅広いテーマに取り組んでいる。エイジラボの中心テーマの 1 つが「高齢者と先端技術」。先端技術には高齢者の幸福度を損なわずに生活を劇的に改善する可能性があるとの確信のもと、日本をはじめ、各国の企業・研究機関との連携も強化している。
http://agelab.mit.edu/

[訳者紹介]

依田光江 (よだ・みつえ)[訳]

翻訳家。お茶の水女子大学卒。訳書にクレイトン・M・クリステンセン他『ジョブ理論』、アレック・ロス『未来化する社会』、ベン・パー『アテンション』（共訳）他多数。

人生100年時代の経済——急成長する高齢者市場を読み解く

2019年3月27日　初版第1刷発行

著　者　　ジョセフ・F・カフリン
訳　者　　依田光江

発行者　　長谷部敏治
発行所　　NTT出版株式会社
〒141-8654　東京都品川区上大崎3-1-1　JR東急目黒ビル
営業担当　TEL 03(5434)1010　FAX 03(5434)1008
編集担当　TEL 03(5434)1001
http://www.nttpub.co.jp

装　丁　　三森健太（JUNGLE）
印刷・製本　株式会社光邦

ISBN 978-4-7571-2373-1 C0033